高校毕业生就业满意度及其影响因素研究

陈晓宇　著

重庆大学出版社

图书在版编目(CIP)数据

高校毕业生就业满意度及其影响因素研究／陈晓宇

著. -- 重庆：重庆大学出版社，2024.4

ISBN 978-7-5689-4133-4

Ⅰ.①高… Ⅱ.①陈… Ⅲ.①高等学校—毕业生—就

业—研究—中国 Ⅳ.①G647.38

中国国家版本馆 CIP 数据核字(2023)第 150416 号

高校毕业生就业满意度及其影响因素研究

GAOXIAO BIYESHENG JIUYE MANYIDU JIQI YINGXIANG YINSU YANJIU

陈晓宇 著

责任编辑:陈筱萌　　版式设计:陈筱萌

责任校对:邹　忌　　责任印制:张　策

*

重庆大学出版社出版发行

出版人:陈晓阳

社址:重庆市沙坪坝区大学城西路 21 号

邮编:401331

电话:(023) 88617190　88617185(中小学)

传真:(023) 88617186　88617166

网址:http://www.cqup.com.cn

邮箱:fxk@ cqup.com.cn(营销中心)

全国新华书店经销

重庆市国丰印务有限责任公司印刷

*

开本:720mm×1020mm　1/16　印张:19　字数:272 千

2024 年 4 月第 1 版　　2024 年 4 月第 1 次印刷

ISBN 978-7-5689-4133-4　定价:88.00 元

前　言

就业是最大的民生,也是经济发展最基本的支撑。"实现更高质量和更充分就业""促进高质量充分就业"等是我国经济发展的国家战略之一。随着高校的普遍扩招和高等教育大众化、普及化进程的推进,大量毕业生特别是地方应用型高校培养的毕业生涌现,他们为我国经济社会快速发展作出了重要贡献。然而,受规模、质量、社会需求等多种原因的影响,大学毕业生就业难的问题也一直困扰着我们。

独立学院作为我国应用型高校的一部分,是由公立普通本科高等院校和社会力量创办的一种全新办学模式。创立至今,独立学院已有 20 年左右的发展历程,其新型办学模式促进了我国高等教育从精英化到大众化、普及化的转变,为我国增加高等教育资源的供应与为社会培育急需的应用型人才作出了积极贡献。然而,独立学院毕业生的就业问题也引起了社会的广泛关注。

本书以社会资本理论为研究基础,视社会资本为一种工具性的网络资源,对独立学院毕业生的就业有促进作用,并以此探究独立学院毕业生的就业能力和社会资本对就业满意度的影响。本书采用量化研究的问卷调查法,并辅以质性研究的访谈法,以广东省某独立学院毕业生为调查和分析对象,编制"独立学院毕业生就业满意度及其影响因素研究调查问卷"进行调查,在 2006—2016 年毕业生群体中采用随机分层丛集抽样的方式,抽取 584 位毕业生为样本,采用统计描述、差异性 t 检验、方差分析、因子分析和回归分析等统计方法进行分析与处理。后续又对若干独立学院的毕业生和就业指导工作人员进行深度访谈,以补充问卷调查结论的不足。

从学校就业指导满意和工作岗位特征满意两个角度,对毕业生就业满意度及其影响因素进行了系统研究。研究发现:(1)独立学院毕业生的就业满意状况属"中高"等水平。(2)不同背景变量的独立学院毕业生的就业满意度、就业能力和社会资本的差异情况不同,独立学院毕业生的就业能力、社会资本对就业满意度有正向显著的影响。其中,毕业院系、修读第二专业的情况、户籍所在地、兼职时间、教学实习时间、就业实习时间等因素对就业满意度差异具有极其显著的解释性。(3)就业能力和社会资本对就业满意度有联合预测力。在此基础上,提出可供教育行政部门、独立学院院校、独立学院学生以及后续研究者可参考的建议:(1)国家层面:构建就业指导工作人员的人才激励机制;规范独立学院办学定位、办学特色和办学规模,提高社会对独立学院毕业生的认可;多维投入实习基地的建设,细化学校与企业、就业单位的合作;完善就业政策与制度,拓宽大学生就业渠道,同时规范劳动力市场。(2)学校层面:对就业指导工作人员进行培训;提升社会的认可度;加强校企合作;通过对专业设置、课程设置及教学模式的改革来提高学生的素养。(3)学生层面:了解就业市场信息;注重理论联系实际,注重个人专业素养的发展;培养甄别社会资本的意识;增强自我就业认知深度,完善自己的知识结构,增强社会服务意识。

本书的创新之处体现在:第一,以社会资本理论作为切入点,分析了独立学院毕业生就业满意度及影响因素关系;第二,编制了"独立学院毕业生就业满意度及其影响因素研究调查问卷";第三,用新开发的量表对独立学院的学生进行了检视,并通过实证测算了就业能力、社会资本对毕业生就业满意度的影响及作用力大小,且得到了就业满意度的标准化回归方程预测模型;第四,提出通过加强对外部劳动力市场的了解、强化社会关系连接强度、提升自我就业认知和提升学校品牌认知度来促进毕业生就业,并进一步完善就业满意度的对策及建议。

陈晓宇

2023 年 4 月于上海

目　录

第一章　选题缘由和问题陈述

第一节　选题缘由

伴随世界高等教育的扩招，人们渐渐从关注高等教育数量到关注高等教育质量上来。随着高校毕业生数量的增加，越来越多的毕业生在从高等教育到就业的转换中面临着诸多的问题，就业难问题也日渐突出。

一、就业难是世界高等教育发展中的普遍问题

第二次世界大战以后，各国经济的高速发展和科技创新速度的加快迎来了世界新的科技浪潮，为世界各国教育的恢复与重建带来了不同的发展机遇。

政府和公众将高等教育视为国家存亡和社会安定的关键因素，各国政界人士和教育界人士也把高等教育发展看作是经济发展的推动力之一，主要发达国家的高等教育也开始了从精英化阶段向大众化和普及化阶段跃升的发展过程。

各国高等教育办学规模和发展速度的提升，促使大学生数量和毕业生数量有大幅递增。美国是世界上第一个高等教育走向大众化与普及化的国家，其高等教育在规模与速度上都处于世界领先地位。高等教育的普及化推动了美国科技民生等各方面的发展，也带来了美国高校的繁荣发展与人才的层出不穷。美国高等教育的学生人数连创新高，就业问题也极为严峻。自 21 世纪初美国

经济摆脱困境开始复苏以来,失业问题变得愈发棘手,由于多种因素的影响,全国已削减了 200 多万个职位,用人单位招聘大学生的数量有所下降。[1] 美国自 2008 年金融危机爆发以来,失业率逐年下降。[2] 但是,受到新冠疫情冲击,2020 年第一季度的美国失业率涨幅明显超过了 2008 年金融危机时期。[3] 随着知识经济的发展和社会的不断进步,美国失业人口人群范围也越来越广,数量也不断增加。全美高校及雇主协会的调查显示,美国大学生的就业率呈下降趋势在所难免,这也意味着接近一半的大学生一毕业就直接进入了失业的行列。[4]

同样,英国的高校毕业生也面临着就业难的窘境。英国的高等教育事业扩招从 20 世纪 90 年代开始,高等教育由精英教育转变为大众教育,一大批工艺学校升格为大学,中学毕业生进入大学的比例急剧提高。高等教育大众化扩招带来的一个直接后果,就是就业竞争加剧。英国高等教育统计局的数据显示,2001—2002 年度的毕业生中,有 67% 的人找到了全职或兼职的工作,20% 的人接受继续教育和培训,还有 7% 的人处于失业状态,失业率比前一年度提高了 1 个百分点。[5]

全球范围内高等教育毕业生如果缺乏得体的就业机会,将会导致社会动荡,就业难的问题也愈发引起世界范围的关注。伴随世界各国大学生数量的增加,各国的就业政策也实现从教育数量向高等教育质量的转变,以满足每年新进入劳动力市场的劳动者需求。因此,近些年毕业生的职业发展情况已经成为高等教育当前及未来发展的热门议题之一。

① 黄紫华、李雪如:《美国大学生就业状况及其启示》,《黑龙江高教研究》2005 年第 1 期,第 28-30 页。

② 林成华、洪成文:《回归凯恩斯主义——金融危机背景下美国联邦政府大学生就业促进政策的选择》,《重庆高教研究》2015 年第 3 期,第 96-104 页。

③ 卫灵、杜吟滔:《新冠疫情下美国社会矛盾加剧的深层原因透视——基于经济全球化发展视域的分析》,《北京联合大学学报(人文社会科学版)》2021 年第 19 期,第 117-124 页。

④ 张敏:《"三位一体"打造完美就业保障体系——美国大学生就业服务制度的启示》,《教育与职业》2009 年第 16 期,第 93-94 页。

⑤ 刘志坚:《英国大学生就业工作及其对我国的启示》,《江苏高教》2006 年第 4 期,第 111-113 页。

二、中国高等教育发展中的就业难问题日益突出

1999 年全国高校大规模扩招,全国普通高等院校招生 160 万人,与扩招前 1998 年的 108 万人相比,猛增 48%。4 年后,迎来我国高等教育大规模扩招后的第一届毕业生,当年的高校毕业生人数达到 187.7 万人,比扩招前 2002 年的 133.7 万毕业生人数增长了 40.39%。10 年之后的 2009 年全国高校毕业生(毕业人数约为 531.1 万人)比 2002 年增长了 297.23%。20 年后的 2019 年全国高校毕业生人数约为 758.5 万人,比 2002 年增长了 467.31%。[①]

截至 2021 年 12 月,2022 届高校毕业生规模预计为 1 076 万人,同比增长 167 万,规模和增量均创历史新高。[②] 党的十八大以来,我国高等教育规模不断扩大,建成世界最大规模高等教育体系,在学人数达 4 430 万人,高等教育毛入学率从 2012 年的 30%,提高至 2021 年的 57.8%。[③] 国际公认的美国著名社会学家马丁·特罗(Martin Trow)提出高等教育的毛入学率低于 15% 的属精英教育阶段,毛入学率大于 15% 小于 50% 为大众化阶段,毛入学率大于 50% 的为普及化阶段。[④] 根据马丁·特罗的这个标准,中国高等教育已经从大众化阶段进入了普及化发展阶段。以国际高等教育的经验看,当高等教育进入普及化阶段后,高校毕业生的就业难问题愈发凸显。随着中国高等教育的扩招,大学毕业生的数量急剧增加,这使得就业竞争与就业的压力日益凸显,大学毕业生的就业问题也更加引起人们的关注。

---

① 中华人民共和国国家统计局:《中国统计年鉴——2022》,http://www.stats.gov.cn/tjsj/ndsj/2022/indexch.htm,访问日期:2023 年 3 月 15 日。
② 中华人民共和国教育部:《教育部:2022 届高校毕业生预计 1 076 万人规模和增量均创历史新高》,http://www.moe.gov.cn/fbh/live/2021/53931/mtbd/202112/t20211228_590924.html,访问日期:2023 年 3 月 15 日。
③ 中华人民共和国教育部:《我国建成世界规模最大的高等教育体系》,http://www.moe.gov.cn/fbh/live/2022/54453/mtbd/202205/t20220518_628374.html,访问日期:2023 年 3 月 15 日。
④ 卢立涛、安传达:《大众化、管理主义与市场化——我国近三十年高中教育政策变迁的特点分析》,《继续教育研究》2008 年第 12 期,第 137-139 页。

就业是最大的民生工程、民心工程、根基工程，是社会稳定的重要保障，必须抓紧抓实抓好。党的十八大报告提出，"推动实现更高质量的就业"①。党的十九大报告明确提出"实现更高质量和更充分就业"②。党的二十大报告进一步指出，要"促进高质量充分就业"③。2021年，《中华人民共和国国民经济和社会发展第十四个五年规划和2035年远景目标纲要》指出，"实施就业优先战略，健全有利于更充分更高质量就业的促进机制，扩大就业容量，提升就业质量，缓解结构性矛盾"④。2022年中央经济工作会议要求，"社会政策要兜牢民生底线。落实落细就业优先政策，把促进青年特别是高校毕业生就业工作摆在更加突出的位置"⑤。这表明，作为就业重中之重的大学生就业质量问题，已引起党中央和国务院的高度重视。

大学生是高等教育过程发展中的天之骄子，高校毕业生的就业问题关系到社会发展及学生个人价值的实现，就业难的问题甚至会影响高等教育的发展、学校的品牌发展和学生的个人发展。在近年来就业压力较大的情况下，大学毕业生的就业率比较高，但就业满意度水平并不理想，毕业生往往渴望短期内找到一份合适的工作，导致学生个人就业质量得不到保证，就业满意度问题日益突出。根据2021年麦可思调查结果显示，2021届本科生的就业满意度为74%。作为影响我国经济发展质量的重要因素之一的就业质量问题，成为当前经济发

① 人民网：《坚定不移沿着中国特色社会主义道路前进为全面建成小康社会而奋斗——胡锦涛在中国共产党第十八次全国代表大会上的报告》，http://www.cpc.people.com.cn/n/2012/1118/c64094-19612151.html，访问日期：2023年3月16日。
② 新华网：《习近平：决胜全面建成小康社会 夺取新时代中国特色社会主义伟大胜利——在中国共产党第十九次全国代表大会上的报告》，http://www.xinhuanet.com/politics/19cpcnc/2017-10/27/c_1121867529.htm，访问日期：2022年11月28日。
③ 央视新闻：《高举中国特色社会主义伟大旗帜为全面建设社会主义现代化国家而团结奋斗——在中国共产党第二十次全国代表大会上的报告》，https://lsrm.hinews.cn/xinwen/show-17283.html，访问日期：2022年11月28日。
④ 中华人民共和国中央人民政府网：《国务院关于印发"十四五"就业促进规划的通知》，http://www.gov.cn/zhengce/content/2021-08/27/content_5633714.htm，访问日期：2023年3月14日。
⑤ 中华人民共和国中央人民政府网：《中央经济工作会议举行 习近平李克强李强作重要讲话》，http://www.gov.cn/xinwen/2022-12/16/content_5732408.htm，访问日期：2023年3月14日。

展中的核心问题。高校毕业生就业问题将是未来社会经济和高等教育发展中的重大问题,大学生的就业问题将是社会普遍关注的话题。

三、中国独立学院毕业生的就业难问题更加显著

在巨大的就业难问题前,许多大学生在进入大学后就背负起沉重的就业压力。作为中国高等教育一部分的独立学院的毕业生也同样面临着就业压力大的问题。

独立学院是在国家积极鼓励的多种形式办学方式和高等院校大幅扩招的背景下,依托普通母体高效的教育资源,结合社会经济资本合理办学,并以民办机制运作起来的以培养应用型本科层次学生为主的高等学校。首先,从性质上进行分析,独立学院具有民办学校的特性,独立学院的办学是一种新型的高等教育模式,是在国家宏观调控下,由国家组织或者个人投资办学,资源整合新颖,办学机制灵活,体制运作新,对社会的开放性比较高的一种区别于我国传统意义上的公立高校与传统职业技术学院的新型高等教育类型。其次,独立学院具有独立的法人资格。最后,独立学院的办学目标是培养适合当地地方经济发展的应用型人才。其升学流程与一般高等本科院校的升学流程无异,同样依循"本科(学士学位)—硕士(学位)—博士(学位)"的顺序提升学习层次。

随着高等教育的不断扩招,独立学院已成为中国高等教育体系的重要组成部分,截至 2017 年 5 月 31 日,我国的独立学院共有 265 所,其中地处广东省的独立学院共有 22 所。当年独立学院的毕业生总数约 60.96 万,约占本科毕业生总数的 1/6(本科毕业生总数约 384.18 万)。① 独立学院相较于当前的普通高等学校和高等职业学校,在人才培养和学校建设方面都存在一些相似之处。因此在学校的定位方面很容易产生混淆,独立学院与普通本科、高职高专院校

---

① 中华人民共和国国家统计局:《中国统计年鉴—2018》,http://www.stats.gov.cn/sj/ndsj/2018/indexch.htm,访问日期:2018 年 3 月 16 日。

的主要区别如表1.1所示。

表1.1 独立学院与普通本科、高职高专院校的各项指标比较

高校类别 / 指标	独立学院	普通本科	高职高专院校
政府控制	宏观调控	直接干预	直接干预或宏观调控
自主权	董事会资金自筹	政府拨款	政府拨款或私人投资
办学目标	多样化的复合型人才	学科体系完备的学术人才	高级实用技术人才
社会认可度	低	高	中
授课内容	经典知识	高深知识创新	成熟知识应用
组织结构	扁平	垂直	垂直或扁平
学生知识基础	精基础	厚基础	基础薄弱
知识结构	学术+应用	学科体系为本	应用性知识
教学侧重	多元化教学	学术性	实操性
能力侧重	重实践能力的创新人才	重科研能力的学术人才	重动手能力的实用人才
培养标准	职业性	学术性	工具性
就业取向	技能+基本理论	学术+基本理论	技能
职业定位	管理型	创造型	技术型

独立学院的快速发展为我国应用型人才培养拓宽了空间,对促进我国高等教育普及化、提高本科高等教育资源的供给和深化高等教育办学体制改革发挥了重要作用,但随着毕业生的增多,就业问题显得极为严峻。独立学院以其资源整合的新颖性与办学的独立性而有异于普通本科和高等职业技术学院,其毕业生的特点也有别于其他类别高等院校的学生。第一,学生的就业期望值较高,择业价值倾向功利明显。报考独立学院的学生大都来自城市,家庭经济条件较好,再加上独立学院因其教育运营机制的特殊性,缺少政府拨款,学生在校的个人花费远高于一般本科院校,以致家长和学生对未来的工作条件和待遇等

方面都有很高的期望。中青院前几年调查发现,大学生的实际起薪期望为 1 568 元,而独立学院毕业生对自己的起薪期望达到了 2 500 到 3 000 元。① 部分毕业生毕业后的初次择业往往以自己的主观意愿为主,忽视了现实就业市场与自身现况,不能充分认识职业发展的普遍规律,过度追求毕业时的起薪点,在一定程度上制约了毕业生的初次落实就业。第二,独立学院的学生大多性格开朗、思维活跃,人际沟通能力强,社会交往能力也较为突出,这使得独立学院毕业生在就业的过程中具有一定的优势,但独立学院的学生的自我约束力和责任感意识偏弱,做事缺乏恒心,在就业过程中也存在一定的劣势。第三,独立学院的学生因其学校背景的认可度低、自身就业信心不足以及能力准备不充分,使其毕业生在庞大的毕业生求职队伍中的位置有点令人尴尬,由于独立学院介于民办高校与普通高校之间,独立学院毕业生所面临的就业形势还具有某种程度上的复杂性。② 独立学院由于办学时间短,社会影响力小,其社会认可度不高,用人单位对独立学院的办学情况和毕业生各方面的素质、个人综合能力还不了解,独立学院毕业生在应聘时通常遇到由于毕业母校级别较低而被拒的情况,毕业生的就业信心受到削弱,加上就业形势更加严峻,就业竞争更加激烈,在一定程度上也降低了毕业生就业时的主观能动性。再加上独立学院的学生一般家境较好,普遍抗挫能力弱,面对困难时容易产生气馁和倦怠的心理,使得独立学院毕业生所面对的就业难问题更为显著。

就业难与就业满意度不高已经成为当今世界高等教育所面临的难题。就业关系到国民经济与民生的各个方面,独立学院的毕业生作为中国本科高等教育毕业生的一部分,对良好的职位具有强烈的期待,独立学院的特殊教育类型和特定的培养目标决定了毕业生有别于普通本科院校及高等职业技术学院毕

---

① 康宇、洪宇:《民办独立学院本科生的就业预期与创业意愿》,《现代教育科学》2006 年第 9 期,第 72-73 页。

② 彭霞:《大学生就业政策在独立学院学生就业中的执行偏差及对策》,《经济师》2011 年第 4 期,第 106-108 页。

业生。独立学院毕业生的就业满意度的高低将影响毕业生将来的就业信心和
职业发展,影响到独立学院毕业生本人及家庭的利益,也将对高等学校人才培
养的可持续发展产生一定的影响,独立学院毕业生的就业率及就业满意度的情
况也会直接影响到独立学院的生源质量、办学规模和学校的教育教学改革。与
此同时,还会涉及我国人力资本储备与增长的问题,也将会直接影响到我国经
济繁荣、社会稳定和中国特色社会主义和谐社会构建。独立学院毕业生能否找
到一份满意的工作更是引起了社会对独立学院和对毕业生的广泛关注。

面对世界高等教育就业难和中国高等教育就业难的发展困境,本研究以解
决中国高校毕业生就业难为核心,通过对独立学院毕业生当前就业满意度的状
况进行调查与分析,研究独立学院毕业生就业满意度的影响因素,以及分析这
些影响因素间有无交叉影响。根据实证研究的结果,为独立学院现有的教育教
学、课程设置以及就业指导方面提供有力依据与建议政策,提出提升独立学院
毕业生就业满意度的新思路,提高我国高等教育毕业生的就业满意度。

第二节　研究意义

大学毕业生是就业的主体,就业满意度是衡量毕业生对就业的一种主观感
受,也是一项综合评价毕业生自我就业状况的指标。对我国独立学院毕业生就
业满意度的问题进行研究,对未来独立学院的人才培养、教育教学、课程改革有
着很重要的理论价值和实践意义。

理论方面的意义。本研究从社会资本角度论述影响独立学院毕业生就业
满意度的因素,分析影响因素之就业能力和社会资本对就业满意度的影响,拓
宽独立学院毕业生就业满意度的研究视角,并补充对独立学院关于提升学生就
业满意度的研究,亦有助于丰富社会资本理论。

实践方面的意义。第一,通过实证调查的客观数据和科学分析,得到影响
独立学院毕业生就业满意度的影响因素及其影响关系,为教育主管部门未来制

定相关政策文件时,就提升应用型人才就业满意度、就业能力及充分用好社会资本等方面,提出一些具体的完善意见,对目前应用型人才就业满意度不高的现实问题有所帮助。第二,通过研究为推动独立学院未来的教育教学改革和个性化的学校就业指导服务提供参考与依据。第三,通过深入研究独立学院毕业生这类应用型人才的就业满意度,为现实中毕业生就业满意度的提升提供合适的选择路径。

第三节　概念界定

为了更清楚地了解本研究的用语,兹将本研究所涉及的几个特定名词界定如下。

一、独立学院

独立学院是在中国高等教育扩招过程中诞生的高等教育学校的新形式。2003 年 4 月,教育部下发的《关于规范并加强普通高校以新的机制和模式试办独立学院管理的若干意见》(教发〔2003〕8 号)规定,独立学院是"专指由普通本科高校按新机制、新模式举办的本科层次的二级学院","一些普通本科高校按公办机制和模式建立的二级学院,'分校'或其他类似的二级办学机构不属此范畴"。试办独立学院要有传统公办学校(即母体院校)的申请,母体院校作为申请者要对独立学院的教学和管理负责,并保证其办学质量。另外,还需要有相关合作能力的机构,如企业、事业单位、社会团体或者个人,负责为独立学院办学提供各项条件与设施,参与独立学院的管理、监督与领导。独立学院的特点主要有:需要按国家有关教育事业统计工作的规定独立填报《高等教育基层统计报表》;依托母体高校的师资力量、管理模式等优良教学传统;有独立的校园和基本办学设施;在教学组织、管理及招生上相对独立,并有独立颁发学历证书、独立进行财务核算和独立承担民事责任的独立法人;还具有多元化的投资方。

2008 年教育部的第 26 号令《独立学院设置与管理办法》中对独立学院的概念进行优化,独立学院是指"实施本科以上学历教育的普通高等学校与国家机构以外的社会组织或者个人合作,利用非国家财政性经费举办的实施本科学历教育的高等学校"。阙明坤根据独立学院投资主体和产权属性的不同,将我国的独立学院分为国有民办型和民有民办型两类①。这两者的区别是前者是由公办高校与其他公办力量参与举办,后者是参与办学的还有社会力量。

本研究的独立学院是指在高等教育扩招的背景下,以母体教育资源为依托,结合社会经济资本合力办学,以培养应用型人才为主的新型高等教育的学校类型。本研究所选取的独立学院,是经教育部批准的由母体院校和第三方公办力量利用非国家财政性经费在广东省办学所进行本科层次教育的全日制普通高等学校。

二、毕业生

毕业,是指学生在学校或训练班修业期满或达到规定要求并通过审核。高校毕业会给学生授予毕业证和学位证,我国学位证授予资格单位为通过教育部认可的高等院校或科学研究机构。而学位证书,是学生专业知识和技术水准的证明。当学生通过系统的学习,修完学校所安排的全部课程,取得合格成绩并达到毕业条件,由办学单位颁发的用于证明其学习经历的书面凭证,即毕业证。学位代表着个人对知识的学习水平和层次,学历代表着个人的学习经历。

本研究中的毕业生,即指按照国家普通高等学校招生计划招收的具有学籍、取得相应的学位证书和毕业文凭,或仅取得了毕业证书,但完成了学业、具

---

① 阙明坤、耿菊萍、雷承波:《国有民办型独立学院转设的困境与对策》,《高校教育管理》2021 年第 1 期,第 59-68 页。

有毕业资格的独立学院学生。

三、就业

按国际劳工组织(ILO)的定义,就业是指一定年龄阶段内的人们为获取报酬或为赚取利润所从事的活动。张恒亮认为就业主体是具有劳动能力的公民,就业是依法从事某种有报酬或劳动收入的社会性活动[1]。杨河清与胡建林认为就业是指达到法定劳动年龄、具有劳动能力的劳动者,运用生产资料依法从事某种社会劳动,并获得赖以为生的工薪报酬收入或商业经营收入的经济活动[2]。武毅英教授认为就业与职业概念相同,只是表述不同[3]。

本研究中的就业,是指接受高等教育之后,达到法定劳动年龄的独立学院毕业生依法使用生产数据从事的为获取报酬或劳动收入的经济社会活动。同时需具备如下五点基本条件:第一,法定的劳动年龄内有劳动能力和劳动意愿;第二,具有一定的劳动经营收入;第三,具有一定的劳动工作时间长度;第四,与就业组织或者单位有契约关系;第五,是合法性的社会劳动。

四、就业满意度

满意度是一种抽象的情感反应,是一种感知的主观理解,并不是完全客观上的一种看得见的测量。当个体对事情的预期需求得到满足,并具有积极的情意导向时,称之为"满意"。本研究中独立学院毕业生的就业满意度是取决于独立学院毕业生对求职和就业过程中的各个方面的评价,包括独立学院毕业生在就业准备、求职过程中的期望和就职后工作现况的身心差距变化。本研究从独立学院毕业生个体主观感受出发,对自身了解就业、参与到就业整个过程中的

---

① 人民网:《学业规划与个人发展学理论文章(二)》,http://edu.people.com.cn/n/2013/0123/c354478-20303017-3.html,访问日期:2023 年 3 月 22 日。
② 杨河清、胡建林:《劳动经济学》,武汉大学出版社,2009,第 131-154 页。
③ 武毅英:《高校毕业生就业问题的教育学审视》,厦门大学出版社,2006,第 17 页。

实际感知是否达到个人期望值的综合评价,包括学校教学、学校就业指导、就业机会的可获得性,以及工作岗位特征各方面的满意程度。

本研究的独立学院毕业生就业满意度是从独立学院毕业生个体主观感受出发,对自身了解就业、参与到就业整个过程中的实际感知是否达到个人期望值的综合评价,包括学校教学、学校就业指导、就业机会的可获得性,以及工作岗位特征各方面的满意程度。由于满意度是学生的一种主观理解,是靠学生感知来测评,所以在本研究中对独立学院毕业生的就业情况以"非常满意""满意""一般""不太满意"和"非常不满意"来测量。

五、就业能力

就业能力一词最早来源于英文"employability",我国学者在翻译成中文的过程中存在对这一单词翻译和理解上的差异。在国内,"employability"一词被译作"可雇佣能力""可就业能力"[1]。

本研究中的就业能力,是指独立学院毕业生在求职与就业过程中,对就业的认知、行业的选择和职业良性发展的预测与定位,是一种涉及情感、态度、知识和技能等的综合能力。这是一种被镶嵌于个人求职活动中,被个人所专属的积极主动的能力,除了专业技能,还需要包含职业发展与规划能力、创业能力以及自身所具备的并可灵活使用的创造就业机会的能力,其内涵包含独立学院毕业生的学校、专业能力、自身与外部劳动力市场需求及自我就业认知。

---

[1] 鲍威、刘薇:《高校毕业生可就业能力形成机制的实证研究》,《教育发展研究》2016 年第 1 期,第 48—55 页。

第二章　文献综述

就业问题一直是社会各界最为关注的一个话题,本研究是在高等教育大众化为背景下,在大学生就业难的现状基础上进行的讨论与研究,其植根的文献背景亦为深厚。本章将从大学生就业现状出发,探讨作为高等教育毕业生一部分的独立学院毕业生所面临的就业困境,通过搜寻文献找到影响就业满意度的因素,即学生的就业能力及社会资本;然后再对这两者及就业满意度的概念、内容、层次划分、测量维度及工具等内容展开分析;最后,对独立学院毕业生的就业满意度及其影响因素的关系进行梳理;进而对独立学院毕业生就业满意度及其影响因素的文献进行总结,并提出将来可能的研究方向。

笔者分别在中国知网数据库、万方数据库、中国国家图书馆及北京师范大学木铎搜索进行检索。在中国知网数据库上,截至 2017 年 6 月 3 日,以“满意度”检索到的硕博士论文就有 48 930 篇,以同样的检索词进行检索,截至 2023 年 3 月 22 日,硕博士论文数高达 97 429 篇,数量上翻了一倍。其内容涉及银行、保险、航空、餐饮、旅游、网络、电信、医疗、出租车等服务行业。输入“就业”和“满意度”作为关键词进行精确检索,与之相关的硕博士论文有 2 352 篇。输入“大学生”“就业”和“满意度”作为关键词进行精确检索,与之相关的硕博士论文有 13 篇。同时输入“就业”“满意度”和“独立学院”作为关键词进行搜索,发现几乎没有硕博士论文。

检索到与本研究主题紧密相关的文献大致情况:我国学术界对高校学生就业的研究主要集中在对不同学生群体(比如“农二代”“硕士生”等)的就业情况

研究和从用人单位角度(比如"员工满意度""工作满意度")着手的研究上。多数都会从满意度的概念界定、理解、目的、作用及意义的阐述进行研究,也有从单方面的影响因素展开的实证研究,并且前人的研究都以提高大学生的就业率和满意程度为原则。

第一节　大学毕业生就业问题的相关研究

一、大学毕业生就业问题的相关研究

国外大多数学者对毕业生就业问题的研究是从职业需求、职业供给以及人职匹配等方面对其成因进行把握与分析[①]。国内关于就业问题的理论研究较为成熟,较多研究者的研究对实践中的应用也提供了一定帮助。从中国期刊全文数据库检索看,国内学者对大学毕业生就业问题的研究主要集中在如下几个方面:大学毕业生就业观的研究[②]、高校毕业生就业制度研究[③]、高校大学毕业生就业指导问题的研究[④]、高校毕业生就业率问题的研究[⑤]、外部劳动力市场对毕业生需求行为的研究[⑥]、大学生就业难成因及对策研究[⑦]、大学毕业生就业状况调查的研究[⑧]和国外大学毕业生就业问题研究[⑨]。

[①] 曾湘泉:《变革中的就业环境与中国大学生就业》,《经济研究》2004 年第 6 期,第 87-95 页。

[②] 楼成礼、赵建明、周树红等:《新时期大学毕业生择业就业观调查与研究》,《中国高教研究》2002 年第 8 期,第 81-82 页。

[③] 孙倩、沈光:《大学生就业制度国际比较与中国选择》,《人民论坛》2014 年第 32 期,第 238-240 页。

[④] 姚裕群:《大学生就业指导问题调查与研究》,《中国大学生就业》2005 年第 13 期,第 38-44 页。

[⑤] 沈延兵、费毓芳、余新丽:《大学生就业统计存在的问题和对策研究》,《辽宁教育研究》2005 年第 4 期,第 71-73 页。

[⑥] 马陆亭:《用人单位对高校毕业生的录用与评价》,《高等教育研究》2002 年第 1 期,第 43-47 页。

[⑦] 朱国仁:《新时期我国高校毕业生就业的问题与对策》,《现代大学教育》2003 年第 4 期,第 64-67 页。

[⑧] 冯君莲、李小艳、刘琼:《疫情影响下国内顶尖高校毕业生就业状况变化——基于 8 所高校 2017—2021 年毕业生就业质量报告的调查》,《大学教育科学》2022 年第 6 期,第 87-97 页。

[⑨] 杨伟国、王飞:《大学生就业:国外促进政策及对中国的借鉴》,《中国人口科学》2004 年第 4 期,第 65-71 页。

我国高等教育发展过程中就业难现象产生的背后原因多种多样,主要集中在如下几种:第一,经济转型期的高等教育政策改革相对滞后;第二,毕业生原有的就业模式无法满足外部劳动力市场的需求;第三,高等教育人才供给无法与产业劳动力需求有效对接;第四,我国的就业管理模式因行业及地域的差异而存在差异。

学者们在探究我国高等教育发展过程中就业难问题的出路时,分别从政策建议、市场需求下高等学校教育教学改革和学生自身等方面作了探讨。

政策建议方面。瞿振元等学者以中央部委所属的高等学校的大学毕业生为研究对象,从类型、学科、层次、流动状况及就业政策等角度对就业形势进行调查分析,并预测2002—2003年毕业生的就业形势①。柴博通过对国内外促进大学毕业生就业的政策进行比较,借鉴其他国家的成功经验,分别从加强政府宏观调控、健全毕业生就业信息网、加强学校就业工作制度化与规范化、健全职业规划指导系统和加强诚信教育五个方面,针对我国高等教育毕业生就业制度的缺失现象指出适合我国大学生的就业制度新方向②。

市场需求下高等学校教育教学改革方面,王路江等学者通过学生视角,采用实证研究的方法,设计"大学生职业选择调查表"与"大学生职业设计调查表",对大学生的职业选择进行了研究③。学者蓝劲松通过实证研究对高等教育与外部劳动力市场的关系进行了科学、系统的理论探讨与实证分析,就人才市场需求下的高等教育系统变革提出了某些设想和见解:高等学校培养目标变革的动向是"国家主导下的学生中心论";高校专业设置变革的原则是"人才市场基础性调节与政府宏观调控的结合";课程设置采取"以不变应万变"和"以变应变"两种策略;"适应性""前瞻性"课程是高校课程变革的一条新思路④。学

① 瞿振元:《2001—2003年中国高等学校毕业生就业形势的分析与预测》,北京师范大学出版社,2002年。
② 柴博:《国际视野下大众化阶段大学毕业生就业问题探究》,东北师范大学硕士论文,2008年。
③ 王路江等:《测量愿望:大学生职业选择实证研究》,中国人民大学出版社,2001年。
④ 蓝劲松:《高等教育与人才市场——理论探讨与实证分析》,东北师范大学博士论文,1999年。

者文东茅通过实证调查了解我国高等学校毕业生的就业状况、学用结合状况和层次对应状况,提出了对毕业生资源分配的优化对策:扩大毕业生资源的市场需求、调节毕业生资源的供求关系及加大对毕业生资源分配的投资①。罗丹认为,就业难问题的产生,更多的不是由于高校专业设置上不适应市场需求,而是由于专业内部知识结构与市场对人才知识结构需求的脱节②。

学生方面。围绕就业难、就业质量、就业影响因素及就业教育等大学生就业难问题进行研究的喻名峰等学者提出大学生就业观念、体系、统计与机制等方面的改善方法③。

通过文献不难发现,我国高校毕业生的就业难问题是相对而言的。与过去相比,高校毕业生在寻找工作时所花费的精力、财力、物力和时间越来越多,对就业的期望值与就业满意度也越来越高。随着我国高等教育普及化历程的进一步推进,在未来一段时期内,我国高校毕业生人数会更多,就业形势会愈加严峻,就业难问题也会存在。学者们对高等学校毕业生的就业状况进行的实证研究,为完善我国高等教育大学毕业生就业制度、促进毕业生就业提供了参考依据,为就业市场人才需求提供了现实依据,特别是为教育行政部门和就业指导机构缓解当下严峻的就业形势提供了科学的参考,为高等学校本身进行高等教育人才培养结构调整提供了有力依据,为毕业生就业选择提供了建议,也为求贤若渴的用人单位提供了了解高校毕业生的客观素材。但是,从研究对象上看,很多理论都是建立在普通高校毕业生就业理论之上,没有对具体不同类型的高校毕业生进行有针对性的研究,而且仅有的一些理论研究也不够具体,不足以成体系。

---

① 文东茅:《中国高等学校毕业生资源分配现状研究》,北京大学博士论文,1999 年。
② 罗丹:《规模扩张以来高校专业结构变化研究》,厦门大学博士论文,2008 年。
③ 喻名峰、陈成文、李恒全:《回顾与前瞻:大学生就业问题研究十年(2001—2011)》,《高等教育研究》2012 年第 2 期,第 79-86 页。

二、独立学院毕业生就业问题的相关研究

学术界对独立学院办学模式和对独立学院性质认识的研究颇多。从探讨独立学院与母体高校关系的研究，到分析独立学院产权关系，都使得我们不断加深对独立学院的认识，也从理论到实践逐渐推动了独立学院的建设与发展。但是独立学院发展过程中还需要面对各种各样层出不穷的问题，也需要研究者对此做深入的了解与研究。

从已有研究成果来看，独立学院的出现推动了我国高等教育事业的多样化发展，为我国高等教育的普及化作出了贡献。但是由于独立学院建立时间晚，学者对独立学院就业状况的研究起步也较晚，并未形成系统科学的理论，即便有一定的理论也是基于民办高校这个大范畴的理论，研究不够细化[①]，尤其是以独立学院毕业生就业为内容的研究相对局限。

独立学院在创办初期，由于制度上的不完善，存在一些不规范的办学行为，影响了独立学院在社会当中的声誉，致使社会上对独立学院的认可度普遍不高[②]。2008 年，首次对独立学院的设置与管理办法做了详细的规定，2012 届毕业生是做了规定后的首届毕业生。《2012 年中国大学生就业报告》显示：2012 年全国独立学院平均就业率达到 90.32%，超过了"211"本科院校的 88.47%。然而，独立学院学生有 18.4% 处于"低就业"状态，即从事的工作不理想、不对口，收入处于该地区较低水平[③]。实际求职过程中，毕业生会受学校背景影响而被拒绝，因此独立学院毕业生的求职碰壁次数较高。在就业的过程中，有较多人所从事的工作与所学专业关联性差，甚至没有关联性[④]。正是毕业院校背景

---

① 周夏：《独立学院毕业生的就业竞争力分析及对策研究》，西南大学硕士论文，2010 年。
② 赵莹：《新规出台，独立学院面临大考》，《高校招考（高考升学版）》2008 年第 6 期，第 15-16 页。
③ 中国教育新闻网：《2012 年中国大学生就业报告》，http://www.jyb.cn/job/tbch/2012/2012jybg/. 访问日期：2017 年 4 月 3 日。
④ 王永将：《独立学院就业指导研究》，《唯实（现代管理）》2015 年第 7 期，第 47-49 页。

的原因,导致独立学院毕业生所从事的岗位整体层次不高,即使有一些层次较高的岗位,用人单位也更喜欢录用重点大学、名牌大学的毕业生。

从独立学院毕业生个人就业情况来看,其个人的就业期待与自身的现实情况不太相符,再加上毕业生存在心理依赖等误区,由此导致毕业生的就业达不到理想的预期。独立学院的毕业生在求职时,往往对自己缺乏清醒的认识,就业过程中存在自我评价偏高的情形。比如,因对就业形势认识不清、期望高、成功率低而沦为就业市场中看客的独特现象①。独立学院的毕业生就业与普通高校的毕业生就业有着很多不同之处,主要表现有对自身的期望值过高而有业不就、存在就业依赖心理而被动就业、因大城市情结而偏执就业地点和因对自身学历背景自卑而畏惧就业等几个方面②。独立学院毕业生由于社会对学校的认可度不高、大学的培养模式不同、个人的认知等方面的问题,外加家庭教育投资相对高,家庭和学生个体对职业的期待性也更高。

独立学院是以培养应用型人才为目标的新型高等本科院校,随着经济社会的发展变革,应用型人才的内涵也随之不断更新,应用型人才需求的增加为独立学院的发展提供了机遇,也提出了挑战。独立学院发展起步晚于一般高校,在人才竞争、教育发展的大环境下,很容易走进定位不明确的发展误区,不能使独立学院很好地发展,导致独立学院的发展失去了自己的特性。作为高等教育组成部分之一的独立学院能否在人才竞争市场占据一席之地,则取决于学校对区域人才趋势、市场用人需求等方面是否有足够的了解,更需要在人才培养目标、课程设置、师资队伍建设和人才培养方式上做更多的思考。高校在确定自己的发展定位时,要先在类型上找准定位,其次才能确定高校的发展层次③。同时,独立学院的招生是招录未能进入公办本科院校而又希望接受本科教育的学

---

① 王璞、曹克亮:《独立学院毕业生就业问题内因分析及化解之道》,《人间》2016 年第 4 期,第 199 页。
② 陈秀敏:《独立学院大学生就业误区与对策探析》,《商业现代化》2010 年第 23 期,第 140-141 页。
③ 王菊:《资源依附与高校发展定位的类型选择——从社会学的角度看我国高校发展定位问题》,《清华大学教育研究》2007 年第 3 期,第 61 页。

生,这一类的学生跨度非常大,加上独立学院的学费比较高,报考读独立学院的学生家庭条件较为优越,从小就能接受多方面的特长培养,个体差异明显,发展更趋于多元化。

综上所述,首先,高校扩招在一定程度上可以提升大学毕业生的就业竞争力。但是在用人单位眼中,对独立学院的毕业生的文化水平和个人综合素质等方面仍有较多偏见,进而导致独立学院毕业生的就业竞争力较弱。因此,独立学院毕业生的就业单位多以民营企业为主。其次,独立学院的发展定位不明确,在培养学生方面使得毕业生"无业可就"和"有业不就"的矛盾比较明显,毕业生有社会认可度不高、离职率高、跳槽率高、就业满意度低以及工作和专业关联性低的特点。再次,独立学院的学生对就业、对未来往往缺乏明确的规划和定位,择业时往往存在眼高手低、好高骛远的心理,存在错误的择业观念,不能够清晰地认识到就业竞争的激烈程度和复杂程度,因此对就业机会的把握不够好。最后,独立学院学生的家庭经济条件相对较好,与一般的公立院校的学生相比,拥有更多的家庭社会资源和关系脉络,毕业生可依托其家庭资源和社会网络促进就业。因此,要想实现更好、更有效的就业,社会资本就成为独立学院毕业生就业时的有力工具。

第二节 独立学院毕业生就业满意度的相关研究

一、就业满意度的定义

满意是一种心理状态,是一种抽象的情感反应,是个体自身对产品或服务的期望与实际感受后相对关系的内心感受。如果用数字来衡量这种心理状态,这个数字就叫作满意度。首先将"顾客满意度"概念引入市场营销学的是美国学者卡多佐·理查德(Cardozo Richard)①。满意度是指一个人通过对一个产品的可感知的产品绩效(或结果)与他们的期望之间比较后所感觉到的愉悦或失望的程度。如果产品绩效小于期望,顾客就不满意;如果产品绩效与期望相匹配,顾客就满意;如果产品绩效超过期望,顾客就会有高度满意度或愉悦②。笔者查阅文献发现,有关就业满意度的检索主要包含就业质量、就业满意度、薪资待遇等词汇。

国内关于大学生就业满意度的研究大多都是围绕着毕业生就业现状及其影响因素来进行分析的,而关于影响毕业生就业满意度的研究文献却为数不多。笔者受到顾客满意度的启发,从以下几个方面来理解独立学院毕业生就业满意度的内涵。

(一)心理学角度的定义

满意是一种心理状态,是依据个体在团体中的情意导向区分"满意"与"不满意",在一个组织中其成员具有积极情意导向时为"满意";反之,若为消极情意导向时则为"不满意"。而就业满意度是组织行为学与人力资源管理领域的主要研究议题,是指个体对工作所持有的态度、情感或看法③。中国从心理角度对就业满意度的研究很多是基于就业质量的理解基础上进行的,根据外国学者对就业满意度的整体定义来看,独立学院毕业生的就业也可以用中国学者岳昌君归纳的公式来进行归纳,即:就业满意度=就业实际感知-就业期望④。如果毕业生对工作单位的实际感受与期望相符,毕业生就会感到适度的满意;如果毕业生的实际感受达不到期望,他们就会产生不满;如果毕业生对工作单位的

---

① Cardozo, Richard N, "An Experimental Study of Consumer Effort, Expectation and Satisfaction," *Journal of Marketing Research* 2, No.3(1965):244-249.

② 参见菲利普·科特勒、凯文·莱恩·凯勒:《营销管理(第14版)》,王永贵、于洪彦、何佳讯等译,格致出版社,2012,第129页。

③ 王广慧、耿菊徽:《教育—工作匹配程度对高校毕业生就业满意度的影响》,《高教探索》2016年第3期,第123-128。

④ 岳昌君:《中国高校毕业生就业满意度的影响因素分析》,《北京大学教育评论》2013年第2期,第84-96页。

实际感受超过自身的期望,他们就会感到高度满意①。

(二)就业质量角度的定义

毕业生对就业满意度的评价是一种工作环境中实际获得价值与期望获得价值之间差距的主观判断,贯穿求职者的求职、工作及工作结果整个过程,这种差距与满意度成反比。

国内的很多研究者认为就业满意度就是就业质量,是反映就业机会的可获得性、工作稳定性、工作场所的尊严和安全、机会平等、收入、个人发展等有关方面满意程度的综合概念,也是反映高校人才培养水平的一个重要标志②。大学生就业满意度指大学毕业生对自我求职就业满意程度的总体评价,它是反映大学生就业机会的可获得性、工作稳定性、工作场所的尊严和安全、机会平等、收入、个人发展等有关方面满意程度的综合概念③。

从体现毕业生职业观角度定义的就业满意度,是指个体表现出来的对工作所持有的看法与态度,这在人力资源管理与组织行为学领域被关注的比较多。就业满意度的高低取决于毕业生对就业过程的体验,这与个人在不同阶段任职于不同用人单位有关。朱蕴波认为主要有两个方面,一是用人单位可以通过重视企业形象宣传、规范招聘流程等形式来获得毕业生对用人单位的良好印象;二是通过用人单位与毕业生交互沟通的面试、参观环节增进彼此间了解的双向选择过程④。这样的求职过程可以帮助毕业生在内在方面获得就业的满意度的评价,有助于提高毕业生对用人单位的认同,进而在工作岗位上有突出的成绩。

① 侯德伟、于基伯、李芳菲:《论大学毕业生就业满意度的内涵及特征》,《煤炭高等教育》2011 年第 4 期,第 87-88 页。
② 李斌:《试谈基于就业满意度的大学生就业质量评价体系》,《燕山大学学报(哲学社会科学版)》2009 年第 1 期,第 140-142 页。
③ 侯德伟、李芳菲、关福远:《大学生就业满意度研究综述》,《北京电力高等专科学校学报》2011 年第 4 期,第 424-425 页。
④ 朱蕴波:《国外顾客满意形成机理研究及其启示——由市场失衡引起的理论思考》,《消费经济》2005 年第 6 期,第 34-36 页。

（三）从职场满意度角度的定义

关于满意度的研究最早源于消费者满意度的概念,消费者满意度是消费者对产品或者服务的综合评价的心理状态。从情感角度出发,消费者满意度不仅包括认知评价,还涉及消费者的心理活动、情感态度和过去的购物经验,是一种与过去消费经验有关的情感状态①。即个体的主观期望和实际感知差距较大,则满意度相对较低;如果对现实的期望与实际相符,满意度相对较高,由此可以向工作满意度范畴进行延伸。最早给出"就业满意度"定义的学者是霍波克(Hoppock),他认为就业满意度是个人对自己工作的直接感受,是一种对生理、心理和环境等各种因素感受的总和②。学者弗罗姆(Vroom)也将就业满意度的研究放在了职场的视角,即工作满意度是个人目前所扮演的工作角色的感受,持正向态度时表示对工作满意,持有相反态度时则为对工作不满意③。

随后,其他学者也纷纷以职场为切入点进行就业满意度的研究。潘杰认为就业满意度没有广泛的学术性定义,工作满意度与就业满意度概念接近,因此他认为就业满意度是求职期望的实现程度④。学者李彩云分析就业满意度与工作满意度的区别时,认为其各自内涵会因研究对象的不同而有所差异:工作满意度针对的是企业的员工,而就业满意度则主要指择业或刚工作的大学生⑤。李斌探讨就业满意度的内涵时,认为就业满意度是反映就业机会、工作的稳定性、工作中是否受到尊重、是否有安全感、各种机会是否平等、收入状况等有关方面满意程度的综合概念⑥。张建奇认为就业满意度是指高校毕业生对找到的

---

① Wilton T. , "Models of Consumer Satisfaction Formation:An Extension," *Journal of Marketing Research* 25 , No.2(1988):204-212.
② 林南:《社会资本——关于社会结构与行动的理论》,张磊译,社会科学文献出版社,2020,第25页。
③ Vroom. V. H. , "Work and motivation. Industrial Organization," *Theory & Practice* 35 , No.2(1964):2-33.
④ 潘杰:《大学毕业生就业期望值与初次就业满意度关系研究》,《企业导报》2010年第9期,第266-267页。
⑤ 李彩云:《"农二代"大学生心理资本与初次就业满意度关系研究》,华中科技大学硕士论文,2012年。
⑥ 李斌:《试谈基于就业满意度的大学生就业质量评价体系》,《燕山大学学报(哲学社会科学版)》2009年第1期,第140-142页。

工作是否满意①。可见,大学毕业生就业质量是一个衡量大学生就业状况的综合性概念,一切影响大学毕业生就业的心理评价因素都会制约大学毕业生就业质量的提升,而大学生的就业满意度只能是衡量就业质量的一个因素。因此,本研究认为不能将就业满意度等同于就业质量,就业满意度的研究范围属于就业质量内部的一个子系统,就业质量包含的范围比就业满意度更广。

其次,就业满意度和工作满意度的概念在研究的过程中往往会有混淆,学者们也仅仅是对研究对象做了区分,前者是以刚毕业的大学生为研究对象,而后者是以企业员工为主要研究对象。本研究认为以独立学院毕业生为研究对象时,就业满意度比工作满意度涵盖的范围更广,考察的各项指标也更灵活,这二者的概念并不能一概而论。

最后,独立学院毕业生的就业满意度是一个多维度的综合概念,用以衡量独立学院毕业生对自我就业状况水平的认知,并且是体现独立学院教育教学质量的重要标准,也可作为体现独立学院毕业生自我评价水平的依据。

二、就业满意度测评

我国关于学生就业满意度测评的研究相对较晚,国内的学者在进行研究的时候角度也各有不同,许多学者也对高校毕业生就业满意度进行过实证分析。

就业满意是大学生对就业的一种心理状态的反应,所以就业满意度是一种态度的测量。目前对就业满意度测量的方法主要包括结构式问卷法、非结构式问卷法、观察印象方法、指导式面谈法和非指导式面谈法五种方式②。问卷调查法在保证调查问卷的信效度方面具有较大优势,在调查结果的一致性和准确度方面有较大保障。研究者多利用问卷调查的方式将满意度分为若干的层面,求

---

① 张建奇:《关于大学生就业意识、能力准备与就业满意度之间关系的研究》,《河南社会科学》2001 年第 4 期,第 103-106 页。

② 葛青华:《企业员工满意度研究》,天津大学博士论文,2012 年。

得满意分数,以便深入地探讨。但各个量表之间因为划分的维度、注重的层面和研究的切入点不同,测量工具也有差异。

在测量就业满意度的工具、方法方面,弗洛里(Florit)等用独立的单方程模型和结构方程模型分析了学制及专业与工作对口程度对就业满意度的影响[1]。沃顿(Wharton)等用多水平线性模型研究了毕业生个人的社会关系与就业满意度之间的联系[2]。方胜强用回归方法以社会资本、人力资本和心理三维指标对高校毕业生初次就业满意度进行实证分析[3]。李炜和岳昌君在对高校毕业生的就业状况进行描述的基础之上,用 Logistic 回归分析就毕业生的就业情况、起薪水平和就业满意度的影响因素进行了研究[4]。吴亚娟利用因子分析和聚类分析的方法,得出单位内部因子、个体发展因子和外显因子会影响高校毕业生就业满意度[5]。景勤娟等[6]与程名望等[7]学者在以农民为研究对象探究就业满意度时所利用的是 Probit 计量模型。以上研究者的研究结论是:不同对象在不一样的工作环境下的总体就业满意度都较高。

在测量维度方面,各学者也就自己的不同研究对象进行了不同维度的测量。

学者岳昌君对工作因素和非工作因素进行了区分,其中非工作因素部分包

① Florit E. F. , Liadosa L. E. V. , "Evaliation of the Effects of Education on Job Satisfaction: Independent Single-Equation vs. Structural Equationamodels," *International Advances in Economi Research* 13, No. 2 (2007):157-170.

② Wharton A. S. , Rotolo T. , Bird S. R. , "Social Context at Work: A Multilevel Analysis of Job Satisfaction," *Sociological Forum* 15, No. 1(2000):65-90.

③ 方胜强:《三维资本视阈下的高校毕业生初次就业满意度实证分析》,《大理学院学报:综合版》2014 年第 7 期,第 96-100 页。

④ 李炜、岳昌君:《2007 年高校毕业生就业影响因素分析》,《清华大学教育研究》2009 年第 1 期,第 88-95 页。

⑤ 吴亚娟:《基于因子—聚类分析的大学生就业满意度统计及预测》,《南京信息工程大学学报(自然科学版)》2010 年第 6 期,第 510-513 页。

⑥ 景勤娟、宋绍富、卢砚青:《新生代与上一代农民工就业差异及满意度研究——来自河北、山西、陕西三省 356 位农民工的调查》,《中国人力资源开发》2014 年第 5 期,第 71-77 页。

⑦ 程名望、史清华、顾梦蛟:《农民工城镇就业满意度及其影响因素:模型与实证》,《经济理论与经济管理》2013 年第 5 期,第 35-44 页。

含毕业生的人口学特征、人力资本特征、社会资本特征、工作特征、学校背景、家庭背景、求职状况等。同样还有学者詹奉珍、林松涛和倪伟认为就业满意度测评的维度有学校就业指导、就业机会的可获得性和工作岗位特征[①]。

以工作因素做考虑的主要包括专业的对口性、工作稳定性、劳动关系的和谐性、职业发展前景、福利和社会保障[②]。王广慧和耿菊徽所开发的"高校毕业生就业质量评价体系研究"量表显示,就业满意度包含工资情况、福利待遇、与领导关系、与同事关系、工作内容、发展前景、工作意义满意度[③]。通过自身视角对就业满意度维度进行的划分,包括:自我价值实现、待遇、稳定、地域和户口[④]。专业办学条件、专业教学质量和专业就业满意度也是就业满意度维度划分中的重要组成部分[⑤]。

总体上看,就业满意度的理论研究比较丰富,相关的实证研究也比较有说服力,在一定程度上也拓宽了我们对就业满意度的认知。然而对于具体维度的划分,并没有形成统一的认识,理论与实践中依然存在很大的补充空间。

首先,在搜索文献时发现:国外的许多学者也有对毕业生做过类似的研究,是通过"工作满意度"来进行表述。主要的量表工具有:工作描述指标(JDI)、工作满意指数量表(IJS)、明尼苏达满意问卷(MSQ)、科学研究协会态度量表等。根据上一节"就业满意度的定义"可以知晓,这些问卷的测量维度可以为本研究的部分测量维度提供借鉴,其量表整理如表2.1所示。

---

① 詹奉珍、林松涛、倪伟:《浅析高校毕业生就业满意度》,《经营管理者》2015年第34期,第290-291页。

② 李斌:《试谈基于就业满意度的大学生就业质量评价体系》,《燕山大学学报(哲学社会科学版)》2009年第1期,第140-142页。

③ 王广慧、耿菊徽:《教育—工作匹配程度对高校毕业生就业满意度的影响》,《高教探索》2016年第3期,第123-128页。

④ 王一兵:《女大学生就业满意度的半参数分析》,《统计与决策》2005年第22期,第71-74页。

⑤ 胡广飞:《民办高校就业满意度的调查及分析研究》,《理论前沿》2013年第20期,第14页。

表2.1　国外学者研究发展的标准化工作满意度量表整理

量表名称	编制者及年代	"工作满意度"的内涵
工作描述指标（JDI）	Smith,Kendall & Hullin(1969)	1.工作本身;2.上级督导;3.薪酬;4.升迁;5.工作同事
工作满意指数量表(IJS)	Brayfield & Rothe (1951)	从差距角度考察员工对所处的工作环境的整体感知中得到"实际获得的满足"与"期望获得的满足"之间的差距程度
工作满意度量表	Twery,Schmid J & Wrigley(1958)	工作的整体评估：自尊自重、成长与发展、受重视程度、主管态度、独立思考与行动、工作保障、工作待遇、工作贡献、自定工作目标与方法、友谊关系、升迁机会、顾客态度、工作权力13项
明尼苏达满意问卷(MSQ)	Weiss,Dawis, England & Lofquist (1967)	此问卷分为短式量表及长式量表：1.短式量表:包含内在满意、外在满意及一般满意三大内涵 2.长式量表:包含能力发挥、成就感、活动性、升迁、权威、组织政策与实施、薪资、同事、创造力、独立自主、道德价值、受赏识感、责任感、安全感、社会服务、社会地位、领导人际关系、领导技巧、工作变异性、工作环境20项内涵
科学研究协会态度量表	芝加哥科学研究协会(1973)	1.工作环境;2.意外防治;3.工作进度;4.工作调遣;5.工作辛劳;6.工作要求;7.一般待遇;8.福利;9.同仁合作;10.领导;11.重要感;12.归属感;13.组织印象;14.沟通
工作诊断量表（JDS）	Hackman & Oldham (1975)	一般满意度、工作安全感、待遇、社会关系、上司和发展空间等的满意度

数据源:研究者自行整理。

其次,关于就业满意度的定义和测量在学术上并未达成共识,关于满意度的定义,很少有学者从高校毕业生对就业期望的角度进行定义,也鲜有以独立学院毕业生为对象,对其就业前后的心理差异作测量来定义就业满意度的。上述学者的研究为本研究提供了依据,但如上一节所述,就业满意度并不等于工作满意度,之前学者们的研究对本研究量表的开发提供了一定的理论基础,在此基础上,再结合本研究"就业满意度"的内涵进行分析。

本研究中的独立学院毕业生就业满意度包括学校教学、学校就业指导、就业机会的可获得性以及工作岗位特征各方面的满意程度。

本研究的测量量表,根据案例院校的特点和案例院校毕业生的就业特点,以工作满意指数量表和明尼苏达满意问卷为基础,结合我国学者岳昌明的研究,再编入毕业生对学校教学、就业指导和就业求职等的相关内容,编制、整理"就业满意度量表",并敦请相关从事人力资源管理工作的校友和本领域的专家修订,最终确定本研究问卷量表设计。

预试问卷含学校办学、学校就业指导、就业机会的可获得性及工作岗位特征4个维度,即学校办学条件满意、学校就业指导满意、就业机会的可获得性满意与工作岗位特征满意。

三、大学毕业生就业满意度的影响因素

随着高等教育普及化的推进,毕业生就业形势越来越严峻。本小节依照研究主题,按照高等院校毕业生就业满意度影响因素和独立学院毕业生就业满意度影响因素两个部分进行综述。

(一)高等院校毕业生就业满意度的影响因素

影响高校毕业生就业满意度的因素多种多样,学者曹雪莲将高校毕业生就业满意度的影响因素归纳为内在因素和外在因素[1]。从就业层面说,影响大学生就业满意度的因素包括收入、升迁机会、同事关系以及工作本身的性质,每个人的心理预期不同,对工作满意度的评价也会不同。北京大学教育研究所对2011年全国高校毕业生就业状况调查数据的研究显示:月收入、就业地点、单位性质等工作因素对就业满意度有显著影响;毕业生的人口学特征、人力资本、社

---

[1]　曹雪莲:《高校毕业生就业满意度影响因素分析》,北京大学硕士论文,2012年。

会资本、学校特征、求职状况等非工作因素会因受工作选择的影响,而间接对就业满意度有影响,也可以直接对就业满意度产生影响①。最受大学生看重的就业满意度的影响因素是未来发展空间,其后依次为培训与学习机会、工资福利、工作地点、行业发展前景、晋升机会和符合个人兴趣。这与学者姜继红和王毅杰的研究相仿,此二人也认为行业发展前景、适于施展个人才能、适合自己能力与性格、工资收入、其他福利是影响毕业生就业满意度测评的主要因素②。大学生就业自主性、对起薪的期望值,以及签约工作与专业是否对口也体现在了涂晓明③的研究中,认为上述条件也是影响就业满意度的重要因素。此外影响毕业生就业满意度的重要因素还包括薪酬福利、专业对口、个人发展、职业期望、④月收入、岗位级别、单位性质和找工作时间等⑤,以及生源地、专业和性别等⑥。

单纯从职业角度探究毕业生就业满意度影响因素的研究有舒晓兵和廖建桥,通过研究工作压力对工作满意度的影响,认为组织结构合理、职业晋升发展机会和工作条件是影响员工工作满意度的三个要素⑦。李颖等通过对大学生就业能力的构成进行研究,认为大学生就业能力主要受工资水平、工作环境、工作地点、工作兴趣相适度等影响,也会影响就业质量⑧。

---

① 岳昌君:《中国高校毕业生就业满意度的影响因素分析》,《北京大学教育评论》2013 年第 2 期,第 84-96 页。

② 姜继红、王毅杰:《地方性高校毕业生就业意向的调查分析》,《教育发展研究》2004 年第 5 期,第 83-86 页。

③ 涂晓明:《大学毕业生就业满意度影响因素的实证研究》,《高教探索》2007 年第 2 期,第 117-119 页。

④ 李祥飞、张再生:《高校毕业生职业期望的满足对离职倾向的影响作用研究》,《天津大学学报》2012 年第 2 期,第 156-162 页。

⑤ 王贺、李忠红:《珠三角大学生就业满意度实证分析——基于 2009—2013 年东莞理工学院毕业生就业数据的研究》,《安阳师范学院学报》2016 年第 1 期,第 124-128 页。

⑥ 陈梦薇:《高校毕业生职业期望与就业满意度关系分析》,《太原城市职业技术学院学报》2016 年第 5 期,第 39-40 页。

⑦ 舒晓兵、廖建桥:《国企管理人员工作压力源与工作满意度实证研究》,《工业工程与管理》2003 年第 2 期,第 34-37 页。

⑧ 李颖、刘善仕、翁赛珠:《大学生就业能力对就业质量的影响》,《高教探索》2005 年第 2 期,第 91-93 页。

　　伴随就业模式的不断变化,毕业生本人也会对不同的影响因素进行排序评判。就业模式从原来国家包分配变成现在的双向选择后,多数毕业生对自己所选择的工作状态在"保障"和"自我价值"两方面上保持较为满意的态度①。虽然影响就业满意度的因素众多,但期望值过高、能力准备不足是导致大学生就业满意程度不高的两个重要因素。当工作者与工作岗位之间的匹配程度过高,其就业满意度就比较高,反之则较低②。此外,学历和收入水平是影响员工工作满意度的最主要因素,受教育水平越高的工作者对工作的满意度评价越低,反之越高。此外,员工的年龄、工作年限、工作次数、婚姻与否、工作性质、专业背景等都是影响员工工作满意度的变数③。在收入一定的条件下,大学质量与工作满意度之间呈负相关,在大学质量和工作经济收益满意度之间负相关关系方面,男性和女性之间没有明显差别④。

　　高校毕业生在求职就业过程中,与个体自身因素同等重要的亲缘背景也成为影响求职结果的重要因素。在父母的社会地位与父母的社会资本对学生就业满意度影响关系的研究方面,学者们纷纷通过实证研究证明两者会对毕业生的就业满意度产生影响。家庭社会资本会显著影响大学毕业生的就业机会和就业质量⑤,包括地位结构、认知以及关系维度在内的家庭社会资本影响着大学生的就业机会、就业质量及就业选择⑥。不同的家庭社会经济地位对大学生就

① 杨容:《重庆高校毕业生就业满意度及影响因素调查》,《重庆师范大学学报(自然科学版)》2003 年第 1 期,第 80-83 页。

② 张建奇:《关于大学生就业意识、能力准备与就业满意度之间关系的研究》,《河南社会科学》2001 年第 4 期,第 103-106 页。

③ 王志刚、蒋慧明:《关于中国员工个体特征对其公司满意度影响的实证研究》,《南开管理评论》2004 年第 1 期,第 101-106 页。

④ 兰季萍、王云多:《大学质量、工作收入对毕业生工作满意度的影响——以哈尔滨市问卷调查为例》,《沈阳大学学报(社会科学版)》2013 年第 2 期,第 210-215 页。

⑤ 黄娟:《家庭背景对大学毕业生就业的影响研究——一个社会资本的分析视角》,湖南师范大学硕士论文,2010 年。

⑥ 郑茂雄:《家庭社会资本与大学生就业满意度关系研究》,《高教探索》2012 年第 2 期,第 135 页。

业满意度的影响程度不同①。通过对 2005 年全国高校毕业生抽样调查分析得出结论:家庭经济条件和社会关系对就业的影响开始凸现②。这也与之后学者们的发现相印证:家庭背景与毕业生的毕业去向、单位性质、毕业起薪、工作满意度有关③;家庭社会资本对高校求职者的就业质量有显著的正向影响作用,即家庭社会资本的"差序"在一定程度上造成了大学生就业质量的"差序"④。对大学生而言,大学生社会资本的主要来源是家庭,大学毕业生步入社会之后所使用的社会资本很大程度表现为父母拥有的社会网络和资源⑤。父母拥有的社会资本能够显著影响大学生的"从政"意愿,而父母拥有的社会地位则显著影响大学生的"入企"意愿。家庭收入与大学生的"入企"意愿成正比,大学生不断深造的意愿与父亲的受教育程度以及家庭社会网络的异质性成正比⑥。

综上所述,我国专门以家庭背景作为研究对象的研究较少,个人自身及家庭因素、工作环境因素以及毕业院校和专业等都会不同程度地对毕业生的求职结果和就业满意度产生影响,并且作为无形的社会资本,在毕业生家庭背景层面发生作用,对毕业生的就业有积极的正向作用。

(二)独立学院毕业生就业满意度的影响因素

关于独立学院毕业生就业满意度的文献寥寥无几,相关研究也只是通过具体案例进行的分析,相关研究如下所述。

---

① 郑洁:《家庭社会经济地位与大学生就业——一个社会资本的视角》,《北京师范大学学报(社会科学版)》2004 年第 3 期,第 111-118 页。
② 闵维方、丁小浩、文东茅等:《2005 年高校毕业生就业状况的调查分析》,《高等教育研究》2006 年第 1 期,第 31-38 页。
③ 张丽玉:《大学生就业与家庭背景关系研究——基于一个毕业生群体样本的调查分析》,《中国大学生就业》2013 年第 4 期,第 14-18 页。
④ 刘新华:《应用型本科院校毕业生就业满意度调查与分析——以安阳工学院为例》,《安阳工学院学报》2013 年第 5 期,第 103 页。
⑤ 郑洁:《家庭社会经济地位与大学生就业——一个社会资本的视角》,《北京师范大学学报(社会科学版)》2004 年第 3 期,第 111-118 页。
⑥ 尉建文:《父母的社会地位与社会资本——家庭因素对大学生就业意愿的影响》,《青年研究》2009 年第 2 期,第 11-17 页。

学者肖林生等基于珠海市 B 独立学院 2013 届毕业生发放 420 份调查问卷的实证研究发现,独立学院的学生干部经历对个人就业率的影响并不明显,但对个人的起薪及就业满意度影响比较显著①。次年,他又对珠海市三所独立学院的 600 名 2014 届毕业生发放调查问卷后研究发现:社会资本对独立学院毕业生的就业满意度呈正向显著性影响,其中个人社会资本对就业满意度的影响度高于家庭社会资本对就业满意度的影响②。职场角度的研究也发现:企业因素导致工作岗位的骤减,给独立学院毕业生就业带来了更大的压力③。此外,社会经济环境、社会认可度、人才培养以及毕业生就业观念等是导致毕业生就业面临困境的主要因素④。这些因素均会对独立学院毕业生对自我就业满意度评价产生影响。

综上所述,研究者对独立学院毕业生就业满意度的研究较少,而且仅有的几篇文章也是通过工作现状、薪水或者外部诸如企业等认知来进行研究。本研究在结合大学生毕业满意度和独立学院毕业生就业特性及特点基础上,认为影响独立学院毕业生就业满意度的影响因素有很多,主要包含"学生因素""学校因素""家庭因素""社会因素"和"工作单位因素"。其中学生的就业情况、性别、专业、政治面貌、年级、社团经验、兼职经验、实习经验、学业成绩、单位特点以及求职状况等需要纳入背景变量。此外,如果从学生就业特点的角度进行思考,不难理解的是独立学院毕业生的就业过程中,该考虑的首要因素是学生的个体因素,与之有关联的就是个体的能力研究。基于文献梳理,本研究认为独立学院毕业生就业满意度的影响因素之一就是"就业能力"。个体能力之外,对

① 肖林生、许美玲、肖天旭等:《独立学院毕业生就业状况分析——以珠海市 B 独立学院为例》,《山东高等教育》2015 年第 10 期,第 49-53 页。
② 肖林生:《社会资本对独立学院毕业生就业质量的影响——基于珠海三所独立学院的调查》,《江汉大学学报(社会科学版)》2016 年第 2 期,第 93-99 页。
③ 朱文珍、曾志艳、任高飞:《金融危机对我国社会就业影响的研究》,《商业时代》2011 年第 4 期,第 9-10 页。
④ 刘尧飞:《独立学院毕业生就业现状分析:T 学院为例》,《浙江树人大学学报(人文社会科学报)》2013 年第 2 期,第 32-36 页。

就业起到主力作用的便是家庭和社交的影响,也即"社会资本",这也是引起学者关注较多的因素之一。接下来的章节将对这两个因素做逐一论述。

第三节　毕业生就业能力的相关研究

本节重点探讨就业能力的理论及其相关研究。因此,先探讨就业能力的定义,再探讨并构建本研究所指的就业能力的维度。

一、就业能力的概念

本节的核心概念是就业能力(Employability),它起源于20世纪的英国,因文化和理解的不同,研究者将其译为"就业能力""可雇佣性"以及"就业力"等,为了便于读者理解和研究的统一性,本研究将其译作"就业能力"。

就业能力在人力资源管理领域的使用频率非常高,而国内外学者就如何准确用语言来定义大学生的就业能力尚未达成共识,研究者们对其进行内涵解释的角度也各不相同,主要有以下几种类别:

第一,从就业能力的形成视角看,就业能力是使毕业生获得并保持一份工作的重要因素,是可以被教导,并可以学会的。就业能力首次是以"就业力"的概念出现,由英国经济学家威廉·贝弗里奇于20世纪初期提出,他认为就业能力就是指个体获得和保持工作的能力[1]。英国的吉姆·希拉奇(Jim Hillage)和艾玛·波拉德(Emma Pollard)认为,就业能力是获得最初就业、维持就业和必要时获得新的就业所需要的能力。对于个人来说,就业能力主要依赖于以下几个方面:拥有知识、技能和态度等资本;运用和调度这些资本的方法;对雇主表现

---

[1]　贾利军、管静娟:《国外就业能力概念的发展历史及评析》,《全球教育展望》2011年第12期,第20-24页。

拥有资本的方法；个人环境和他们找寻工作的劳动力市场的联系[①]。2000 年，国际劳工大会（International Labour Conference，ILO）将其定义为是个体获得和保持工作、在工作中进步，以及应对工作生活中出现的变化的能力[②]。同年，英国原教育与就业部（DFEE）定义其是获得和保持工作的能力，在劳动力市场内通过充分的就业机会实现潜能的自信[③]。英国的就业能力研究专家李·哈维（Lee Harvey）认为就业能力是指个人所具有的获得基本就业、维持就业以及在需要时重新获得就业的能力和意愿[④]。就业能力是个体获得、保持和利用某种资源或能力以应对不断变化的外部劳动力市场的一种行为倾向，需要从毕业生个人行为的角度来看[⑤]。就业能力的动态性表明大学生的就业能力是大学生为获得最初就业、维持就业和必要时获取新的就业所需要的全部综合能力、是大学生个人感知到的用来获得与自身资格水平相当的工作的能力[⑥]。大学毕业生的就业能力是在以自我学习能力为基础之上发展而来的与自身职业相关并融入个体身心活动中的一种个人为应聘求职、获得就业机会和获取就业岗位的综合能力[⑦⑧]。就业能力是一种与职业相关的能力群，具有独特性和不易被竞争对手效仿与替代的特性[⑨⑩]。

---

① Hillage J. Pollard E, *Employability: developing a framework for policy analysis*(Suffolk: Department for Education and Employment,1998), p. 85.

② 谢志远:《关于培养大学生就业能力的思考》,《教育发展研究》2005 年第 1 期,第 90-92 页。

③ 陈光辉:《就业能力解释维度、概念、内涵、研究历程及评述》,《教育与职业》2011 年第 12 期,第 80-82 页。

④ Lee Harvey,"Defining and Measuring Employability," *Quality in Higher Education* 7, No. 2(2001):97-109.

⑤ Heijden B. V. D. , "Prerequisites to guarantee life-long employability, "*Personnel Review* 31,No. 1(2002):44-61.

⑥ Rothwell A. , Herbert I. , Rothwell F. , "Self-perceived employability: Construction and initial validation of a scale for university students," *Journal of Vocational Behavior* 73, No. 1(2008):1-12.

⑦ 熊书银、黄登婕:《大学生就业与就业能力培养》,《重庆工业高等专科学校学报》2005 年第 1 期,第 107-110 页。

⑧ 文少保:《基于人才强国战略的我国大学生就业能力开发策略研究》,《现代大学教育》2006 年第 1 期,第 101-108 页。

⑨ 赵颂平、赵莉:《论大学生就业能力的发展》,《教育与职业》2004 年第 21 期,第 65-66 页。

⑩ 姚德超、晏月平:《大学生就业核心竞争力体系的构建》,《教育评论》2009 年第 1 期,第 75-77 页。

第二,从用人单位需求视角来看。就业能力的定义应该将高等教育、就业力和成功的职业生涯开发相结合①。就业能力不单指基本职业技能,亦包含了解个人潜在价值、个人在劳动力市场上的地位与雇佣情境中所扮演的重要角色之相关知识②。加拿大会议委员会(The Conference Board of Canada,CBC)将就业能力定义为"个体为满足雇主和客户不断变化的要求,从而实现自己在劳动市场的抱负和潜能而应具备的质量和能力"③。学者吉姆·希拉奇(Jim Hillage)和艾玛·波拉德(Emma Pollard)认为:就业能力依赖于知识、技能和态度等资本的存量;运用和部署这些资本的方法;向潜在雇主展示资本的能力和个人的运作空间,如劳动力市场、个人环境等④。就业能力是指获得某项岗位元素全部能力的总称。在知识经济时代中,受雇者必须展现团队合作能力、在不明确的环境中进行协作的能力、解决问题能力、能处理非例行程序的能力、担负决策者责任的能力、沟通技能能力,以及能从较宽泛的脉络中来理解工作场所的个人发展能力。从企业发展的角度而言,企业必须拥有具有高适应力、能持续学习、有创新能力的年轻劳动力,才能在知识经济与全球化的冲击下维持高生产力与国际竞争力⑤。宋国学认为就业能力属于素质范畴,是个人具备的获得岗位、维持就业和重新就业时在工作岗位上取得优异绩效的素质表现⑥。

第三,资本视角。国外学者将资本引入到就业能力的概念中,也拓宽了学界对就业能力研究的视野。就业能力是指由职业生涯识别、个体适应性、社会

---

① Stewart J., Knowles V., "The changing nature of graduate careers," *Career Development International* 4, No. 7(1999):370-383.

② Tseng M. S., "Self-perception and Employability: A Vocational Rehabilitation Problem," *Journal of Counseling Psychology* 19, No.4(1972):314-317.

③ 胡尊利、刘朔、程爱霞:《国外大学生就业能力研究及其启示》,《比较教育研究》2008年第8期,第24-28页。

④ Hillage J., Pollard E., "Employability: Developing a Framework for Policyanalysis," *Journal of Applied Psychology* 64, No.5(1998):509-517.

⑤ Pont B, "Competencies for the knowledge economy," *Oecd*, (2001):100-118.

⑥ 宋国学:《英国高校可雇佣性开发的特点及启示》,《现代教育科学》2007年第11期,第16-18页。

资本和人力资本四个集合的交集所组成的为识别工作机会及获取工作的能力①。其中，职业生涯识别是指个人对职业生涯的自我认知；个体适应性是指改变个人的知识、技能或个人行为以满足环境所需的一种能力；社会资本是指个人所拥有的社会网络；人力资本是指影响个人就业的相关变量。黄敬宝则认为这是大学生的一种综合能力，是大学毕业生将高等教育服务转化为人力资本时的一种体现②。

综上可以看出，国内外学者们对就业能力的概念都有较为深入和细致的概念界定。就业能力涵盖个人全部的职业生涯，其概念的研究主要集中在获得和保持工作的能力上。从形成过程看，就业能力要考虑个人短期和长期所需要的支持与资源，是一种将职业规划与个人发展镶嵌到学习活动中，通过终身学习的方式发挥个人职业发展潜能，并且贯彻终身，不以工作为终结，且有未来潜在需求，并可持续发展的能力。其次，就业能力是个体能够在劳动力市场生存的一种能力，不仅是雇主需要的用于提升组织效能的相关知识、技能和态度，更需要的是个人在劳动力市场上的竞争力，以及拓展自己的一项技能，包括可以体现个人价值、增加就业机会，并适应市场变革的综合能力，要求个体可以在不同的工作情境中具有有价值的、可转化的重要性。最后，就业能力的研究是以人为依附性，个体会受到情感、心理等可变因素的影响，因此也决定了就业能力具体形成时的局限性，若从就业能力的构成要素角度切入，可以使就业能力更具体，也更具操作性。但是，现实的外部劳动就业市场是相互竞争的关系，就业信息不是完全充分平等的，不能只单纯地从用人市场进行界定，反而会凸显毕业生单纯地成为了就业的工具。与此同时，因为依附于人，也不可以完全忽略对家庭背景和社会资本等进行界定。在经济社会不断发展、产业结构不断调整的背景下，高等教育不断扩招使得大学生的就业竞争力增强，大学毕业生就业能

---

① Fugate M., Kinicki A. J., Ashforth B. E., "Employability: a psycho-social construct, its dimensions, and applications," *Journal of Vocational Behavior* 65, No. 1 (2004): 14-38.

② 黄敬宝:《就业能力与大学生就业——人力资本理论的视角》,经济管理出版社,2008,第48页。

力的内涵应该更加丰富。因此,大学毕业生的就业能力不应仅仅包含基本的个体能力,还应将毕业生置于广阔的社会环境中进行探讨,注重形成过程的思考。

基于此,本研究可以初步认为就业能力是独立学院毕业生为获得岗位并胜任岗位时,对自我就业能力的认识、发展与培养,且可以不断优化并不可被替代的一种可持续发展的能力。

二、就业能力的构建维度

就业能力是综合能力,具体包含的内容至今没有定论。发达国家的一些研究组织在此方面所做的研究较为详细。

美国培训与开发协会(ASTD)将就业能力的结构界定为基本技能、沟通技能、问题解决能力、团队合作能力和领导能力五个方面[1]。美国培训与开发协会定义就业能力包含基本胜任力(阅读、写作、计算)、沟通能力(说和听)、适应能力(问题解决、创造性地思考)、群体效果(人际技能、团队工作、协商能力)和影响能力(理解组织文化、分享领导)构成的 5 个类别的 12 项技能。美国培训与开发协会认为基本技能、思考技能和个体特性是就业能力的主要构成部分[2]。

英国高等教育质量理事会(Higher Education Quality Council)分析认为,就业能力包括评判性(或者分析性)思维能力、应对复杂问题的普遍能力、言语和书面的有效沟通能力、与别人结为伙伴有效地展开工作的能力、独立完成工作的能力,以及毕业生应该以本领域的道德意识为自我评判、具有反思性的实践者能有效地在更为广泛的社会领域中与别的学科展开互动的六项能力[3]。在国外的研究中,英国高校注重通过多种方式来培养或者开发大学生就业能力并在就业能力的研究与开发方面最为经典。英国在提升大学生就业能力方面有四大活动:一是提供集中化职业生涯管理和职业生涯服务的支持,与相关部门建

① 沈澜文:《基于能力框架的 HRST 能力建设研究——以 ICT 专业为例》,浙江大学博士论文,2009 年。
② 王苑:《大学生职业价值观及就业能力与就业绩效的关系研究》,浙江大学硕士论文,2006 年。
③ 施炜:《普通高校本科毕业生就业能力提升对策的研究》,中国矿业大学博士论文,2012 年。

立合作关系,为后续实践活动提供方便;二是依据雇佣市场的特性进行嵌入式课程学习;三是提供工作体验实践的机会;四是建立就业能力档案,促进对就业的思考,包括正式学习和成绩的正式文本、个人发展情况的个人思考和记录、个人教育和职业发展计划①。

瑞士联邦工业大学高等教育中心主任 M.L.戈德斯密德教授对毕业生的就业能力给出了实用的建议,认为就业能力应具备就业动机及良好的个人素质、人际关系技巧、掌握丰富的科学知识、有效的工作方法、敏锐广阔的视野②。

国内外学者在对就业能力进行研究时认为,职业生涯识别、个体的职业适应性与社会人际资本这三个方面构成就业能力③。纳比(Nabi)和巴格利(Bagley)认为就业能力包含个人的基本能力、沟通技巧的能力和解决问题的能力④。罗特韦尔(Rothwell)认为就业能力应该包含我的大学、专业领域、外部劳动力市场状况及自我信念⑤。国内学者也认为高校毕业生的就业能力是一种多能力的集合,其中学者郑晓明认为大学生就业能力在内容上包括学习能力、思想能力、实践能力、应聘能力和适应能力等,是大学毕业生在校期间通过专业学习和综合素质的开发后所获得的为实现自我就业理想、满足社会需求、在社会中实现自身价值的一种专属本领⑥。熊书银和黄登婕认为就业能力的构成维度应当包括扎实的专业知识、较强的工作能力;踏实肯干、诚实守信的意志品质;崇尚团队、崇尚合作的强烈意识;勇于创新、善于创新,并具有一定的工作经验⑦。英国学

---

① Lee Harvey, "Defining and measuring employability," *Quality in Higher Education* 7, No.2(2001):97-109.
② M·L·戈德斯密德:《展望新世纪高等教育:理论学习与职业生涯的中介》,《高等教育研究》1999 年第 6 期,第 97-99 页。
③ Fugate M., Kinicki A. J., Ashforth B. E., "Employability:a psycho-social construct,its dimensions,and applications," *Journal of Vocational Behavior* 65, No.1(2004):14-38.
④ Nabi G. R., Bagley D., "Graduates' perceptions of transferable personal skills and future career preparation in the uk," *Career Development International* 3, No.1(1999):31-39.
⑤ Rothwell A., Herbert I., Rothwell F., "Self-perceived employability: construction and initial validation of a scale for university students," *Journal of Vocational Behavior* 73, No.1(2008):1-12.
⑥ 郑晓明:《"就业能力"论》,《中国青年政治学院学报》2002 年第 3 期,第 91-92 页。
⑦ 熊书银、黄登婕:《大学生就业与就业能力培养》,《重庆工业高等专科学校学报》2005 年第 1 期,第 107-110 页。

者希拉吉（Hillage）强调"就业能力是个体在劳动力市场中自给自足的能力,不仅仅是毕业生拥有的特定知识、技能和态度,还包括个体运用及向雇主展示这些知识、技能和态度的能力"[1]。根据伯恩特逊（Berntson）和马克伦德（Marklund）的研究,将就业能力分为宏观技能、中观技能和微观技能:宏观上指政府提高国民就业率;中观上指组织在劳动力配置方面努力获得"数量"和"功能"的灵活性;微观上指个人获得就业的能力[2]。

国内学者还从政府、雇主等角度对就业能力的维度构成进行了内涵解释,如:国内学者提出政府层面要协助高等院校帮助学生就业能力的形成,政府对高等教育院校学生的就业能力的开发应承担其相应的责任,以此加强就业市场的政策支持和规范劳动力市场[3]。政府应为高校与雇主在人才培养方面的合作提供制度和政策的保障,且政府可以以雇主的身份参与到大学生实习和见习平台的建设中去,并提供职业培训服务[4]。学者何凌霄将学校和用人单位相结合,从学校实践的角度考虑,认为高校应以人才市场的需求为导向,确定高校育人的培养目标,在符合市场需求的指导下,进行教学改革以开发大学生的就业能力[5]。

通过上述文献可知,关于就业能力维度的划分在学界上是众说纷纭,但主要还是个人才能、职业技能、管理能力和应变能力等说法。所以其研究维度就无法用统一的指标去做测量。由此可知,国内外对就业能力的构建维度各不相同且十分广泛。就业能力是多维度的,但有些维度也并不具辨别力,或许在概念上有重复的情形,本研究在综合上述就业能力的相关文献基础上,结合独立学院毕业生就业特点,参考学者罗特韦尔（Rothwell）对就业能力的划分维度,认

---

[1] Lynlea Small, Kate Shacklock, Teresa Marchant, "Employability: a Contemporary Review for Higher Education Stakeholders," *Journal of Vocational Education & Training* 70, No. 1(2017):150.

[2] Luca Caricati, Rita Chiesa, Dina Guglielmi, Marco Giovanni Mariani, "Real and Perceived Employability: a Comparison among Italian Graduates," *Journal of Higher Education Policy and Management* No. 5(2016): 491.

[3] 任江林:《关于提高大学生就业能力的几点思考》,《教育与职业》2005 年第 6 期,第 47-48 页。

[4] 冯慧春:《培育和提升大学生就业能力研究》,《中国大学生就业》2007 年第 16 期,第 152-153 页。

[5] 何凌霄:《提升学生就业能力,促进高校可持续发展》,《江苏高教》2007 年第 4 期,第 102-103 页。

为当前独立学院毕业生的就业能力的维度可以包括：我的大学、专业领域、外部劳动力市场状况及自我认知四个层面。在本研究中每个层面再结合独立学院和独立学院毕业生的特点分别设置不同的题项。构成本研究就业能力的四个维度的基本内涵如下所述：（1）我的大学层面。包含高校（独立学院）的办学水平、学校声誉，也由此反映大学生的综合竞争力[1]。（2）专业领域层面。包含个体适应工作岗位与技术的飞速发展需要的基本通用能力以及为职业所需的专业知识、经验、技能和语言能力[2]。（3）外部劳动力市场需求层面。吉姆·希拉奇（Jim Hillage）和艾玛·波拉德（Emma Pollard）认为个人就业能力会受到劳动力市场与个人背景的影响而有不同，仅拥有目前雇主需要的相关知识、技能与态度对自己在劳动力市场的竞争力是不够的，个人需要有能力拓展自己的就业能力，并将此能力推销出去[3]。（4）自我认知层面。是指自己对自己的信心程度、就业环境和就业前景的认知，包括对个人能力、人格特质、价值观、自尊和自我效能等的自我认知，来确定是否有信心完成自己专业所涉及的工作。

第四节　毕业生社会资本的相关研究

现实的劳动力就业市场是镶嵌在社会关系之中的，当独立学院毕业生应聘受到母校品牌困境的影响时，"社会资本"因素就显得尤为突出。这一因素不仅包括独立学院毕业生的家庭，还包括具体的学校。本节主要内容是介绍社会资本理论的产生和发展、社会资本理论的主要含义与我国独立学院毕业生就业满意度的相适性。

---

[1] 陈仲峰：《论提升大学生就业能力过程中存在的问题》，《科技创新与应用》2012 年第 20 期：第 299 页。

[2] 刘绍斌：《大众化教育时代大学生就业能力问题研究》，《重庆职业技术学院学报》2008 年第 6 期，第 119-121 页。

[3] Hillage J., Pollard E., "Employability: developing a framework for policyanalysis," *Journal of Applied Psychology* 64, No. 5 (1998): 509-517.

一、社会资本的概念

社会资本概念的形成涉及诸多学科领域,经济学和社会学的发展对社会资本的影响最为直接。

社会资本指存在于社会网络之内,可以藉由个人或者社会单位透过网络取得之所有实际或者潜在资源之总和①。个体掌握并有效使用社会资本的多寡,会影响其获取信息与资源的优劣。经济学家格林·洛瑞(Glenn Loury)提出,在物质资本和人力资本之外,还存在第三种资本形式即社会资本②。这是一种对家庭物质资源、工作与教育机会的获取有着密切影响的,存在于家庭关系与社区的社会组织之中的资源。法国学者皮埃尔·布迪厄(Pierre Budrieu)是最先对社会资本进行相对系统现代化分析的学者,他认为"社会资本是一组存在于特定的工作关系、群体关系和组织关系中,并被某种制度关系所强化的实际的或潜在的资源"③。它由组成的持久网络的特定群体共享,并为群体中的每一成员提供资源支持。随后的美国学者罗伯特·D.普特南(Robert D. Putnam)持续关注意大利的民主制度,并在《让民主运转起来》一书中揭示出"社会资本是指社会组织的特征,诸如信任、规范以及网络,它们能够通过促进合作来提高社会的效率。……社会资本促进了自发的合作"④。罗伯特·D.普特南将社会资本界定为"社会组织的特征,例如信任、规范和网络,他们能通过推动协调的行动来提高社会的效率"⑤。罗伯特·D.普特南对社会资本的内涵进行了界定,指出社会资本是一种组织特点,如以信任为核心的社会价值观、道德义务和规范,

① Nahapiet J. , Ghoshal S. , "Social Capital, Intellectual Capital And The Organizational Advantage, Academy Of Management," *The Academy Of Management Review* 23 , No. 2(1998) :242-266.

② Loury G. , "A Dynamic Theory of Racial Income Difference," *Women, Minorities, and Employment Discrimination* 153 , (1977) :86-153.

③ Bourdieu Pierre, "Le capital social : NotesProvisoires," *Actes de la Recherche en Sciences Sociales* 31(1980) : 2-3.

④ 罗伯特·D. 帕特南:《使民主运转起来》,王列、赖海榕译,江西人民出版社,2001,第 195 页。

⑤ 罗伯特·D. 普特南、杨蓉、哈佛大学:《繁荣的社群——社会资本和公共生活》,《马克思主义与现实》1999 年第 3 期,第 60-63 页。

以及社会网络(尤其是自愿组建的社团)等①。珍妮·纳哈皮特(Nahapiet J)也将社会资本定义为"植根于个人或者社会单元拥有的关系网络中一些实际或者潜在存在的资源"②。也有学者认为社会资本是存在于个人或组织关系网络中的显性或隐性资源的总和,或者可以通过关系网络直接获得或衍生的资源③。再或者有学者认为社会资本是一种镶嵌于人际、群体及社会的网络之中的关系资源。社会资本是使社会关系更持久而牢固的一种资源,是更有利于社会关系网络的行为④。林南从资源的角度来对社会资本进行研究,并以社会资源定义为基础得出了社会资本的概念:资本是在以追求利润为目标的行动中被投资和动员的以期在市场中得到回报的资源。社会资本存在目的性行动中,被获取或被动员的,嵌入在社会结构中的资源,而资源就是物质或符号物品⑤。从国内的研究来看,中国社会科学院的张其仔博士是较早提出社会资本概念的学者。他将社会资本定义为社会网络,既不同于文化资本,也不同于经济资本和人力资本⑥。学者边燕杰指出,社会资本存在于行为者与行为者的联系之中,他将社会资本定义为一种非正式的关系,认为其内涵是明确的,即为社会关系网络⑦。陶金从社会资本的功能性解释与结构性解释等方面对社会资本概念的演变进行了梳理,他将社会资本定义为个体嵌入在社会网络中的一种资源,这种资源又受到社会规范的约束,影响个体的行为选择,最后通过信任作为中介渠道影响

① Robert D. Putnam, "Bowling alone: America's declining social capital," *Journal of Democracy*, Vol. 6(1995): 64-78.

② Nahapiet J., Ghoshal S., "Social Capital, Intellectual Capital, and the Organizational Advantage," *Academy of Management Review* 23, No. 2(1998):242-266.

③ JANINEN N, SUMANTRA G., "Social capital, intellectual capital, and the organizational advantage," *Academy of Mangement Review* 23, No. 2(1998):242-266.

④ Pearce J. L., "Expectations of Organizational Mobility, Workplace Social Inclusion, and Employee Job Performance," *Journal of Organizational Behavior* 25, No. 1(2004):81-98.

⑤ 林南:《社会资本——关于社会结构与行动的理论》,张磊译,社会科学文献出版社出版,2020 年,第30 页。

⑥ 张其仔:《社会资本论——社会资本与经济增长》,社会科学文献出版社,1997 年,第27 页。

⑦ 边燕杰:《城市居民社会资本的来源及作用:网络观点与调查发现》,《中国社会科学》2004 年第 3 期,第 136-146+208 页。

社会经济的发展①。

随着社会的不断进步和研究的不断深入,社会资本的概念和内涵也在不断丰富,并获得进一步的延伸。互联网时代背景下,社会资本又演化为网络社会资本或虚拟社会资本、现实社会资本②③等形式,更进一步丰富了社会资本的内涵。崔巍将社会资本划分为三种表现形式:纽带型、桥梁型和连接型社会资本④。成卓对社会资本的内涵概括如下:社会资本是以社会信任、关系网络、社会组织等为外在表现形式,建立在内部成员彼此认同的基础之上,且具有一定外部性和生产性特征的社会资源⑤。

综合来看,社会资本的概念广泛地运用在了社会学和经济学领域,多采用定性研究对概念及内涵进行界定,并且同时都提到了"社会关系"和"网络"。而且社会资本具有无形性、外部性和依赖性,且还具有"社会性"和"资本"属性与逻辑。因此,本研究中的"社会资本"是指镶嵌于独立学院毕业生相处的人际关系网络中的资源总和,这种资源可以被网络内的社会成员所获得并使用,并用以交换达到互惠的目的,包括独立学院毕业生所处的网络中一切可以被学生个体、学生家庭以及学校触及并拥有的可积累、可使用的关系资源。

二、社会资本的测量维度

社会资本维度的划分多是在社会资本的概念界定基础之上进行的维度划分,并在实践基础上进行测量。

国外学者多采用实证研究的方法,建立回归方程与结构方程的方式,就社

---

① 陶金:《论社会资本的定义及其属性》,《江汉论坛》2008 年第 1 期,第 27—29 页。
② 付晓燕:《中国网民的"虚拟社会资本"建构——基于中国网民互联网采纳历程的实证研究》,《中国地质大学学报(社会科学版)》2013 年第 6 期,第 76—81+134 页。
③ Dmitri W. , "On and Off the'Net: Scales for Social Capital in An Online Era," *Journal of Computer-Mediated Communication* 11 , No. 2 (2006) :593-628.
④ 崔巍:《论社会资本与经济发展的关系》,《中国高校社会科学》2016 年第 4 期,第 85—95 页。
⑤ 成卓:《社会资本视角下破解西部民族地区农村深度贫困难题的路径选择》,《西南金融》2020 年第 9 期,第 38—48 页。

会资本对就业质量的影响进行研究,利用网络规模、网络顶端以及网络密度等指标来量化社会资本,通过个人工资和个人的职业声望等指标来反映就业质量①②③。通过这些研究发现,个体在就业过程中,依靠自己的社会关系网络可以更快捷地获取就业相关机会,也更容易找到自己理想中的工作,实现高满意的就业。从不同角度切入,对社会资本的理解也不尽相同。珍妮·纳哈皮特④从三个维度对社会资本进行测量:一是结构维度,重点分析了网络联系和网络结果的特点;二是关系维度,强调人们互动的过程中具体的人际关系;三是认知维度,指有利于主体之间共同理解与解释的资源,如语言文字等。

学者边燕杰首次提出运用网络规模、网络顶端、网络差异以及网络构成四个指标从微观层次研究不同阶层的城市居民的社会资本差异。研究结果发现:个体的社会资本拥有量是靠独立个体所拥有的社会关系网络特征决定的,个体所处的阶层以及阶层优势可以转变成为自己的社会资本。由此可以看出,阶层地位也就是社会层级与个人的社会关联度值得关注⑤。赵延东、罗家德将社会资本分为"个体社会资本"(包括社会关系和社会网络)和"集体社会资本"(包括社会信任和集体行动)两个维度⑥。虢超等运用全国综合社会调查数据(CGSS),采用最小二乘法和分位数回归方法研究"关系"和教育对中国居民收

① Campbell K. E. , Marsden P. V. , Hurlbert J. S. , "Social Resources and Socioeconomic Status ," *Social Networks* 8 , No. 1(1986) :97-117.

② Lin N. , Dumin M. , "Access to Occupations through Social Ties ," *Social Networks* 8 , No. 4(1986) :365-385.

③ Seibert S. E. , Kraimer M. L. , Liden R. C. , "A Social Capital Theory of Career Success ," *Academy of Management Journal* 44 , No. 2(2001) :219-237.

④ Nahapiet J. , Ghoshal S. , "Social Capital , Intellectual Captial , and the Orgnizational Advantage ," *Academy of Management Review* 23 , No. 2(1998) :242-266.

⑤ 边燕杰:《城市居民社会资本的来源及作用:网络观点与调查发现》,《中国社会科学》2004 年第 3 期,第 136-146+208 页。

⑥ 赵延东、罗家德:《如何测量社会资本:一个经验研究综述》,《国外社会科学》2005 年第 3 期,第 18-24 页。

入的影响①。路慧玲等以普特南对社会资本的理解为基准,选取社会网络、社会规范和社会信任,利用熵值法计算社会资本各项指标的权重②。孙敬水等构建Ordered Logit 模型,基于收入分配公平满意度问卷调查数据,设计了在外就餐频率、家庭礼金与通信网络费用、组织成员(虚拟变量)、对同事与朋友的信任程度等 4 个社会资本计量变量对资本异质性与收入分配公平满意度关系进行了实证研究③。

研究方法上看,社会资本的测量方法,典型的有定名法、定位法和李克特量表形式④。定名法作为社会资本测量工具时容易存在网络边界不易确定、弱关系容易被遗漏等缺陷。定位法则难以对网络成员做具体的测度。李克特量表则是失去结构分析的特色,但因为符合受访者的天生习惯,目前也有进一步扩大使用的趋势。

总体概括,学者们对社会资本的维度划分是在实践实证基础上进行的,多包含网络规模、社会名气和规范等,根据不同的研究内容在对社会资本的不同方面进行差异性选择。因此,独立学院毕业生的"社会资本"在考虑毕业生的就业特点及特性后,会考虑选取"关系网络规模""社会关系连接强度"和"作用人的社会地位"作为本研究社会资本的测量维度。

三、社会资本的相关研究

近年来社会资本逐渐被应用于大学毕业生的就业研究领域。在对毕业生的社会资本与自身就业关系的研究进行梳理发现:在以家庭社会经济地位对大

① 虢超、丁建军:《"关系"和教育对中国居民收入的影响——基于 CGSS 调查数据的实证分析》,《南方经济》2014 年第 3 期,第 38-51 页。
② 路慧玲、赵雪雁、侯彩霞等:《社会资本对农户收入的影响机理研究——以甘肃省张掖市、甘南藏族自治州与临夏回族自治州为例》,《干旱区资源与环境》2014 年第 10 期,第 14-19 页。
③ 孙敬水、蔡培培:《资本异质性与居民收入分配公平满意度——基于人力资本、物质资本、政治资本与社会资本的微观证据》,《商业经济与管理》2018 年第 11 期,第 74-87 页。
④ 孙立新、刘志祥、黄晓芬:《社会资本的理论基础与测量方法研究》,《商业时代》2013 年第 1 期,第 93-94 页。

学毕业生就业意向影响的研究方面,毕业生父母的职业层次、受教育程度、收入等家庭经济地位对大学毕业生的就业意向或前途选择有必然的影响。

实证研究显示,大学毕业生的就业状况与其家庭背景密切相关,家庭社会经济地位对子女职业地位的获得有显著影响[①]。父亲的职业地位对大学生就业意愿影响显著,父亲职业地位越高,大学生到企业工作的意愿就越低[②]。大学生拥有的社会资本越充裕,人力资本越丰富,其就业意向越高,具体表现在:就业单位选择更倾向于选择资源丰富的单位就业;就业地区更倾向于选择经济发达、收入较高的地区;其毕业期望月薪值也越高[③]。毕业生社会资本的使用对提高求职者的工作匹配度有影响[④]。

在社会资本对就业的影响程度方面,作为中国最早研究社会资本中强关系与就业关系的学者之一的边燕杰通过对天津的就业情况进行调查研究,结果显示:有七成以上的被调查者通过强关系找到工作。十年后的1998年,对"天津社会网络与求职过程调查"项目进行的研究显示:在使用社会网络实现职业流动的被访问者中,强关系的运用率达到86.9%[⑤]。

当然,通过前人的实证研究发现,父母的职业地位、受教育程度和家庭收入等家庭社会背景对子女就业收入等的影响也存在差异。比如:岳昌君、文东茅和丁小浩基于对全国高校毕业生就业状况的大规模抽样调查,采用回归分析和统计分析的方法进行研究,却发现家庭因素对毕业生找寻工作结果无显著影响[⑥]。这从某种程度上反映出我国高校毕业生的就业市场越来越成熟,就业竞争力主要体现在毕业生自身能力的综合运用上。

---

① 郑洁:《家庭社会经济地位与大学生就业——一个社会资本的视角》,《北京师范大学学报(社会科学版)》2004年第3期,第111-118页。
② 尉建文:《父母的社会地位与社会资本——家庭因素对大学生就业意愿的影响》,《青年研究》2009年第2期,第11-17页。
③ 李黎明、张顺国:《影响高校大学生职业选择的因素分析:基于社会资本和人力资本的双重考察》,《社会》2008年第2期,第162-180+224页。
④ 陆寅申:《社会资本对我国大学生就业影响分析——以上海市为例》,上海交通大学硕士论文,2009年。
⑤ 边燕杰、张文宏:《经济体制、社会网络与职业流动》,《中国社会科学》2001年第2期,第77-89+206页。
⑥ 岳昌君、文东茅、丁小浩:《求职与起薪:高校毕业生就业竞争力的实证分析》,《管理世界》2004年第11期,第53-61页。

综合上述研究发现,现有的关于独立学院毕业生就业社会资本的研究文献数量贫乏,也缺乏对独立学院毕业生就业特征的概括和描述、缺乏对社会资本的具体指标描述、缺乏对独立学院毕业生就业一段时间后的跟踪调查与比较研究。独立学院作为中国高等教育的一部分,毕业生的就业有一定的共性。因此,本研究在基于一般高校毕业生就业满意度研究的基础上来拟定独立学院毕业生就业满意度社会资本的测量维度,再就差异性部分做题项上的修订。

个体可以通过社会作用人来获得快捷有效的就业信息,家庭所拥有的社会经济地位对大学毕业生的社会资本水平是有一定影响的,毕业生所拥有的社会资本越丰富,越有利于提升大学毕业生的就业质量。足以见得,社会资本是一种联系在社会交往关系中的网络。因此,"社会关系网络规模"是本研究中"社会资本"的其中一个测量维度。其次,社会资本中的强关系在人与人、个人与组织以及组织与组织之间起到增强相互的信任度和稳定性的效果,在社会资本的使用基础上,个人的人情关系可以提供最大、最优的帮助,来提高自己的成功就业。基于此,在本研究中会考虑将人与人联系过程中的"社会关系连结强度"纳入"社会资本"的第二个测量维度。最后,在以人为中心的关系连结的社会里,作用人所处的社会层级的作用不容小觑。因此,"作用人的社会地位"为本研究"社会资本"测量的第三个维度。

至此,确定了本研究中独立学院毕业生就业满意度影响因素之一的社会资本的三个测量维度,即"社会关系网络规模""社会关系连接强度"和"作用人的社会地位"。

第五节　毕业生就业满意度与其影响因素的相关研究

本章节将对大学毕业生就业满意度各变量间的关系影响来做相关的文献整理,叙述各个层面间的关联性,并引用文献探讨予以佐证,以利于建构本研究之研究架构与假设。

一、就业能力与就业满意度的相关研究

就业能力被提出以来就一直备受人们关注,不同的时期、不同的社会制度及文化的差异均赋予了就业能力不同的理解。

国内外学者在关注就业能力对就业结果的影响时发现,就业者的专业资格、口头表达能力与个体的就业结果显著正相关[1]。乔志宏等发现就业能力的不同维度能够显著预测毕业生的月收入、录取通知数量、所签约工作的满意度和入职半年的工作适应性[2]。岳昌君等 2004 年在对全国高校毕业生进行大规模的调查后发现,毕业生的学历层次、学校声誉、学业情况和学校提供的信息对个人的起薪具有显著正向影响[3]。

综上所述,毕业生在求职时所拥有的就业能力越丰富,其在外部劳动力市场上的竞争优势也越明显,对就业满意度的评价也会越高。

二、社会资本与就业满意度的相关研究

"就业满意度"主要包含"就业质量""就业满意度""薪资待遇"等词汇,对此,不同学者有不同的研究。

大学毕业生在就业过程中有效使用社会资本,就会对毕业生的就业机会和就业质量产生显著影响[4]。入职时动用的社会网络资源会影响其入职收入[5]。通过建立 OLS 回归模型,以社会网络规模、网络多样性、网络密度等作为测量维

---

[1] Mcquaid R. W. , "Job Search Success and Employability in Local Labor Markets," *Annals of Regional Science* 40 , No. 2 (2006) : 407-421.

[2] 乔志宏、王爽、谢冰清:《大学生就业能力的结构及其对就业结果的影响》,《心理发展与教育》2011 年第 3 期,第 274-281 页。

[3] 岳昌君、文东茅、丁小浩:《求职与起薪:高校毕业生就业竞争力的实证分析》,《管理世界》2004 年第 11 期,第 53-61 页。

[4] 陈宏军、李传荣、陈洪安:《社会资本与大学毕业生就业绩效关系研究》,《教育研究》2011 年第 10 期,第 21-31 页。

[5] 张顺、郭小弦:《社会网络资源及其收入效应研究——基于分位回归模型分析》,《社会》2011 年第 1 期,第 94-111 页。

度,对截面资料进行研究发现:社会网络资本对工作地位和家庭收入有正向的影响力①。林南、弗拉普等(Lin & Dumin)学者通过建立回归方程来验证社会资本对于个人社会地位有正向作用②。塞贝特(Seibert)等利用结构方程模型验证社会资本对个人的工资收入、就业满意度有正向的作用③。刘宏伟等指出学生家庭所在的社会阶层能影响大学生的就业机会及就业成功率④。赵建国指出先赋型社会资本和后致型社会资本对大学生就业质量产生影响,如在就业心理、就业过程和就业满意度上存在不同程度的正面影响⑤。

综上考虑,社会资本在大学毕业生的求职、就业过程中起到一定的作用,其中涉及毕业生的社会关系网络规模、网络强度以及社会资本作用人的社会地位。以此分析,独立学院毕业生的社会网络规模与个人所拥有的社会资源网络成正比,在就业过程中从大规模的作用人中得到有利于自己就业的信息与机会,也能因为作用人社会地位的关系使得学生个人更容易获得高起薪、高满意度的工作。即社会资本越丰富,越能促进毕业生获得好的工作。

三、社会资本与就业能力影响的研究

大学生家庭背景等社会资本通过影响大学生心理健康、学习成绩等,从而影响毕业生就业能力的形成和建构。刘照蓉通过调查发现,心理健康又对大学生的社会适应性起着非常重要的影响,大学生的家庭环境和学习生活环境对大

---

① Campbell K. E., Marsden P. V., Hurlbert J. S., "Social Resources and Socioeconomic Status," *Social Networks* 8, No. 1(1986):97-117.
② Lin N., Dumin M., "Access to Occupations through Social Ties," *Social Networks* 8, No. 4(1986):365-385.
③ Seibert S. E., Kraimer M. L., Liden R. C., "A Social Capital Theory of Career Success," *Academy of Management Journal* 44, No. 2(2001):219-237.
④ 刘宏伟、王晓璐:《社会分层视角下社会资本对大学生就业的影响》,《现代教育管理》2010 年第 12 期,第 114—116 页。
⑤ 赵建国、王嘉箐:《社会资本对大学生就业质量的影响研究》,《财经问题研究》2017 年第 6 期,第 124—131 页。

学生的心理健康具有直接影响①。王殿春等对当代大学生的学习动机与家庭经济状况的相关情况进行调查分析,研究发现:大学生的家庭经济状况越好,学习动机越弱;大学生的家庭经济状况越差,学习动机越强②。可见,社会资本对大学生的学习动机有显著影响,大学生的学习动机与就业能力的获得有极大的相关性。

个人的社会资本和社会网络在个体的职业生涯发展过程中起到非常重要的作用③。社会关系在找寻新的工作机会或者是获得新岗位方面能强化个人的职业发展。林南曾指出社会网络能够加强个体行动的结果④。富盖特提出就业能力由职业生涯的识别、个体的适应性与社会人际资本三个方面构成⑤。从这里可以看出,富盖特认为就业能力是包含社会资本的,毕业生的就业能力也会对社会资本产生影响。

第六节　文献评述小结

本章就就业满意度的相关研究作了梳理。对前人的研究和贡献有了一定的了解,在此基础上发现就业满意度研究的研究空间,在此提出本研究的研究重点与不足。

首先,学术界对大学生就业的研究相当丰富,多数研究者是以高等教育毕业生为研究对象,却鲜有专门研究独立学院毕业生就业的。独立学院毕业生作为中国高等教育毕业生的一部分,以培养适合地方经济发展的应用型人才为目

① 刘照蓉:《大学生成长环境与大学生心理健康》,《科学·经济·社会》2003 年第 2 期,第 42-45 页。
② 王殿春,张月秋:《大学生学习动机与家庭经济状况的相关研究》,《教育探索》2009 年第 12 期,第 129-131 页。
③ Eby L. T. , Butts M. , Lockwood A. , "Predictors of Success in the Era of the Boundaryless Career," *Journal of Organizational Behavior* 24 , No. 6 (2003) :689-708.
④ Lin Nan. , "Building A Network Theory of Social Capital," *Connections* 22 , No. 1 (1999) :28-51.
⑤ Fugate M. , Kinicki A. J. , Ashforth B. E. , "Employability: A Psycho-social Construct, Its Dimensions, and Applications," *Journal of Vocational Behavior* 65 , No. 1 (2004) :14-38.

标。那么毕业生在就业时必然也会面临这样或者那样的就业问题。同时,由于学校性质和学生生源的特殊性,独立学院学生就业情况也会与普通高等教育毕业生有所不同。因此,高等教育毕业生的就业满意度的研究还有更大的研究空间。

其次,大多数学者对就业满意度的研究是基于"员工满意度"的层面,从用人单位的角度来衡量,为用人单位的改革给出了参考依据与参考意见。然后再通过满意度及其影响因素的研究,为政府、毕业生、学校提供职前培训的建议。但本研究是想通过社会资本视角,从毕业生自身心理感知的角度切入进行研究,以此丰富高等教育毕业生就业问题的研究。

最后,关于满意度的测评,对于就业满意度的影响因素,学者们多数是通过量化的方式来进行科学评判的。国内学者对于独立学院毕业生就业满意度的研究在内容、方法上都还较为薄弱,尚未提出适合我国独立学院毕业生实际情况的测量模型和指标体系,且缺乏可操作性的研究。一是已有的就业研究也仅仅是以调查的形式存在,还未形成具有中国特色的测评体系和模型。二是已有的研究只是把学生就业满意度测评视为学校监管的手段之一,并没有把就业满意度的测评当作一个独立的系统,也没有关于就业满意度制度方面的研究。这些为本研究提供了更广阔的研究空间。

前人关于就业的研究为本研究打好了基础,本书在此基础之上,通过学校因素的作用,以学生为中心,结合心理学、管理学以及社会学等方面的内容,利用回归分析方法探究非工作因素中学生个体和学校对毕业生就业满意度的影响,即社会资本和就业能力对于就业满意度的影响,从而为独立学院就业政策的制定提供实证基础。其他关于就业满意度的研究也非常广泛,有为促进就业、增加就业机会及加强就业衔接等的研究,还有求职过程中的经济投入等的满意度研究。这些研究也不仅仅是从学校因素着手进行,也包括学生因素、社会因素、家庭因素等。但考虑到本研究的研究问题,在研究中只能以工作时的状况为核心进行研究,旨在为学校提供相适应的政策建议,其余的满意度问题留待以后做进一步研究。

第三章　研究设计

　　研究设计是对研究活动展开全过程的计划与安排,本研究通过文献探讨建立研究框架与研究假设,制定三个研究变量,分别为就业满意度测量维度、就业能力测量维度和毕业生的社会资本测量维度。在参考相关文献基础上,修订、编制"独立学院毕业生就业满意度及其影响因素之研究调查问卷",再以广东省Z院校毕业生为样本数据,进行统计分析。本章共分为研究目的与问题、研究理论、研究流程与框架、研究假设、研究工具、实施程序、数据处理及研究伦理八节,并分别叙述如后。

第一节　研究目的与研究问题

　　本研究目的在于了解独立学院毕业生的就业现况,分析不同背景变量对独立学院毕业生就业满意度的影响情况,探究独立学院毕业生的就业能力和社会资本对就业满意度的影响关系及程度,并进一步分析独立学院毕业生的就业满意度、就业能力、社会资本三者有无交互影响情况,得到的实证分析结果为日后改进独立学院的就业指导工作提供依据,为高等教育的就业课程设置提供帮助,进而提出更有实效的教育改进建议。

　　本研究以独立学院毕业生为研究对象,以就业满意度为着眼点,根据社会资本理论,探讨两个问题。第一,独立学院毕业生就业满意程度如何? 第二,独立学院毕业生就业满意度受到哪些因素影响?

研究具体的子问题包括：

研究问题一：独立学院毕业生就业满意程度如何？在这个问题下面有两个子问题：（1）独立学院毕业生就业选择有哪些特点？（2）就业选择有没有性别和年龄等个体的差异？

研究问题二：独立学院毕业生就业满意度受到哪些因素影响？在这个问题下面有两个子问题：（1）哪些因素可能会对他们的求职产生影响？（2）这些因素之间是否存在交互效应？

第二节　研究的理论基础

本研究基于研究背景、问题的提出与文献梳理，找到适用的理论，用理论提供研究观点与研究视角，将理论贯穿研究始终。下面就本研究所选用的社会资本理论及理论的使用作论述。

一、社会资本理论的基本观点

"社会资本"的概念最初是由经济学的"资本"（capital）一词演变而来。资本的概念原属于经济学范畴，始于马克思的古典经济理论，它是一种具有生产能力的资源，资本同土地、劳动一起并成为经济学中最基本的生产要素。马克思认为：只有资产阶级才拥有资本，才可用来投资和生产，资本是构成社会阶级的基础。到了 20 世纪，社会学家应用资本的概念来解释个人为提升社会地位、增进生活机会所表现的外在行动，主要学者和观点如下所述：

法国社会学家皮埃尔·布迪厄 1980① 年出版《社会资本随笔》一文，首次对社会资本的概念进行阐述，因此，也被认为是系统探讨社会资本的第一人。布

---

① Bourdieu Pierre, "Le Capital Social: Notes Provisoires," *Actes de la Recherche en Sciences Sociales* 31 (1980):2-3.

迪厄基于人群的社会活动中提出社会资本的概念,重点在分析长期与多元关系的发展与变化,认为社会中的个体或者团体都有自己具体的位置,是经由不同的社会要素相连接。社会资本的获取需要关系的建立与维持,在其中发挥作用的空间就是个体或团体所存在的场域。在场域概念的基础上,布迪厄又提出了全新的资本概念,即社会资本是一种通过对"体制化关系网络"的占有而获得的实际的或潜在的资源的集合体。这种"体制化关系网络"与某个团体的会员制相联系,获得这种会员身份就为个体赢得"声望",并进而为获得物质的或潜在的利益交易提供了保证。他同时也认为社会资本是以认知为基础,是一种可以让每个该社会网络中的成员摄取的工具性社会网络资源。因此,可以知道,社会资本是在群体内可以被高度共享的,具有工具性质的资源集合体,这些资本也许会通过场域内的一个组织运转使用,场域外的成员不可分享。

对社会资本进行系统论述并使之产生较大影响的第一人是美国的詹姆斯·S.科尔曼[1]。他从团体的角度来关注社会资本,认为社会资本与人力资本、物质资本共同构成资本的三种形态。从功能的角度来定义社会资本,认为"社会资本与其他形式的资本相同,是具有生产性的,包含了社会结构的观点,促使结构中的个人从事一些特定活动,从而达成某种可能性的结果发生。社会资本并非存在于个人本身,而是存在于人际关系的结构中,对于结构中个人的某些行动有促进作用,亦会影响网络中个人的关系"。也就是说,社会资本是镶嵌于社会关系网络结构中的中性资源,不存在于生产过程中也不隶属于行动者本身,但却具有生产性、功能性、不可替代性,且可以为社会活动者提供便利,并通过特定的行为进行连接、提供方便、创造利益。

美国芝加哥大学教授罗纳德·博特[2]撰写并出版著作《结构洞:竞争的社会结构》一书,他认为社会网络结构中蕴含着社会资本,但网络中行动者或者团体

① 詹姆斯·S.科尔曼:《社会理论的基础(上册)》,邓方译,社会科学文献出版社,1999,第277页。

② 罗纳德·博特:《结构洞:竞争的社会结构》,任敏、李璐、林虹译,格致出版社,上海人民出版社,2017。

之间缺少直接的联系。那么从网络结构看,就好像在行动者或者团体之间存在一个空洞,这个独特的空洞位置就被称之为"结构洞"(Structural hole)。占据了这个空洞的位置的行动者或者团体能够把缺少联系的行动者或团体联系起来。当个体所拥有的"结构洞"位置越多,其外在竞争优势表现也会越明显。因此,我们不妨将"结构洞"想象成小蜜蜂的蜂巢,彼此之间有连接却又独立,占据"结构洞"的行动者或者团体可以因为不同的位置获得不同的多元化信息,多元化的信息彼此交错时,可以为占有者带来新鲜且有价值的信息,这些信息可以帮助"结构洞"内的行动者占据信息资源,便可不断提升自我需求与地位。

另一位对社会资本理论发展有较大影响力的是美国杜克大学社会学系教授林南[1],他在《社会资本——关于社会结构与行动的理论》一书中梳理了社会资本的概念。在他看来,社会资本是镶嵌在社会网络关系中,可以为个体行动者带来利益的一种社会投资,是存在社会关系和关系网络中被个体用于实现自己的行动目标,并可被利用的工具性资源。我们也可以从中看到,林南对社会资本的构建是在资源分配的基础上进行搭建的,资源的获取性具有个体差异,可以使用,但不可独立拥有。

还有一位对社会资本有过全新阐述的学者是政治学家罗伯特·D. 普特南[2],他对社会资本的研究发端于《使民主运转起来》一书。罗伯特·D. 普特南通过对意大利不同地方政府之间的比较,阐释社会资本在地方社会治理、政治、经济、文化发展等方面的作用。他认为,政府的政绩不同可以归因到公民社会传统的不同,足球队、合唱队等能够在公民之间建立连接的核心社团对政府绩效有重要影响。随后,他还将社会资本区分为连接性社会资本和粘连性社会资本,连接性社会资本(比如同事、社区内的公民组织或者宗教团体间的社会资本)比粘连性社会资本(比如家人、亲友和邻居之间的社会资本)更难建立。

---

[1] 林南:《社会资本——关于社会结构与行动的理论》,张磊译,上海人民出版社,2005,第25页。
[2] 罗伯特·D. 普特南:《使民主运转起来》,王列、赖海榕译,江西人民出版社,2001,第195页。

综合上述社会学家的观点,我们可以看出,社会资本的讨论,主要聚焦在三个方面:第一,某些群体能够发展某些可以维持作为集体财产的社会资本。第二,集体财产如何提高群体内成员的行动机会。第三,是以林南为代表的,认为社会关系和关系网络被个体用于实现自己的行动目标,不会特别的关注集体的行动目标。

二、社会资本理论在本研究中的实践性

詹姆斯·S.科尔曼[1]认为社会资本由两类要素组成;它是社会结构的一个方面;在结构内它便利了个体的某些行动。在科尔曼的社会行动体系中,他刻画了行动者如何对自己感兴趣的资源进行控制,以及他们如何对被其他行动者控制的事件(或事件的结果)感兴趣。行动者为了实现各自的利益,可对能使自己获利最大的资源进行控制与交易,从而形成了持续运转并存在于社会中的关系,这些社会关系在便利个体的行动中发挥重要的功能,形成了社会资本的基础。这样的社会资本是某种社会结构,此资本也有助于在结构内的个人依赖人与人之间的关系按照有利于行动的方式而形成,为人们实现特定目标提供便利。

本研究正是基于这样的理论基础,对独立学院毕业生就业满意度及影响因素展开一系列的研究。

(一)社会资本与独立学院学生就业能力的关系阐述

根据西方社会学家的理论,社会资本具有三大特征:首先,社会资本存在于人际关系之中,与每个个人若即若离;其次,社会资本是无形的,个人可以真切感受到其存在却又无法测量;最后,社会资本的拥有者可以是个人、组织或者某个文化共同体[2]。那么大学生所掌握的社会资本主要来自家庭、个人和学校。

---

① Coleman,James S. *Foundations of Social Theory*(Cambridge,MA:Harvard University Press,1989),p.302.
② 朱国宏:《经济社会学》,复旦大学出版社,1999,第143页。

随着高等教育的普及化进程的推进,大学生的数量与日俱增,在就业过程中,独立学院毕业生的社会资本的作用会被不断扩大。具体分析起来,社会资本对独立学院就业能力的提升有以下几个方面的积极意义。

第一,明确独立学院学生的职业自我认知能力。父母优良的教育背景和社会经历,可以促进独立学院学生更精确地了解自身的需求。另一方面,家庭收入为学生职业生涯规划的实施奠定了良好的基础。

第二,提高独立学院学生掌握就业信息的能力。独立学院的学生在求职过程中存在眼高手低的情况,往往找不到合适的工作,拥有健康家庭社会关系网络的毕业生可以以强补弱,获得更有利的就业信息。

第三,降低独立学院学生的就业成本。优良的社会关系网络,不仅可以帮助毕业生掌握更多就业信息,还可以降低毕业生获取就业信息的成本。通过毕业生自身和家庭优势强化个体的社会资本,提高资本使用率。

第四,拓宽独立学院学生的创业途径。当前,我国多数高校正在积极推进创业教育,以创业带动就业,提高毕业生的就业质量。拥有优质社会资本的学生更易获得有效的创业信息,助力创新创业取得成功。此外,独立学院学生的家庭社会资本较普通本科院校的学生更优渥,可以更好地提升学生的就业能力。

虽然社会资本对于大学生就业能力的提升具有一定的促进作用,对提高就业率也有一定的效果,但是大学生对社会资本的重视程度并不高。主要也是因为敏感度不够,对社会资本的集聚缺乏主动性,进而限制了独立学院学生就业能力的提升。因此,社会资本的有效识别和高效使用更应该引起独立学院毕业生的重视。

(二)社会资本与独立学院学生就业满意度的关系阐述

在就业过程中,社会资本对毕业生来说起到跳板作用,因此,毕业生会积极地建立社会关系以累积社会资本。社会资本在所有资本中处于关键地位,社会资本具有提升人力资本、经济资本及文化资本的作用①。社会资本系个人能够用于社会支持的信任网络，他存在于社会网络，是经过有目的的行动取得并运用的一种资源，是关系的互惠性的规范。在互惠性的关系中，两个个体可以相互交换资源，这种被交换的资源是镶嵌在社会关系中的。中国关系社会中，大学生的求职就业本就具有互惠性。因此，社会资本以工具的形式出现在独立学院毕业生的求职就业过程中，具有一定的实践性。

中国社会历来有重视人际关系的传统，运用自身社会资本获取职业岗位也是就业能力的一种体现。社会关系网络是在人与人交往的过程中不间断地发生、积累、维持和发展壮大的，以交往的频率、感情的亲疏、利益的纠葛为依据来发生变化。从文化的视角看，社会资本对大学生就业满意度中能力的获得和实现的影响是明显存在的。社会学家费孝通先生在他的《乡土中国》一书中提出了"差序格局"的社会关系②。在差序格局中，社会关系是逐渐从一个一个人推出去的，是私人联系的增加，社会范围是一根根私人联系所构成的网络。因此，我们传统社会里所有的社会道德也只在私人联系中发生意义。

社会资本理论为我们开阔了学术视野，毕业生就业是社会资本理论应用较早的一个研究领域，即便是在劳动力健全的欧美等劳动力市场中，在就业和求职过程中更多的还是依赖自己的社会网络关系。本研究主要从独立学院毕业生就业所接触的教育与家庭两个领域进行应用，采用社会资本的关系网络资源说的概念，认为社会资本在本研究中是一种具有一定工具性的网络资源，独立学院毕业生的就业满意度多是从就业过程中反映出来，主要是从工资、声望等个人感知来体现。因此，社会资本理论与就业满意度是存在关联的。社会资本在独立学院毕业生的就业过程中起到工具的作用，帮助独立学院毕业生最大限度地寻找到自己合适的工作，求职者通过自己的社会关系网络来获得信息与说

---

① Adler P. S., Kwon S. W., "Social Capital: Prospects for A New Concept," *Academy of Management Review* 27, No.1(2002): 17-40.

② 费孝通：《乡土中国》，人民出版社，2008，第 34 页。

明,从而可以更轻松地找到自己理想的工作,找到工作后在职业岗位上提高自己的就业满意度,以及工作过程中也会使用并强化自己的社会资本的网络资源。学生自身的社会网络可以更好地帮助自己结合自身专业和兴趣,恰当地进行职业定位,进而相适应地发展自己未来的就业能力,适当地运用社会资本,相辅相成地提高就业满意度。

所以说,社会资本理论灌输于学生求职、就业的始终。社会资本帮助学生认知自我,促进就业能力的提升,帮助自己找到更适合和心仪的工作,以此提高毕业生的就业满意度。

第三节　研究流程与框架

本研究在明确研究问题、梳理前人的研究文献、明确理论的使用之后,梳理出本研究的研究流程,并制作研究框架。

一、研究流程

本研究在文献分析的基础之上,梳理分析出高校毕业生的就业特点、独立学院特点以及学生特性,寻找影响独立学院毕业生就业的影响因素。再通过文献搜集出这些相关影响因素之间的关系,并通过前人的权威量表,筛选适合本研究调查问卷的科学指标。用 SPSS Statistics 22 数据分析软件,了解独立学院毕业生在寻找工作及就业过程中对就业满意度有影响的因素关系,即分析独立学院毕业生社会资本、就业能力及就业满意度之间的关系。并以此对独立学院毕业生未来的职业发展和独立学院的人才培养等提出建议。详细的研究流程如图 3.1 所示。

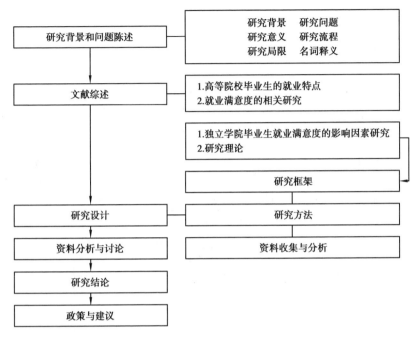

图 3.1 研究流程图

二、研究框架

通过文献搜索,本科毕业生就业满意度的影响因素有社会因素、学校因素、学生因素以及家庭因素等。本研究先以社会资本理论为主线索,进行就业满意度的研究。发现以学生为主体的就业过程中,大学生的就业能力尤为突出,尤其是独立学院的毕业生,就业能力对就业满意度更是起到了重要的影响作用,进而搜索出社会资本在独立学院毕业生就业过程中的重要性。因此,本研究共有三个变量,分别为就业满意度、就业能力和社会资本。本研究借由文献探讨、研究理论以提供相适应的观点与视角,建立研究架构与研究假设,并构建研究架构图(图 3.2)。

配合图 3.2,研究者基于文献整理过程中各学者的发现,作出相关的研究假设。主要通过三条路径(A、B、H)进行,下文将对其分述。首先,就 A 路径而言,主要是不同背景变量对各变量的影响,包括个人背景之就业情况、性别、年

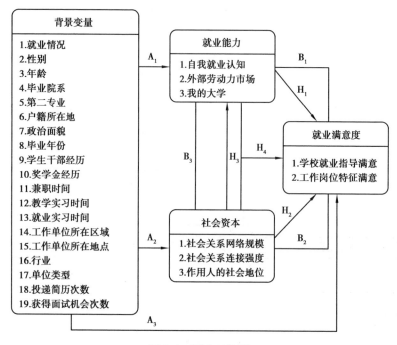

图3.2 研究架构图

龄、毕业院系、第二专业、户籍所在地、政治面貌、毕业年份、学生干部经历、奖学金经历、兼职时间、教学实习时间、就业实习时间、工作单位所在区域、工作单位所在地点、行业、单位类型、投递简历次数、获得面试机会次数。根据学者们的分析,个人背景对于就业满意度、就业能力、社会资本都有显著的影响力,采用的统计方法为 t 检验、单因子、双因子变异性分析,并通过事后分析,了解背景变量对于各变量之间的影响,研究者希望通过本研究进行印证。

其次,就 B 路径而言,主要探析就业满意度、就业能力、社会资本间的关系,根据学者们的研究,两两之间是会存在相关性。旨在印证研究者们之前的研究,再通过将独立学院毕业生作为研究对象进行进一步的印证。

最后,就 H 路径而言,根据第二章的文献分析探讨,找到影响就业满意度中的两个变量:就业能力和社会资本。并将其对就业满意度的影响分别如图中 H_1、H_2 所指向。再通过对这三者的文献梳理,分别找到三者之间的关系,即就业能力对就业满意度的影响、社会资本对就业满意度的影响、社会资本对就业能力的影响、社会资本和就业能力对就业满意度的影响,分别用 H_1、H_2、H_3 和 H_4 来表示其相互关系及影响。对此提出相关的政策建议,解决相关问题。

第四节　研究假设

根据本研究的研究目的和研究文献制定研究架构,其相关的研究假设如下。

假设一:独立学院毕业生对就业满意度、就业能力和社会资本的认知情形在中等以上。

假设二:不同背景的独立学院毕业生在就业满意度方面有显著差异。

假设三:不同背景的独立学院毕业生在就业能力方面有显著差异。

假设四:不同背景的独立学院毕业生在社会资本方面有显著差异。

假设五:独立学院毕业生的就业能力与就业满意度有显著相关。

假设六:独立学院毕业生的社会资本与就业满意度有显著相关。

假设七:独立学院毕业生的就业能力与社会资本有显著相关。

假设八:独立学院毕业生的社会资本对就业满意度有正向且显著的影响。

假设九:独立学院毕业生的就业能力对就业满意度有正向且显著的影响。

假设十:独立学院毕业生的社会资本对就业能力有正向且显著的影响。

假设十一:独立学院毕业生的就业能力与社会资本对独立学院毕业生的就业满意度有正向且显著的影响。

第五节　研究工具

一、量化研究工具

本研究量化部分的研究工具主要采取调查研究法,基于相关文献理论的探究与分析,以及考虑到独立学院毕业生就业的实际情况后编制问卷。从母体成员中收集所需要的数据,确定母体群体在多个变量上的现况,找寻各个变量之间的关系。

问卷调查时,将收集的数据通过科学的程序重新设计题项,每个项目有几种回答,再将被试者的填答进行统计分析和处理,以检验先前提出来的各种假设。本研究在参考前人研究的基础上,设计开发了我国独立学院毕业生就业满意度测评量表,形成调查问卷,在研究的案例院校毕业生群体中开展问卷调查。

(一)问卷设计

本研究问卷由就业满意度、学生就业能力测量、学生社会资本测量和毕业生的基本信息四个部分构成。各个部分的测量题目是以前人的研究问卷为依托,依据本研究的文献探讨及理论框架,再结合我国独立学院毕业生的真实情境进行修改,具体说明如下。

第一部分为就业满意度测量,就业满意度的测量在以工作满意指数量表(Index of Job Satisfaction,IJS)和明尼苏达满意问卷(Minnesota Satisfaction Questionnaire,MSQ)的基础之上,结合独立学院毕业生及本研究的特点编制的问卷。该量表共包括办学条件、就业指导、就业机会可获得性和工作岗位特征4个维度25个题项,形式为五点李克特量表(Likert scale),"1"代表"完全不同意","5"代表"完全同意",分数越高代表认可度越高。

第二部分为学生就业能力的测量。"就业能力"部分的测量,采用由罗特韦尔(Rothwell)编制的大学生就业能力量表,结合本研究的实际环境,将其翻译和略加修改,以形成符合独立学院毕业生适用的问卷。此部分问卷包含我的大学、专业领域、外部劳动力市场及自我信念4个维度31个题项,形式为五点李克特量表,"1"代表"完全不同意","5"代表"完全同意",分数越高表明就业能力越强。

第三部分,是"社会资本"部分的测量。分三个维度,采用霍耶(Hoye)等[1]

---

① Hoye,G. V. , Van Hooft,E. A. J. ,&Lievens, F. , "Networking as A Job Search Behaviour: A Social Network Perspective," *Journal of Occupational & Organizational Psychology* 82 ,No. 3(2009):661-682.

在研究中所用的社会网络规模量表,包括社会关系网络规模、社会关系连接强度、作用人的社会地位 3 个维度 12 个题项,形式为五点李克特量表,"1"代表"完全不同意","5"代表"完全同意",其中一道为反向题,分数越高代表求职者的社会网络规模越大。

第四部分为毕业生的基本信息,共涉及毕业生目前就业情况、性别、专业、政治面貌、年级、社团经验、兼职经验、实习经历、学业成绩、单位特点及求职状况等 11 个方面的 19 个题项。

(二)问卷抽样

在本研究中抽样方式的选择上主要体现在正式问卷阶段。在资料收集方面,正式问卷发放的数量上,一般认为样本数与观察变量比例最好需有 10∶1,分析结果将较为稳定,各种指标的适配性亦较为理想[①]。因此,以本研究既有量表包含 3 个变量、11 个分维度,按照预试问卷共有 68 个题项,经过专家咨询删除不合适题项 5 个,最终保留 63 个题项,以 10∶1 的比例计算,应有 630 份样本较为合适。正式问卷有 40 个题项,以 10∶1 的比例计算,应有 400 份样本较为适当。再进一步考虑问卷未能顺利回收与无效问卷可能存在等问题,因此,本研究正式问卷发放样本数应高于 400 人较为恰当。为了保证问卷的有效性和调查研究的科学性与严谨性,尽可能将问卷数量提高,本研究以收取 630 份问卷为抽样目标,采用分层随机抽样的方法对独立学院毕业生进行问卷调查,被调查的对象是就职于党政机关、科研院所、企事业单位以及自主创业的人员。

本研究以广东省 Z 院校从 2006 届到 2016 届,共计 11 年的毕业生作为调查问卷的发放对象,采用分层随机抽样的方式来获得本研究所需要的问卷调查数据,以统计软件 SPSS Statistics 22 进行分析。母体的层级包含广东省 Z 院校从 2006 届到 2016 届,共计 11 年的毕业生共计 42 834 人。依照实际招生情况把

---

① Thomson, K., & Hecker, L., "Value-adding Communication: Innovation in Employee Communication and Internal Marketing," *Journal of Communication Management* 5, No.1(2000):48-58.

11 年的学生划分为三个层级,2006 年到 2009 年毕业的学生为一个层级;2010 年到 2012 年毕业的学生为第二个层级;2013 年到 2016 年毕业的学生为第三个层级。再按照总数比例分别于三个层级中抽取 156 人、172 人和 302 人。具体的划分理由、总体人数及抽样人数见表 3.1。

表 3.1 Z 院校毕业生就业满意度抽样调查统计表

毕业年份	毕业人数	分层后总人数	划分理由	抽样人数
2006 年	725 人	10 620 人	1999 至 2005 年大幅度扩招	156 人
2007 年	2 949 人			
2008 年	3 023 人			
2009 年	3 923 人			
2010 年	4 086 人	11 704 人	个位数增长的年份(2007 年"十二五"开局之年,投资大,市场需求好)	172 人
2011 年	3 678 人			
2012 年	3 940 人			
2013 年	4 507 人	20 510 人	人数稳定	302 人
2014 年	5 503 人			
2015 年	5 412 人			
2016 年	5 088 人			
合计	42 834 人	42 834 人	—	630 人

数据源:研究者自行整理。

二、质性研究工具

由于独立学院毕业生的就业是随着经济、社会的发展动态变化着的,就业满意度的研究也是跨学科跨领域的,若只采用单纯的定量研究范式,则在研究过程中会存在诸多不足,使得研究结论产生偏颇。于是在量化研究之后,再采用质性的访谈研究,对量化研究的结果做补充。一是为了探索资料分析背后所看不到的意义和脉络情境,辅助量表弥补实证数据的不足;二是进一步验证量化研究的结论,包括面向量化研究对象之外,也与 2016 届之后的毕业生进行访谈。

　　研究者利用《独立学院毕业生就业满意度及其影响因素访谈提纲》与每位毕业生与专家进行一对一的访谈,本研究中的访谈对象主要为独立学院毕业生和负责就业指导的工作人员。研究通过半结构式访谈法获取研究资料,再对质性访谈资料加以分析,并对问卷调查的研究结果做整体的综合分析,强化本研究的研究结果。在结论与建议部分,对受访的相关领域专家和毕业生的话语或文字来进行分析,增强建议和对策的有效性。

(一)访谈对象的选取

　　访谈对象的样本较少,分析要较为深入,从而得到调查问卷无法得到的信息与数据。本研究根据修改完善的访谈大纲,对独立学院毕业生以及负责就业的工作人员做访谈。选择常年负责就业的工作人员 2 位、毕业生 5 名,共计 7 名受访者。

　　本研究所选取的 2 名负责就业的工作人员有如下特性:负责创业的王老师,是具有 8 年就业指导工作经验的工作人员。在大众创业的新形势下,工作范围不仅仅包括毕业生的就业,也包括负责毕业生的创业,以此作为代表可以较好地反映毕业生找工作过程中的形式变化。另外一名负责就业的工作人员夏老师具有 10 年工作经验,负责学生就业、创业工作。目前,由于学校行政岗老师的缺失,工作人员不得不身兼多职,对这样的工作人员进行访谈,可以对学生生活、学习等多个方面做客观的评价,进而能够更客观地回答本研究的访谈问题。

　　本研究毕业生访谈者的选取会结合毕业生的工作单位所在地点、工作单位性质、个人就业历程和就业背景作综合考量。本研究选取共计 5 名毕业生,不限定毕业年份、专业和性别。第一位王先生所学专业及所从事的行业,完全符合独立学院的人才培养目标:适应当地地方经济发展的应用型人才。王先生毕业后首几年的实际工作地为母校所在地,之后逐步换到广东省其他地区工作,到现在在北京工作。第二位是张先生,大学毕业后选择海外留学,之后回国创业,最终选择广东省内非学校所在地创办企业。第三位是走传统就业之路的姚先生,想靠大学所学创业,然而实战经验不足,后考取公务员,在某党政机关服务。第四位也是一位创业者,在做访谈前他所创建的公司正面临重组、重建而暂停营业。第五位是一位大学毕业后前往香港读书深造,之后定居香港的毕业生。

(二)个别访谈过程

本研究结合文献分析和量化研究的结果制作访谈大纲,分别对毕业生和教师专家做访谈。访谈中也会就某一话题展开交流。在与毕业生进行整体访谈的过程中,研究者会进行录音及实时地进行文字记录。

本研究以半结构式访谈(semi-structured interviews)方式进行资料收集,研究者根据《独立学院毕业生就业满意度及其影响因素研究访谈问题大纲》中的问题顺序,逐步提出访谈内容,让毕业生和专家逐步回答。通过电话和面对面的方式,与毕业生进行沟通,了解他们对就业满意度情况的评价,以及在就业能力、社会资本、就业满意度各个层面的看法,并对母校发展提出建议。

为了使访谈通畅进行,受访者在访谈过程中有稍微偏离访谈大纲内容的时候,研究者尽量不阻止,目的是希望受访者在发言过程中,能够自然透露出更多研究者未注意到的一些重要想法。为了使访谈内容尽可能在问题大纲之内,研究者会根据毕业生和专家对问题大纲的响应状况,适时采用访谈引导法追问访谈大纲内的有关问题,并将受访者的回答组合在访谈问题大纲之内,这是为得到更多有关的额外收获,也便于事后加以整理。

第六节　实施过程

依据规范、严谨的实施过程进行研究,可以最大程度地保证研究结果的科学性。本研究实施过程依下列程序进行,兹分述如下。

一、准备阶段

(一)确认研究主题

本阶段首要搜集国内外值得注意与研究的相关议题,进行初步的文献探讨及资料搜集,并对目标院校的毕业生进行头脑风暴式的访谈。在对文献加以研读、整理与分析后再与头脑风暴访谈过程中的信息进行结合,拟定研究主题,初步构建研究方向与研究架构,与专家教授讨论后,最终确认研究主题。

(二)进行文献探讨

对相关理论与研究进行文献探讨,并加以归纳整理及探讨分析,以作为本研究架构及测量工具设计的理论基础。

二、实施阶段

(一)问卷初步形成

本阶段主要在于研究工具的研究。依据理论性的探究,参考相关文献及前人问卷的内涵,依照本研究的需要进行修改和编拟。

(二)进行专家效度审查及修订

编制问卷初稿,先敦请相关领域的专家学者进行审阅与确认,根据专家学者意见修正问卷后,定为预试卷。

本研究问卷是在文献分析和前人权威调查问卷研究基础之上拟定的,具有一定的内容效度。然而研究的调查问卷均有符合其研究的独特性,为使问卷内容更适合探讨独立学院毕业生就业能力、社会资本与就业满意度的研究,研究者于问卷初稿完成时,先与指导教授讨论,再请该领域的专家、学者提供问卷修正意见,并依其建议来进行修正,以建立专家内容效度。参与审议的专家学者名单如表3.2所示。

表3.2 咨询问卷专家学者名单表

姓名	现职及研究方向
王副教授	澳门某高校副教授(某专业本科课程主任)
王副教授	广东省某高校人力资源处主任(研究方向:人力资源管理)
王教授	广东省某高校教育学院教授(研究方向:教育科学研究方法)
刘老师	广东省某高校数学学院党委书记(负责就业工作)
刘老师	广东省某高校设计学院负责就业工作人员(研究方向:大学生就业)
李副教授	澳门某高校副教授(某专业研究生课程主任)
张副教授	山东省济南大学国际事务处教师(研究方向:高等教育政策)
姜老师	广东省某高校工程技术学院党总支副书记(负责就业)

注:依姓氏笔画排序。

(三)进行问卷分析修正

依各专家意见对本研究的问卷进行修正,待修正后完成并形成预试问卷。详细专家效度问卷见附录2。问卷题目经参酌学者专家意见后,进行修正,待修正后完成预试问卷。现将专家意见整理成表3.3。

表3.3 量表题目的专家效度及修正结果

问卷题目	专家意见	删除理由或修改后内容
独立学院毕业生就业满意度调查问卷	修改	独立学院毕业生就业满意度调查问卷——以广东省Z院校为例

就业满意度量表经参酌学者专家意见后,进行修正,待修正完成预试问卷。现将专家学者意见修正整理见表3.4。

表 3.4 就业满意度量表的专家效度及修正结果

层面	题号	专家意见	删除理由或修改后内容
办学条件	1	保留	
	2	保留	
	3	修改	删除"院（系、所）"，改为"本专业"方便理解
	4	保留	
	5	保留	
	6	保留	
学校就业指导	1	保留	
	2	保留	
	3	保留	
	4	保留	
	5	修改	将"我对学校提供的实习机会为我的就业帮助到"改为陈述句"我对学校提供的实习机会在就业方面发挥的作用感到满意"。
就业机会的可获得性	1	修改	我对自己在求职过程中花费的费用感到
	2	保留	
	3	保留	
工作岗位特征	1	保留	
	2	修改	我对我工作的稳定性感到
	3	保留	
	4	保留	
	5	修改	我对就业单位在当地所处的地理位置感到
	6	保留	
	7	保留	
	8	保留	
	9	保留	
	10	保留	
	11	保留	

就业能力量表经参酌专家学者意见后,进行修正,待修正后完成预试问卷。现将专家学者意见修正整理见表3.5。

表 3.5　就业能力量表的专家效度及修正结果

层面	题号	专家意见	删除理由或修改后内容
我的大学	1	保留	
	2	保留	
	3	保留	
	4	保留	
	5	保留	
我的专业领域	1	保留	
	2	修改	我的专业社会认可度
	3	保留	
	4	删除	
外部劳动力市场	1	保留	
	2	保留	
	3	保留	
	4	保留	
	5	保留	
	6	保留	
自我信念	1	保留	
	2	保留	
	3	保留	
	4	保留	
	5	保留	
	6	保留	
	7	保留	
	8	保留	

续表

层面	题号	专家意见	删除理由或修改后内容
	9	删除	
	10	删除	
	11	删除	
自我信念	12	删除	
	13	保留	
	14	保留	
	15	保留	
	16	保留	

社会资本量表是将外国学者的成熟量表直接加以引用,经过英语专业的学生将原量表翻译成中文后译成英文,再将英文翻译成中文。在多次翻译过程中寻找区别与个体理解的差别,以求做到问卷的科学、精准及语言文化的在地化。后经参酌学者专家意见后进行修正,待修正后完成预试问卷。现将专家学者意见修正整理如表3.6所示。

表 3.6 社会资本量表的专家效度及修正结果

构面	题号	专家意见	删除理由或修改后内容
	1	修改	再度精准翻译,以求研究的科学、严谨
社会资本的	2	修改	再度精准翻译,以求研究的科学、严谨
网络规模	3	修改	再度精准翻译,以求研究的科学、严谨
	4	修改	再度精准翻译,以求研究的科学、严谨
	1	修改	再度精准翻译,以求研究的科学、严谨
	2	修改	再度精准翻译,以求研究的科学、严谨
社会关系连接	3	修改	再度精准翻译,以求研究的科学、严谨
强度	4	修改	再度精准翻译,以求研究的科学、严谨
	5	修改	再度精准翻译,以求研究的科学、严谨

续表

构面	题号	专家意见	删除理由或修改后内容
作用人的社会地位	1	修改	再度精准翻译,以求研究的科学、严谨
	2	修改	再度精准翻译,以求研究的科学、严谨
	3	修改	再度精准翻译,以求研究的科学、严谨

经过专家效度检验后形成预试问卷,包含4个部分81个题项:第一部分为就业满意度量表,包括办学条件、学校就业指导、就业机会的可获得性和工作岗位特征4个维度25个题项;第二部分为毕业生就业能力量表,包含我的大学、专业领域、外部劳动力市场及自我就业认知4个维度26个题项;第三部分是毕业生社会资本量表社会网络规模、社会关系连接强度和作用人的社会地位3个维度12个题项;第四部分为毕业生的基本信息共涉及毕业生目前就业情况、性别、毕业院系、政治面貌、年级、社团经验、兼职经验、实习经历、学业成绩、单位特点及求职状况等的19个题项(详见附录3《独立学院毕业生就业满意度调查预试问卷》)。

(四)进行问卷预试

选定样本以编制好的预试卷进行施测。预试的人数以问卷中包含最多题项的"分量表"的3~5倍人数为原则。依照本研究,最多题项的量表是"就业能力"量表,共有26个题项。需要进行预测的人数在78人到130人。由于本研究接受问卷调查的对象范围比较广,跨度比较大,跨越11年不同领域与学科,为保证问卷的可靠性,本研究在每个年级层分别选取不同的群体。共发出调查问卷95份,收回调查问卷88份,剔除未完成作答及不规范性作答的调查问卷后,共得有效问卷80份,问卷回收率为93%。以项目分析进行鉴别度显著水平分析,以及因素分析进行效度考验,各题项 t 检验考验结果均达到显著水平,再检视信度状况,以确保问卷质量。学者纳诺利(Nunnally)认为 α 系数值等于

0.70 是一个较低但可以接受的量表边界值①。因此,本研究认为,Cronbach's α 值若高于 0.70,数据表示有高信度。

经内部一致性检验,量表总体 Cronbach's α 值为 0.976>0.70,"就业满意度"分量表的 Cronbach's α 值在 0.961,"就业能力"分量表的 Cronbach's α 值在 0.959,"社会资本"分量表的 Cronbach's α 值在 0.860。一般而言,一份优良的教育测验至少应该具有 0.80 以上的信度系数值才比较具有使用的教育价值②,本研究各分量表的分量表 Cronbach's α 值均在 0.80 以上,说明量表具有良好的信度。结果如表 3.7 所示。

表 3.7　内部一致性检验

量表	Cronbach's Alpha 值	项数
量表总体	0.976	63
就业满意度	0.961	25
就业能力	0.959	26
社会资本	0.860	12

数据源:研究者整理。

经 KMO 检验和 Bartlett 球形检验,量表总体 KMO 值为 0.718>0.70,"就业满意度"分量表的 KMO 值为 0.903>0.90,"就业能力"分量表的 KMO 值为 0.902>0.90,"社会资本"分量表的 KMO 值为 0.754>0.70。在各分量表 KMO 值均在 0.70 以上,Bartlett 球形检验概率 $p<0.001$,说明量表具有良好的结构效度(详见表 3.8)。

在此基础之上,本研究再以前测问卷进行因素分析,KMO 值和 Bartlett 球形检验以确认样本数据是否适合因素分析,KMO 值取样适切性数值越大,表示相关程度越好,而 Bartlett 球形检验调查问卷各题项之间的相关系数是否不同且

---

① Nunnally,J. C. *Psychometric Theory* (2nd *ed.*). (New York:McGraw-Hill,1978).

② Camines,E. G. ,&Zeller,R. A. *Reliability and validity assessment.* (Beverly Hills,CA:Sage,1979).

大于零,显著的检验结果表示相关系数可以作为抽取因素之用。KMO 值达 0.90 以上非常适合进行因素分析,达 0.80 以上适合做因素分析,达 0.70 以上尚可做因素分析[①]。

表 3.8　KMO 检验和 Bartlett 球形检验

量表	KMO 值	Bartlett's Test of Sphericity		
		Approx. Chi-Square	DF	Sig.
量表总体	0.718	5 746.112	1 953	0.000
就业满意度	0.903	2 039.759	300	0.000
就业能力	0.902	1 930.980	325	0.000
社会资本	0.754	577.177	66	0.00

数据源:研究者整理。

　　根据表3.8 的分析,对 KMO 值大于0.90 的"就业满意度"与"就业能力"两个分量表做探索性因子分析。本研究以主成分分析法与最大变异法进行分析,并选取特征值(eigenvalue)大于 1 的因素,删除任何一因素的负荷量低于0.4 之题项。以下就"就业满意度"和"就业能力"两个分量表之因素分析加以说明。

1.就业满意度量表探索性因子分析

　　"就业满意度"量表部分的 KMO 值为 0.903,Bartlett 球形检验的值为 2 039.759,$p=0.000$,达 0.05 以上显著水平,因此题项之间有共同因素存在,表示适合进行因素分析。

　　在"就业满意度"量表部分,通过预试收集回来的资料分析后删除 2、4、5、6、12、13、15、16、17、23、25,共 11 道题。命名因素一为"学校就业指导满意度程度",命名因素二为"工作岗位特征满意程度"。分析所得摘要如表 3.9 所示。

---

① Kaiser,H. F. *Little Jiffy*,*Mark IV*. Educational and Psychological Measurement,34,111-117.

表 3.9　就业满意度量表之因素分析摘要表

量表	因素一	因素二
(1)整体上,我对学校所提供的就业指导感到满意	0.917	
(2)我对学校提供的就业指导课程在就业方面发挥的作用感到满意	0.914	
(3)我对学校提供的招聘会等就业途径在就业方面发挥的作用感到满意	0.898	
(4)我对学校提供的求职渠道感到满意	0.858	
(5)我对学校提供的就业指导讲座在就业方面发挥的作用感到满意	0.835	
(6)我对学校提供的实习机会在就业方面发挥的作用感到满意	0.823	
(7)我对本专业教学质量感到满意	0.760	
(8)我对工作与在学校习得的专业知识匹配程度感到满意	0.717	
(9)我对母校的办学条件感到满意	0.512	
(10)我对目前就业单位所在的地区感到满意		0.895
(11)我对就业单位在当地所处的地理位置感到满意		0.811
(12)我对工作单位的性质类型感到满意		0.793
(13)我对工作单位的交通条件感到满意		0.782
(14)我对当前工作的收入与工作付出比例感到满意		0.672

数据源:研究者整理。

2. 就业能力量表探索性因子分析

"就业能力"量表部分的 KMO 值为 0.902,Bartlett 球形检验的值为 1 930.980, $p=0.000$,达 0.05 以上显著水平。因此,题项之间有共同因素存在,表示适合进行因素分析。在"就业能力"量表的部分,通过预试数据分析的结果删除 1、6、7、8、9、14、17、20、21、23、25 共 11 道题。命名因素一为"自我就业认知",命名因素二为"外部劳动力市场",命名因素三为"我的大学"。分析所得摘要如表 3.10 所示。

表 3.10 就业能力量表之因素分析摘要表

量表	因素一	因素二	因素三
(1)我在工作面试和事件的选择上通常有足够的信心	0.786		
(2)我对我的工作能力很有信心	0.772		
(3)我知道自己的性格适合做什么工作	0.759		
(4)我自己拟定过将来的职业规划	0.722		
(5)我能够在就业前搜寻更多数据来了解自己的职业方向	0.699		
(6)对将来想做的工作,我知道需要做好哪些准备	0.676		
(7)我在大学时期就考虑过自己未来需要工作谋生	0.600		
(8)我知道自己未来工作需要的教育程度		0.915	
(9)我知道自己的工作可能面临的困难		0.904	
(10)我认为就业单位对毕业生的各项要求普遍提高		0.889	
(11)我知道自己未来工作需要的工作技能		0.875	
(12)我的母校知名度是我求职过程中的一项重要资本			0.869
(13)我的学校类型在我的求职过程中起到重要作用			0.860
(14)我母校的大学毕业生在求职过程中很受欢迎			0.819
(15)我的学业成绩在就业过程中起到重要的作用			0.760

数据源:研究者整理。

3. 社会资本的验证性因素分析

"社会资本"分量表的选用是在成熟问卷基础之上所翻译成中文所用,有一定语言文字因素的存在致使 KMO 值 0.754>0.70。再来分析"社会资本"各题目因素来检验其效度,如图 3.3 所示。

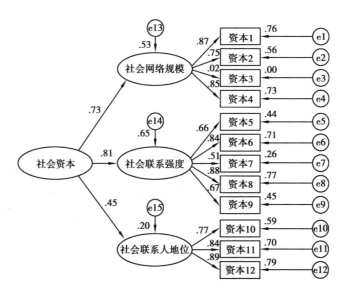

图3.3 社会资本之标准化参数估计

"社会资本"维度之分层面"网络关系规模"中的第二题因为系数为0.02, 低于0.50, 故将该题目删除。并且数据符合路径系数大于0.50, 路径系数没有大于0.95, 也没有负值这个基本条件, 故说明"社会资本"的二阶因素验证模型基本适配。

修正问卷题项后, 就业满意度、就业能力和社会资本三部分的量表信度均有所提高且均大于0.90, 具有较高的内部一致性, 可靠性强, 保证了本研究正式问卷的科学性, 本研究的预试问卷及正式问卷信度比较如表3.11所示。

表3.11 预试问卷和正式问卷信度之比较

量表	项数		Cronbach's Alpha 值	
	预试问卷	正式问卷	预试问卷	正式问卷
量表总体	63	40	0.976	0.978
就业满意度	25	14	0.961	0.954
就业能力	26	15	0.959	0.957
社会资本	12	11	0.860	0.947

数据源:研究者整理。

预试分析后,确定问卷量表题目,再编制为正式问卷(见附录4《独立学院毕业生就业满意度调查问卷》),作为本研究的施测工具。

(五)正式问卷施测及回收

编制正式问卷后,依毕业生毕业时间及工作地点进行施测。以广东省某独立学院毕业生作为本研究正式问卷的调查对象,发放正式问卷的工作将分三部分进行,第一部分问卷由研究者本人于校庆活动当日,毕业生返校较集中亲自前往学校施测并回收,第二部分则请校友会的主要联络人协助发放并回收,第三部分请案例院校分管各个学院就业工作的工作人员协助发放并回收。

研究以630名独立学院毕业生作为本研究正式问卷的抽样样本,进行问卷施测,剔除无效问卷后,共回收有效问卷584份,现呈现问卷回收情况,如表3.12所示。

表3.12 正式问卷回收情况一览表

毕业年份	发出问卷数	回收问卷数	有效问卷数	问卷可用率
2006—2009 年	156	150	146	94%
2010—2012 年	172	162	159	92%
2013—2016 年	302	293	279	92%
总计	630	605	584	93%

数据源:研究者整理。

(六)量化资料分析与讨论

本研究将回收后的问卷进行检查,剔除所有无效问卷,对研究问题与研究假设进行适当的统计分析,再就统计分析结果进行讨论。

(七)质性研究之资料分析

在质性研究中,分析数据的历程,即是将数据分解、概念化和整合的过程,在数据整理与分析之间相互交叉,进行系统性的分类。本研究中,资料分析是从庞大的原始访谈文本中,不断分析、比较、归类出共同主题的过程。本研究参照钮文英[1]所提出质性研究之持续比较法(constant comparative analysis)对所有受访者的逐字稿进行编码(图3.4)。

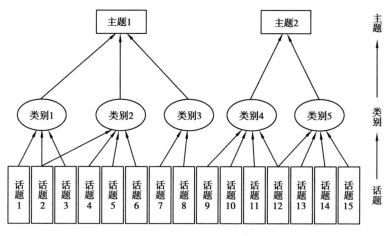

图3.4 持续比较法分析数据之过程

首先,为逐字稿进行编码。七位受访者访谈结束后,由研究者将访谈资料誊写为逐字稿,下列为逐字稿誊写时的编码原则:

受访者姓名等以英文字母作代号。对访谈者进行简单的编码,毕业生分别是 F_1、F_2、F_3、F_4 和 F_5,负责就业的工作人员是 S_1 和 S_2,访谈员以 P 表示。用阿拉伯数字代表访谈对话内容的顺序,如:第一句以"-001"呈现,以此类推。根据上述逐字稿编码原则,举例说明:F_1-001,表示此段为研究参与者 F_1 在接受访谈时说的第一句话。

其次,校对逐字稿,记录非口语信息。研究者将访谈录音配合文字记录,以逐字稿的方式,将研究者与受访者的对话内容依据《独立学院毕业生就业满意度及其影响因素研究访谈问题大纲》所提及的问题撰写成访谈逐字稿,并记录研究参与者在访谈间所流露出来的非口语信息。研究者完成逐字稿誊写后,为求对访谈内容整体性的理解,研究者一再地反复阅读逐字稿内容,并对与研究

① 钮文英:《质性研究方法与论文写作》,台北市双叶书廊,2012。

目的和研究问题相符的内容做标记,以便后续文字内容的分类与整理。

再次,对访谈提纲进行规划。将受访者就每条访谈大纲中所表示的话题以单元化的方式来分类、命名并整理话题,以形成每位毕业生和专家就每条访谈大纲的"类别"。

从次,将这些有关系的"类别"连接起来,形成与每条大纲问题有关系的"主题"。研究者在此步骤需要重复确认"类别"间的关联性、类别与类别之间的区别性,根据访谈资料的脉络整理,斟酌主题,反复修正直至最符合类别群聚的主题。形成主题分类表范例,如表 3.13 所示。

表 3.13 主题分类表范例

主题	类别	话题
就业能力	专业	(F_3-011)我觉得,最重要的还是你的专业,专业决定了你的就业方向 (F_3-012)看个人的努力程度,你是否愿意按照专业发展 (F_4-011)找工作中,个人的专业和业务能力是基础
	学校背景	(F_5-016)我认为在我自己身上影响我就业满意程度的最大因素是学校
	个人能力	(F_1-004)思辨能力特别重要 (F_2-008)最主要的还是我兴趣能力的扩展和培养,创业可以逼你去学习很多东西 (F_3-012)看你的个人的努力程度 (F_4-011)找工作中,个人的专业和业务能力是基础 (F_4-012)其他综合能力是加分项
社会资本	导师	(F_1-005)导师不错,他会在学识上对我提供很大的帮助
	家庭	(F_3-013)是你的社会资源,包括你整个家庭的社会关系
	其他	(F_5-013)因为这种社会的资源,可以加速找工作的进程,可以有一些快捷方式在,消息更灵通一点

最后,将访谈的语言整理成文字,对这些"主题"做结果分析与讨论,并在研究讨论部分与量化研究的结果进行对比,对量化结果与前人的研究相一致或者

不相符的部分作出补充。通过与量化结果比对,量化研究结果认为不重要的或者不相关的,而在访谈中会被多次提及引起注意的,就可以放到研究讨论中进行对比讨论。比如我以"性别"与"就业满意度"放在一起做关联词的关键词统计,总结分析受访者的话语中提及"性别"与"就业满意度"一词的次数,以及提到"性别"与"就业满意度"一词的受访者所占受访者比例是多少,以此与量化的结论进行印证或对比。

三、完成阶段

归纳总结本研究的调查结果,将以上研究的实施过程、研究结果、结论及建议撰写成报告。

第七节 数据处理

本研究采用量化方法进行数据分析,回收整理问卷、剔除无效问卷后,将有效问卷数据逐份输入电子计算机,运用 SPSS Statistics 22 进行统计分析,基于统计考验显著水平 $\alpha=0.05$ 进行描述。

一、效度分析

测验工具是否能真正衡量出研究者所要测量的变量的相关程度,必须检验调查问卷内容的可靠性及有效性。本研究以专家效度的方式来修订问卷的内容,以验证性因素分析来检验问卷的效度。

二、信度分析

在因素分析完后,为进一步了解问卷的可靠性与有效性,要做信度检验。在李克特量表中常用的信度检验方法是 Cronbach's α 系数检验,同一调查群体的受测者在同一份量表上经过多次填写后分析其结果,如果题项的答案一致,则代表该调查问卷的有较高的信度,反之则是信度较低;如果一个量表的信度愈高,代表量表愈稳定。信度是衡量结果的可信度和稳定度,多数研究采用Cronbach's α 值检验来衡量。当 Cronbach's α 值介于 0.65 至 0.70 间为尚佳;Cronbach's α 值介于 0.70 至 0.80 之间具有高度可信度;Cronbach's α 值若处于0.80 到 0.90 之间时,则信度很高;当 Cronbach's α 值大于等于 0.90 时,则表明量表信度非常理想[①]。

三、描述性统计

描述性统计是指将调查样本中包含的大量数据进行整理、概况和计算,是推断性统计的基础。包括数据的频数分析、数据的集中趋势分析、数据离散程度分析、数据的分布等一些基本的统计信息,揭示数据分布的总特征。透过受访者的样本数据结构与基本特性进行统计分析,用众数、中位数、均值来测量资料的集中趋势,用全距、方差、标准偏差测量离散程度分析,通过偏度和峰度看分布形态。

本研究中主要用百分率、次数、标准偏差、平均值等描述各组间个人背景变量及变量的分布。对就业能力、社会资本和就业满意度对不同背景变量的受试者年级、毕业院系、就业年度、社团经验、兼职经验、实习经历、学业成绩、就业地点、单位性质和求职状况等进行描述性统计分析。

四、t 检验分析

独立样本 t 检验是用来检验两个独立群体间的均值是否有显著差异的一种统计方法。本研究主要分析就业能力和社会资本以及就业满意度在不同性别的毕业生群体中是否存在显著差异。

---

① 吴明隆:《问卷统计分析实务——SPSS 操作与应用》,重庆大学出版社,2010,第 244 页。

五、单因子变异分析

单因子变异数分析(one-way ANOVA)用来检验不同组别因变量之均数是否有显著差异的统计方法。

本研究通过用来检验不同背景变量的独立学院毕业生在就业能力、社会资本和就业满意度上的差异情况。分析独立学院毕业生的就业能力社会资本和就业满意度对不同背景变量(年级、专业类别、就业年度、社团经验、兼职经验、实习经历、学业成绩、就业地点、单位性质、求职状况)的学生是否有明显差异,通过 Levene 值进行判断。若分析结果 F 值达到显著,Levene 值大于 0.05 则采用雪费法(Scheffe's methed)进行事后分析比较。

六、回归分析

回归分析主要在于了解自变量与因变量之间的关系,主要用于寻找两个或两个以上的变量之间相互变化的关系,以此来探讨就业能力、社会资本和就业满意度的两两关系,并通过回归方程进行预测与控制。

第八节 研究伦理

本研究在研究伦理方面主要有如下几点考虑:

(1)本研究一是通过调查问卷对毕业生进行问卷调查、搜集与分析;二是要对院校的老师进行访谈。在进行调查前都会首先征得学校同意,并向学校提供保密承诺书,保证回收的问卷和访谈内容,以不记名方式处理,不出现学校和教师的名称,并承诺问卷结果只作学术研究用途,不会泄露于第三方。

(2)通过校友会的活动发放调查问卷的时候,会与活动主办方以及校友会事先沟通做出保密承诺,并征求其意见。

（3）本研究的量化部分主要是对面向毕业生进行调查的数据进行分析，但是不会涉及太多关于毕业生的个人心理隐私。为了不对调查对象造成影响，会对他们的问卷进行保密，匿名填写问卷。在问卷的最初始位置附《调查问卷知情同意书》，详见附录4《独立学院毕业生就业满意度调查问卷》。

（4）在搜集文本和接触访谈对象时，研究者会主动口头征询对方是否愿意参与，这种搜集是否会给对方带来不方便或者潜在的负面影响。在获得允许的情况下，会再次征得访谈对象的意见，询问是否愿意被录音，如果同意，会保证录音数据不会被泄露，不会被研究者和研究者导师之外的第三方阅读。同时，也会向受访者承诺，无论是记录还是录音，都会对其内容作匿名处理，仅供学术论文研究所用。

（5）访谈法进行访谈收集资料时，对所有的访谈对象进行编码处理，不泄露其真实姓名。

基于上述几点的考虑，研究者制作《保密承诺书》（见附录1）。

第四章　研究结果分析

　　本章依据问卷调查所得资料,针对研究目的与研究假设进行研究结果之分析与讨论。本章共分为五节进行探讨:第一节为独立学院毕业生就业满意度、就业能力和社会资本现况分析;第二节探讨不同背景的独立学院毕业生在就业满意度、就业能力和社会资本的差异;第三节探讨独立学院毕业生在就业满意度、就业能力与社会资本之间的相关情形;第四节为探讨独立学院毕业生社会资本、就业能力对就业满意度的联合预测力;第五节为个别访谈,以补充问卷调查研究的不足。

第一节　独立学院毕业生就业满意度、就业能力和社会资本现况分析

　　本研究中独立学院毕业生就业满意度量表采用五点李克特量表填答,问卷尺度有"非常不满意/完全不同意""不太满意/不太同意""一般""满意/同意"和"非常满意/完全同意"五种不同的程度。各题项依受试者于调查问卷之得分分别计 1~5 分,平均值介于 1.00~2.00 分者,表示得分程度为"低";平均值介于 2.01~3.00 分者,表示得分程度为"中低";平均值介于 3.01~4.00 分者,表示其得分程度为"中高";平均值介于 4.01~5.00 分者,表示其得分程度为"高"。本节借由描述性统计,分析广东省 Z 院校毕业生就业满意度及其影响因素之就业能力和社会资本之现况,最后对分析结果进行综合讨论。

一、独立学院毕业生就业满意度现况分析

经统计分析,兹将广东省 Z 院校毕业生就业满意度之现况整理为表 4.1。结果显示,广东省 Z 院校毕业生的就业满意度量表之平均数介于 3.54 至 4.11,整体状况平均数为 3.77,各层面平均数依次为工作岗位特征满意($M=3.90$)及学校就业指导满意($M=3.71$)。

就独立学院毕业生在"就业满意度"量表上的填答情况而言,所得平均数为"中高"程度,各分层面平均数亦超过 3.00,显示当前独立学院毕业生就业满意度各层面均趋于"中高"程度,最被认同的是工作岗位特征满意,学校就业指导满意得分最低。

表 4.1　独立学院毕业生就业满意度各题项填答平均数与标准偏差摘($N=584$)

题号	题目	平均值	标准偏差
	学校就业指导满意	3.71	0.89
A-1-1	整体上,我对学校所提供的就业指导感到满意	3.62	1.09
A-1-2	我对学校提供的就业指导课程在就业方面发挥的作用感到满意	3.58	1.08
A-1-3	我对学校提供的招聘会等就业途径在就业方面发挥的作用感到满意	3.64	1.04
A-1-4	我对学校提供的求职渠道感到满意	3.59	1.09
A-1-5	我对学校提供的就业指导讲座在就业方面发挥的作用感到满意	3.61	1.05
A-1-6	我对学校提供的实习机会在就业方面发挥的作用感到	3.54	1.12
A-1-7	我对本专业教学质量感到满意	3.89	0.94
A-1-8	我对工作与在学校习得的专业知识匹配程度感到满意	3.82	1.00
A-1-9	我对母校的办学条件感到满意	4.11	0.89
	工作岗位特征满意	3.90	0.82
A-2-1	我对目前就业单位所在的地区感到满意	3.90	0.94
A-2-2	我对就业单位在当地所处的地理位置感到满意	3.90	0.94

续表

题号	题目	平均值	标准偏差
A-2-3	我对工作单位的性质类型感到满意	3.91	0.91
A-2-4	我的工作单位的交通条件感到满意	3.87	0.94

二、独立学院毕业生就业能力现状分析

经统计分析,兹将广东省 Z 院校毕业生就业能力之现况整理为表4.2。结果显示,广东省 Z 院校毕业生的就业能力量表之平均数介于 2.61 至 4.02,整体状况平均数为3.78,各层面平均数依次为外部劳动力市场($M=3.98$)、自我就业认知($M=3.88$)及我的大学($M=3.42$)。

就独立学院毕业生在"就业能力"量表上的填答情况而言,所得平均数为"中高"程度,各分层面平均数亦超过 3.0,显示当前独立学院毕业生就业能力各层面均趋于"中高"程度。而在毕业生群体中最被认同的是外部劳动力市场,而我的大学得分则最低。其中"外部劳动力市场"层面,尤以"我知道自己未来工作需要的教育程度"(B-4-1)题项平均数为"高"程度,平均数得分为 4.02。"我的大学"层面,尤以"我母校的大学毕业生在求职过程中很受欢迎"(B-5-3)题项平均数为"中低"程度,平均数得分为 2.61。

表 4.2　独立学院毕业生就业能力各题项填答平均数与标准偏差摘要($N=584$)

题号	题目	平均值	标准偏差
	自我就业认知	3.88	0.76
B-3-1	我在工作面试和事业的选择上有足够的信心	3.89	0.91
B-3-2	我对我的工作能力很有信心	3.93	0.85
B-3-3	我知道自己的性格适合做什么工作	3.96	0.86
B-3-4	我拟定过将来的职业规划	3.87	0.89
B-3-5	我能够在就业前搜寻更多数据来了解自己的职业方向	3.81	0.91
B-3-6	对将来想做的工作,我知道需要做好哪些准备	3.85	0.92
B-3-7	我在大学时期就考虑过自己未来需要工作谋生	3.84	0.96

续表

题号	题目	平均值	标准偏差
	外部劳动力市场	3.98	0.76
B-4-1	我知道自己未来工作需要的教育程度	4.02	0.84
B-4-2	我知道自己的工作可能面临的困难	3.96	0.86
B-4-3	我认为就业单位对毕业生的各项要求普遍提高	3.99	0.87
B-4-4	我知道自己未来工作需要的工作技能	3.96	0.88
	我的大学	3.42	0.97
B-5-1	我的母校知名度是我求职过程中的一项重要资本	3.70	1.08
B-5-2	我的学校类型在我的求职过程中起到重要作用	3.64	1.11
B-5-3	我母校的大学毕业生在求职过程中很受欢迎	2.61	1.11
B-5-4	我的学业成绩在就业过程中起到重要的作用	3.71	1.01

三、独立学院毕业生社会资本现况分析

经统计分析,兹将广东省 Z 院校毕业生社会资本之现况整理为表 4.3。结果显示,广东省 Z 院校毕业生的社会资本量表之平均数介于 3.59 至 3.94,整体状况平均数为 3.76,各层面平均数依次为作用人的社会地位($M=3.93$)、社会资本的网络规模($M=3.71$)及社会关系连接强度($M=3.68$)。

就独立学院毕业生在"社会资本"量表上的填答情况而言,所得平均数为"中高"程度,各分层面平均数亦超过 3.0,显示当前独立学院毕业生社会资本各层面均趋于"中高"程度。在毕业生群体中,最被认同的是作用人的社会地位,而社会关系连接强度得分则最低。

表 4.3　独立学院毕业生社会资本各题项填答平均数与标准偏差摘要($N=584$)

题号	题目	平均值	标准偏差
	社会关系网络规模	3.71	0.91
C-6-1	我认识很多可以帮我找到工作的人	3.75	1.01
C-6-2	我可以通过许多亲戚、朋友或者熟人获得工作信息	3.70	1.01

续表

题号	题目	平均值	标准偏差
C-6-3	我有很多可以帮我找到工作的社会关系网	3.68	1.00
	社会关系连接强度	3.68	0.88
C-7-1	有助于我找到工作的大多数人都是我非常熟悉的，例如家人、朋友或者老师	3.78	0.98
C-7-2	有助于我找到工作的大多数人都是我父母非常熟悉的	3.59	1.08
C-7-3	有助于我找到工作的大多数人是我经常与他们保持联络的	3.76	0.94
C-7-4	有助于我找到工作的大多数人都是我父母经常与他们保持联络的	3.62	1.09
C-7-5	有助于我找到工作得大多数人与我会交谈一些关键话题	3.65	0.98
	作用人的社会地位	3.93	0.80
C-8-1	大多数可能帮助我找到工作的人都受过良好的教育	3.94	0.88
C-8-2	大多数可能帮助我找到工作的人都有一份好的工作	3.94	0.86
C-8-3	大多数可能帮助我找到工作的人都有很好的生活条件	3.91	0.88

第二节 不同背景的独立学院毕业生在就业满意度、就业能力和社会资本的差异分析

本节就独立学院毕业生背景变量中目前就业情况、性别、年龄、毕业院系、是否修读第二专业、户籍所在地、政治面貌、毕业年份、学生干部经历、获奖学金经历、兼职、教学实习、就业实习、工作单位所在区域、工作单位所处地点、行业、单位类型、投递简历次数以及获得面试机会次数共 19 个背景变量，以独立样本 t 检验、单因子变异数分析与雪费法事后比较等方法，以探讨案例院校毕业生就业满意度、就业能力社会资本在不同背景变量上的差异情形。兹分析如下：

一、不同背景的独立学院毕业生在就业满意度层面的差异分析

本研究以 t 检验考验不同独立学院毕业生性别、不同学生干部经历和不同获奖学金经历等背景变量的就业满意度整体及分层面之差异,以单因子变异数分析和雪费法探讨不同就业情况、年龄、毕业院系、第二专业、户籍、政治面貌、毕业年份、兼职时间、教学实习时间、就业实习时间、工作单位所在区域、工作单位所在地点、行业、单位类型、投递简历次数和获得面试机会的次数背景变量来探讨独立学院毕业生就业满意度的差异情形。

(一)不同就业情况的独立学院毕业生

本研究依据独立学院毕业生的不同就业情况分为"已经和用人单位签约""尚未签约,但已经有愿意接受的单位""还没有意向单位,仍在找工作中""继续读书深造""暂不工作,准备继续考研"和"自我创业中"六个组别,对此进行单因子变异数分析,探讨独立学院毕业生的就业满意度及其分层面的满意情况是否因就业情形不同而有所差异,统计分析结果如表4.4所示。

表 4.4　不同就业情况的独立学院毕业生在就业满意度及各层面差异情形摘要表($N=584$)

量表层面	组别	人数	平均数	标准偏差	变异数分析摘要					事后比较
					变异来源	SS	DF	MS	F 值	
学校就业指导满意	1	267	32.70	8.21	组间	1 111.76	5	222.35	3.587**	2>5
	2	91	36.42	7.24	组内	35 828.87	578	61.99		
	3	90	33.31	7.63	总计	36 940.63	583	61.99		
	4	85	33.51	7.72						
	5	27	31.48	7.38						
	6	24	31.92	8.32						
	总计	584	33.40	7.96						

续表

| 量表层面 | 组别 | 人数 | 平均数 | 标准偏差 | 变异数分析摘要 | | | | | 事后比较 |
					变异来源	SS	DF	MS	F 值	
工作岗位特征满意	1	267	19.83	3.77	组间	451.11	5	90.22	5.635***	
	2	91	20.31	3.87	组内	9 253.96	578	16.01		
	3	90	18.13	4.30	总计	9 705.06	583			
	4	85	18.38	4.13						2>5
	5	27	17.59	4.06						
	6	24	18.63	5.21						
	总计	584	19.28	4.08						
就业满意度	1	267	52.53	10.72	组间	2 147.29	5	429.46	3.538**	
	2	91	56.73	10.93	组内	70 161.47	578	121.39		
	3	90	51.44	11.43	总计	72 308.76	583			
	4	85	51.88	11.27						2>5
	5	27	49.07	10.68						
	6	24	50.54	12.47						
	总计	584	52.68	11.14						

注：a. ** $p<0.01$, *** $p<0.001$ 。

b. 独立学院毕业生不同就业情况组别：1. 已经和用人单位签约；2. 尚未签约，但已经有愿意接受的单位；3. 还没有意向单位，仍在找工作中；4. 继续读书深造；5. 暂不工作，准备继续考研；6. 自我创业中。

研究结果显示：

（1）不同就业情况的独立学院毕业生在"就业满意度"整体感知上有非常显著的差异（ $p=0.004<0.01$ ）。经事后比较结果显示，"尚未签约，但已经有愿意接受的单位"的毕业生在感知整体"就业满意度"层面上显著高于"暂不工

作,准备继续考研"的毕业生。

(2)不同就业情况的独立学院毕业生在感知"学校就业指导满意"上有非常显著的差异($p=0.003<0.01$)。经事后比较结果显示,"尚未签约,但已经有愿意接受的单位"的毕业生在感知"学校就业指导满意"层面上显著高于"暂不工作,准备继续考研"的毕业生。

(3)不同就业情况的独立学院毕业生在感知"工作岗位特征满意"上有极其显著的差异($p=0.000<0.001$)。经事后比较结果显示,"尚未签约,但已经有愿意接受的单位"的毕业生在感知"工作岗位特征满意"层面上显著高于"暂不工作,准备继续考研"的毕业生。

(二)不同性别的独立学院毕业生

本研究以 t 检验了解不同性别的独立学院毕业生的就业满意度感知是否有显著差异。其分析结果整体如表4.5所示。

表4.5 不同性别的独立学院毕业生感知就业满意度及各层面的差异情形摘要表($N=584$)

量表层面	性别	人数	平均数	标准偏差	t 值
学校就业指导满意	男	259	34.37	8.67	2.581*
	女	325	32.63	7.27	
工作岗位特征满意	男	259	19.83	4.13	2.921**
	女	325	18.84	4.00	
就业满意度	男	259	54.20	11.91	2.909**
	女	325	51.47	10.34	

注明: *$p<0.05$, **$p<0.01$。

研究结果显示:

(1)不同性别的独立学院毕业生在感知"就业满意度"上有非常显著性差异($p=0.004<0.01$)。

(2)不同性别的独立学院毕业生在感知"学校就业指导满意"上有显著性

差异($p=0.01<0.05$)。

（3）不同性别的独立学院毕业生在感知"工作岗位特征满意"上有非常显著性差异($p=0.004<0.01$)。

（三）不同年龄的独立学院毕业生

本研究依据独立学院毕业生的不同年龄分为"17～20 岁""21～25 岁""26～30 岁""31～35 岁"以及"36 岁及以上"五个组别,对此进行单因子变异数分析,探讨独立学院毕业生就业满意度是否因为年龄的不同而有所差异,统计分析结果如表4.6 所示。

表4.6　不同年龄的独立学院毕业生在就业满意度及各层面差异情形摘要表($N=584$)

量表层面	组别	人数	平均数	标准偏差	变异数分析摘要					事后比较
					变异来源	SS	DF	MS	F 值	
学校就业指导满意	1	46	33.46	6.48	组间	269.73	4	67.43	1.065	—
	2	256	33.78	7.78	组内	36 670.90	579	63.34		
	3	217	33.43	8.47	总计	36 940.63	583			
	4	61	31.54	7.82						
	5	4	35.75	8.62						
	总计	584	33.40	7.96						
工作岗位特征满意	1	46	17.93	3.64	组间	192.18	4	48.04	2.924*	5>1
	2	256	18.97	4.15	组内	9 512.89	579	16.43		
	3	217	19.89	4.05	总计	9 705.06	583			
	4	61	19.34	3.96						
	5	4	20.00	4.40						
	总计	584	19.28	4.08						

续表

量表层面	组别	人数	平均数	标准偏差	变异数分析摘要					事后比较
					变异来源	SS	DF	MS	F 值	
就业满意度	1	46	51.39	9.39	组间	402.59	4	100.65	0.810	—
	2	256	52.75	11.21	组内	71 906.17	579	124.19		
	3	217	53.34	11.56	总计	72 308.76	583			
	4	61	50.89	10.41						
	5	4	55.75	12.97						
	总计	584	52.68	11.14						

注:a. $^*p<0.05$。

b. 不同年龄组别:1.17~20 岁;2.21~25 岁;3.26~30 岁;4.31~35 岁;5.36 岁及以上。

研究结果显示:

(1)不同年龄的独立学院毕业生在"就业满意度"整体感知上没有显著的差异($p=0.519>0.05$)。

(2)不同年龄的独立学院毕业生在"学校就业指导满意"整体感知上没有显著的差异($p=0.373>0.05$)。

(3)不同年龄的独立学院毕业生在"工作岗位特征满意"感知上有显著的差异($p=0.021<0.05$)。经事后比较结果显示,"36 岁以上"年龄的毕业生在感知"工作岗位特征满意"层面上显著高于"17 岁到 20 岁"年龄的毕业生。

(四)不同毕业院系的独立学院毕业生

本研究依据独立学院毕业生就读的不同学院分为"教育学院""文学院""信息技术学院""国际商学部""管理学院""不动产学院""法律与行政学院""设计学院""艺术与传播学院""特许经营学院""外国语学院""应用数学学院""物流学院"和"工程技术学院"十四个组别,对此进行单因子变异数分析,探讨独立学院毕业生的就业满意度及其分层面的满意情况是否因毕业院系不同而有所差异,统计分析结果如表4.7所示。

表4.7　不同毕业院系的独立学院毕业生在就业满意度及各层面差异情形摘要表($N=584$)

量表层面	组别	人数	平均数	标准偏差	变异数分析摘要					事后比较
					变异来源	SS	DF	MS	F 值	
学校就业指导满意	1	38	37.34	6.60	组间	3 958.09	13	304.47	5.262***	1>9
	2	44	35.39	7.65	组内	32 982.54	570	57.86		
	3	84	36.30	7.90	总计	36 940.63	583			
	4	58	35.12	6.76						
	5	55	33.40	7.27						
	6	18	34.39	6.80						
	7	18	34.61	6.86						
	8	99	32.01	8.26						
	9	35	27.57	8.63						
	10	20	31.10	5.10						
	11	16	34.25	9.23						
	12	36	32.14	7.69						
	13	20	32.05	6.23						
	14	43	29.42	8.21						
	总计	584	33.40	7.96						
工作岗位特征满意	1	38	20.61	3.61	组间	586.10	13	45.08	2.818**	5>12 5>14 2>12 2>14
	2	44	19.91	4.42	组内	9 118.97	570	16.00		
	3	84	20.32	3.66	总计	9 705.06	583			
	4	58	19.66	3.83						
	5	55	20.35	3.63						
	6	18	19.39	3.87						
	7	18	19.33	3.66						

续表

量表层面	组别	人数	平均数	标准偏差	变异数分析摘要					事后比较
					变异来源	SS	DF	MS	F 值	
工作岗位特征满意	8	99	18.40	4.18						
	9	35	19.11	4.28						
	10	20	18.55	3.95						5>12
	11	16	19.38	4.88						5>14
	12	36	17.31	4.37						2>12
	13	20	19.05	2.68						2>14
	14	43	17.67	4.53						
	总计	584	19.28	4.08						
就业满意度	1	38	57.95	9.86	组间	6 759.14	13	519.93	4.521***	
	2	44	55.30	11.84	组内	65 549.62	570	115.00		
	3	84	56.62	11.12	总计	72 308.76	583			
	4	58	54.78	9.91						
	5	55	53.75	10.00						
	6	18	53.78	9.75						
	7	18	53.94	10.33						
	8	99	50.41	10.98						1>9
	9	35	46.69	11.08						
	10	20	49.65	7.39						
	11	16	53.63	13.83						
	12	36	49.44	11.06						
	13	20	51.10	8.05						
	14	43	47.09	11.78						
	总计	584	52.68	11.14						

注明:a. **$p<0.01$,***$p<0.001$。

b. 毕业院系组别:1.教育学院;2.文学院;3.信息技术学院;4.国际商学部;5.管理学院;6.不动产学院;7.法律与行政学院;8.设计学院;9.艺术与传播学院;10.特许经营学院;11.外国语学院;12.应用数学学院;13.物流学院;14.工程技术学院。

研究结果显示：

（1）不同毕业院系的独立学院毕业生在整体"就业满意度"感知上有极其显著的差异（$p=0.000<0.001$）。经事后比较结果显示，"教育学院"毕业生在整体"就业满意度"认知上显著高于"艺术与传播学院"的毕业生。

（2）不同毕业院系的独立学院毕业生在"学校就业指导满意"层面的感知上有极其显著的差异（$p=0.000<0.001$）。经事后比较结果显示，"教育学院"的毕业生在"学校就业指导满意"层面的感知上显著高于"艺术与传播学院"的毕业生。

（3）不同毕业院系的独立学院毕业生在"工作岗位特征满意"层面的感知上有非常显著的差异（$p=0.001<0.01$）。经事后比较结果显示，"管理学院"的毕业生在"工作岗位特征满意"层面的感知上显著高于"应用数学学院"的毕业生和"工程技术学院"的毕业生。"文学院"的毕业生在"工作岗位特征满意"层面的感知上显著高于"应用数学学院"的毕业生和"工程技术学院"的毕业生。

（五）不同第二专业的独立学院毕业生

本研究依据独立学院毕业生就读不同第二专业分为"未修读第二专业""教育学院""文学院""信息技术学院""国际商学部""管理学院""不动产学院""法律与行政学院""设计学院""艺术与传播学院""特许经营学院""外国语学院""应用数学学院""物流学院"和"工程技术学院"十五个组别，对此进行单因子变异数分析，探讨独立学院毕业生的就业满意度及其分层面的满意情况是否因修读第二专业的不同而有所差异，统计分析结果如表4.8所示。

表4.8　不同第二专业的独立学院毕业生在就业满意度及各层面差异情形摘要表（$N=584$）

| 量表层面 | 组别 | 人数 | 平均数 | 标准偏差 | 变异数分析摘要 | | | | | 事后比较 |
					变异来源	SS	DF	MS	F 值	
	1	284	30.66	7.20	组间	5 389.31	14	384.95	6.942***	2>7 11>7
	2	58	37.97	7.73	组内	31 551.33	569	55.45		2>1 11>1

续表

量表层面	组别	人数	平均数	标准偏差	变异数分析摘要					事后比较
					变异来源	SS	DF	MS	F 值	
学校就业指导满意	3	45	37.29	6.65	总计	36 940.63	583			
	4	42	34.95	8.44						
	5	38	37.32	7.85						
	6	25	34.16	7.97						
	7	6	30.17	3.13						
	8	28	34.25	7.98						2>7
	9	11	37.91	6.58						11>7
	10	7	30.71	11.21						2>1
	11	5	38.20	6.22						11>1
	12	10	32.00	6.02						
	13	10	36.20	7.02						
	14	8	36.88	8.18						
	15	7	34.29	8.81						
	总计	584	33.40	7.96						
工作岗位特征满意	1	284	18.22	4.08	组间	931.02	14	66.50	4.313***	
	2	58	21.09	3.60	组内	8 774.04	569	15.42		
	3	45	21.02	3.47	总计	9 705.06	583			
	4	42	19.95	4.00						
	5	38	21.05	3.68						2>8
	6	25	20.24	3.43						3>8
	7	6	16.33	2.42						5>8
	8	28	10.04	3.48						
	9	11	19.73	4.17						
	10	7	18.14	5.37						
	11	5	19.60	4.83						

续表

量表层面	组别	人数	平均数	标准偏差	变异数分析摘要						事后比较
					变异来源	SS	DF	MS	F值		
工作岗位特征满意	12	10	18.10	3.18							2>8
	13	10	19.50	4.09							3>8
	14	8	20.88	4.26							5>8
	15	7	18.14	5.79							
	总计	584	19.28	4.08							
就业满意度	1	284	48.88	9.95	组间	10 562.25	14	754.45	6.952***		
	2	58	59.05	10.98	组内	61 746.51	569	108.52			
	3	45	58.31	9.61	总计	72 308.76	583				
	4	42	54.90	12.26							
	5	38	58.37	11.08							
	6	25	54.40	9.12							
	7	6	46.50	5.50							
	8	28	54.29	10.79							2>10
	9	11	57.64	9.77							2>1
	10	7	48.86	16.07							
	11	5	57.80	10.23							
	12	10	50.10	7.81							
	13	10	55.70	10.61							
	14	8	57.75	12.38							
	15	7	52.43	14.26							
	总计	584	52.68	11.14							

注明:a.***$p<0.001$。

b. 修读第二专业组别:1. 未修读;2. 教育学院;3. 文学院;4. 信息技术学院;5. 国际商学部;6. 管理学院;7. 不动产学院;8. 法律与行政学院;9. 设计学院;10. 艺术与传播学院;11. 特许经营学院;12. 外国语学院;13. 应用数学学院;14. 物流学院;15. 工程技术学院。

研究结果显示：

（1）修读过不同第二专业的独立学院毕业生在整体"就业满意度"感知上有极其显著的差异（$p=0.000<0.001$）。经事后比较结果显示，第二专业修读的是"教育学院"课程的毕业生在整体"就业满意度"感知上显著高于第二专业修读的是"艺术与传播学院"课程的毕业生，也高于未修读过任何第二专业的毕业生。

（2）修读过不同第二专业的独立学院毕业生在感知"学校就业指导满意"的层面上有极其显著的差异（$p=0.000<0.001$）。经事后比较结果显示，第二专业修读的是"教育学院"和"特许经营学院"课程的毕业生在"学校就业指导满意"层面的感知上显著高于第二专业修读的是"不动产学院"课程的毕业生，同时也显著高于未修读过任何第二专业的毕业生。

（3）修读过不同第二专业的独立学院毕业生在感知"工作岗位特征满意"层面上有极其显著的差异（$p=0.000<0.001$）。经事后比较结果显示，第二专业修读过"教育学院""文学院"和"国际商学部"课程的毕业生在"工作岗位特征满意"层面的感知上显著高于第二专业修读过"法律与行政学院"课程的毕业生。

（六）不同户籍所在地的独立学院毕业生

本研究依据独立学院毕业生户籍所在地的不同分为"直辖市""省会城市""地级市""县城、乡镇""村、屯""港澳台地区"和"国外"七个组别，对此进行单因子变异数分析，探讨独立学院毕业生的就业满意度及其分层面的满意情况是否因户籍所在地的不同而有所差异，统计分析结果如表4.9所示。

表4.9　不同户籍所在地的独立学院毕业生在就业满意度及各层面差异情形摘要表（$N=584$）

| 量表层面 | 组别 | 人数 | 平均数 | 标准偏差 | 变异数分析摘要 | | | | | 事后比较 |
					变异来源	SS	DF	MS	F值	
	1	59	35.76	8.10	组间	1 337.64	6	222.94	3.613**	6>5
	2	142	34.36	7.05	组内	35 602.99	577	61.70		

续表

量表层面	组别	人数	平均数	标准偏差	变异数分析摘要					事后比较
					变异来源	SS	DF	MS	F 值	
学校就业指导满意	3	242	32.83	7.96	总计	36 940.63	583			6>5
	4	102	32.28	8.79						
	5	32	31.38	6.44						
	6	4	45.00	0.00						
	7	3	32.67	14.29						
	总计	584	33.40	7.96						
工作岗位特征满意	1	59	20.32	4.15	组间	414.01	6	69.00	4.285***	6>5
	2	142	19.96	3.40	组内	9 291.05	577	16.10		
	3	242	19.08	4.27	总计	9 705.06	583			
	4	102	18.47	4.34						
	5	32	17.75	2.99						
	6	4	25.00	0.00						
	7	3	18.33	6.51						
	总计	584	19.28	4.08						
就业满意度	1	59	56.08	11.35	组间	3 199.07	6	533.18	4.452***	6>5
	2	142	54.32	9.34	组内	69 109.69	577	119.77		
	3	242	51.91	11.30	总计	72 308.76	583			
	4	102	50.75	12.50						
	5	32	49.13	7.88						
	6	4	70.00	0.00						
	7	3	51.00	20.66						
	总计	584	52.68	11.14						

注明:a. ** $p<0.01$, *** $p<0.001$。

　　b. 户籍所在地组别:1.直辖市;2.省会城市;3.地级市;4.县城、乡镇;5.村、屯;6.港澳台地区;

　　7.国外。

研究结果显示：

（1）不同户籍所在地的独立学院毕业生在整体"就业满意度"感知上有极其显著的差异（$p=0.000<0.001$）。经事后比较结果显示，"港澳台地区"的毕业生在整体"就业满意度"感知上显著高于"村、屯"的毕业生。

（2）不同户籍所在地的独立学院毕业生在"学校就业指导满意"层面上的感知有非常显著的差异（$p=0.002<0.01$）。经事后比较结果显示，"港澳台地区"的毕业生在"学校就业指导满意"层面的感知上显著高于"村、屯"的毕业生。

（3）不同户籍所在地的独立学院毕业生在"工作岗位特征满意"层面上的感知有极其显著的差异（$p=0.000<0.001$）。经事后比较结果显示，"港澳台地区"的毕业生在"工作岗位特征满意"层面的感知上显著高于"村、屯"的毕业生。

（七）不同政治面貌的独立学院毕业生

本研究依据独立学院毕业生的不同政治面貌分为"中共党员（含中共预备党员）""共青团员""民主党派""群众"和"无党派人士"五个组别，对此进行单因子变异数分析，探讨独立学院毕业生的就业满意度及其分层面的满意情况是否因政治面貌的不同而有所差异，统计分析结果如表4.10所示。

表4.10　不同政治面貌的独立学院毕业生在就业满意度及各层面差异情形摘要表（$N=584$）

量表层面	组别	人数	平均数	标准偏差	变异数分析摘要				
					变异来源	SS	DF	MS	F 值
学校就业指导满意	1	184	33.34	7.86	组间	238.34	4	59.59	0.940
	2	239	33.76	7.75	组内	36 702.29	579	63.39	
	3	2	27.50	4.95	总计	36 940.63	583		
	4	157	33.11	8.41					
	5	2	25.50	6.36					
	总计	584	33.40	7.96					

续表

量表层面	组别	人数	平均数	标准偏差	变异数分析摘要				
					变异来源	SS	DF	MS	F 值
工作岗位特征满意	1	184	19.91	3.73	组间	154.69	4	38.67	2.344
	2	239	18.90	4.07	组内	9 550.38	579	16.50	
	3	2	19.50	0.71	总计	9 705.06	583		
	4	157	19.17	4.41					
	5	2	14.50	4.95					
	总计	584	19.28	4.08					
就业满意度	1	184	53.25	10.71	组间	470.29	4	117.57	0.948
	2	239	52.66	10.98	组内	71 838.47	579	124.07	
	3	2	47.00	4.24	总计	72 308.76	583		
	4	157	52.29	11.88					
	5	2	40.00	11.31					
	总计	584	52.68	11.14					

注:不同政治面貌组别:1.中共党员(含中共预备党员);2.共青团员;3.民主党派;4.群众;5.无党派人士。

研究结果显示:

(1)不同政治面貌的独立学院毕业生在整体"就业满意度"感知上没有差异($p = 0.440 > 0.05$)。

(2)不同政治面貌的独立学院毕业生在"学校就业指导满意"的层面的感知上没有差异($p = 0.054 > 0.05$)。

(3)不同政治面貌的独立学院毕业生在"工作岗位特征满意"层面的感知上没有差异($p = 0.436 > 0.05$)。

（八）不同毕业年份的独立学院毕业生

本研究依据独立学院毕业生的不同毕业年份分为"2006—2009 年""2010—2012 年"和"2013 年以后"三个组别,对此进行单因子变异数分析,探讨独立学院毕业生的就业满意度及其分层面的满意情况是否因毕业年份的不同而有所差异,统计分析结果如表4.11 所示。

表4.11　不同毕业年份的独立学院毕业生在就业满意度及各层面差异情形摘要表($N=584$)

量表层面	组别	人数	平均数	标准偏差	变异数分析摘要					事后比较
					变异来源	SS	DF	MS	F 值	
学校就业指导满意	1	146	35.23	8.30	组间	555.84	2	277.92	4.438*	
	2	159	34.43	8.28	组内	36 384.79	581	62.62		
	3	279	32.39	7.48	总计	36 940.63	583			1>3
	总计	584	33.40	7.96						
工作岗位特征满意	1	146	20.13	3.96	组间	355.17	2	177.04	11.035***	
	2	159	19.92	4.05	组内	9 349.89	581	16.09		
	3	279	18.47	4.02	总计	9 705.06	583			1>3
	总计	584	19.28	4.08						
就业满意度	1	146	54.36	11.27	组间	1 786.03	2	893.02	7.357**	
	2	159	54.35	11.74	组内	70 522.73	581	121.38		1>3
	3	279	50.85	10.44	总计	72 308.76	583			2>3
	总计	584	52.68	11.14						

注:a. $^*p<0.05$,$^{**}p<0.01$,$^{***}p<0.001$。

b. 不同毕业年份组别:1.2006—2009 年;2.2010—2012 年;3.2013 年以后。

研究结果显示:

(1)不同毕业年份的独立学院毕业生在整体"就业满意度"感知上有非常

显著的差异($p=0.001<0.01$)。经事后比较结果显示,于"2006—2009 年"和"2010—2012 年"毕业的毕业生在整体"就业满意度"感知上显著高于"2013 年以后"毕业的毕业生。

(2)不同毕业年份的独立学院毕业生在"学校就业指导满意"层面上的感知有显著的差异($p=0.012<0.05$)。经事后比较结果显示,于"2006—2009 年"毕业的毕业生在"学校就业指导满意"层面上显著高于"2013 年以后"毕业的毕业生。

(3)不同毕业年份的独立学院毕业生在"工作岗位特征满意"层面上的感知有极其显著的差异($p=0.000<0.001$)。经事后比较结果显示,于"2006—2009 年"毕业的毕业生在"学校就业指导满意"层面上的感知显著高于"2013 年以后"毕业的毕业生。

(九)不同学生干部经历的独立学院毕业生

本研究以 t 检验了解不同学生干部经历的独立学院毕业生在就业满意度及各层面的感知上是否有显著差异。其分析结果整体如表 4.12 所示。

表 4.12　不同学生干部经历的独立学院毕业生感知就业满意度及各层面的差异情形摘要表

($N=584$)

量表层面	有无学生干部经历	人数	平均数	标准偏差	t 值
学校就业指导满意	无	148	18.20	4.24	-3.774***
	有	436	19.64	3.96	
工作岗位特征满意	无	148	31.07	7.93	-4.179***
	有	436	34.20	7.82	
就业满意度	无	148	49.27	11.10	-4.379***
	有	436	53.84	10.92	

注:***$p<0.001$。

研究结果显示:

(1)有无学生干部经历的独立学院毕业生在感知整体"就业满意度"上有

极其显著性差异($p=0.000<0.001$)。

(2)有无学生干部经历的独立学院毕业生在"学校就业指导满意"层面的感知上有极其显著性差异($p=0.000<0.001$)。

(3)有无学生干部经历的独立学院毕业生在"工作岗位特征满意"层面的感知上有极其显著性差异($p=0.000<0.001$)。

（十）不同获奖学金经历的独立学院毕业生

本研究以 t 检验了解不同获得奖学金经历的独立学院毕业生在就业满意度及各层面的感知上是否有显著差异。其分析结果整体如表4.13所示。

表4.13　不同获奖学金经历的独立学院毕业生感知就业满意度及各层面的差异情形摘要表
（$N=584$）

量表层面	是否获得过奖学金	人数	平均数	标准偏差	t 值
学校就业指导满意	没获得过	212	18.51	4.05	−3.466**
	获得过	372	19.72	4.04	
工作岗位特征满意	没获得过	212	31.24	7.67	−5.062***
	获得过	372	34.64	7.87	
就业满意度	没获得过	212	49.75	10.39	−4.896***
	获得过	372	54.35	11.22	

注：**$p<0.01$，***$p<0.001$。

研究结果显示：

(1)是否获得过奖学金的独立学院毕业生在感知整体"就业满意度"上有极其显著性差异($p=0.000<0.001$)。

(2)是否获得过奖学金的独立学院毕业生在感知"学校就业指导满意"层面的感知上有非常显著性差异($p=0.001<0.01$)。

(3)是否获得过奖学金的独立学院毕业生在"工作岗位特征满意"层面的感知上有极其显著性差异($p=0.000<0.001$)。

（十一）不同兼职时间的独立学院毕业生

本研究依据独立学院毕业生的不同兼职时间分为"没有做过兼职""1～6

个月""7~12 个月"和"一年以上"四个组别,对此进行单因子变异数分析,探讨独立学院毕业生的就业满意度及其分层面的满意情况是否因兼职时间的不同而有所差异,统计分析结果如表 4.14 所示。

表 4.14　不同兼职时间的独立学院毕业生在就业满意度及各层面差异情形摘要表($N=584$)

量表层面	组别	人数	平均数	标准偏差	变异数分析摘要					事后比较
					变异来源	SS	DF	MS	F 值	
学校就业指导满意	1	140	31.66	7.24	组间	1 625.60	3	541.87	8.899***	3>1
	2	248	33.02	7.89	组内	35 315.03	580	60.89		
	3	114	36.59	7.46	总计	36 940.63	583			
	4	82	33.11	8.88						
	总计	584	33.40	7.96						
工作岗位特征满意	1	140	18.85	4.09	组间	209.44	3	69.82	4.264**	3>1
	2	248	19.03	3.92	组内	9 495.62	580	16.37		
	3	114	20.48	3.62	总计	9 705.06	583			
	4	82	19.07	4.83						
	总计	584	19.28	4.08						
就业满意度	1	140	50.51	10.02	组间	2 974.86	3	991.62	8.295***	3>1
	2	248	52.06	10.95	组内	69 333.90	580	119.54		
	3	114	57.07	10.61	总计	72 308.76	583			
	4	82	52.18	12.68						
	总计	584	52.68	11.34						

注:a. **$p<0.01$,***$p<0.001$。

b. 不同兼职时间组别:1.没有兼职经历;2.1~6 个月;3.7~12 个月;4.一年以上。

研究结果显示:

(1)不同兼职时间的独立学院毕业生在整体"就业满意度"感知上有极其

显著的差异($p=0.000<0.001$)。经事后比较结果显示,大学期间有"7~12个月"兼职经历的毕业生在整体"就业满意度"感知上显著高于"没有兼职经历"的毕业生。

(2)不同兼职时间的独立学院毕业生在"学校就业指导满意"层面的感知上有非常显著的差异($p=0.000<0.001$)。经事后比较结果显示,大学期间有"7~12个月"兼职经历的毕业生在"学校就业指导满意"层面上的感知显著高于"没有兼职经历"的毕业生。

(3)不同兼职时间的独立学院毕业生在"工作岗位特征满意"层面的感知上有非常显著的差异($p=0.005<0.01$)。经事后比较结果显示,大学期间有"7~12个月"兼职经历的毕业生在"工作岗位特征满意"层面上的感知显著高于"没有兼职经历"的毕业生。

(十二)不同教学实习时间的独立学院毕业生

本研究依据独立学院毕业生的不同教学实习时间分为"没有参与过教学实习""1~3个月""4~6个月"和"半年以上"四个组别,对此进行单因子变异数分析,探讨独立学院毕业生的就业满意度及其分层面的满意情况是否因教学实习时间的不同而有所差异,统计分析结果如表4.15所示。

表4.15 不同教学实习时间的独立学院毕业生在就业满意度及各层面差异情形摘要表

($N=584$)

量表层面	组别	人数	平均数	标准偏差	变异数分析摘要					事后比较
					变异来源	SS	DF	MS	F 值	
学校就业指导满意	1	214	31.06	7.10	组间	3 113.63	3	1 037.88	17.795***	4>1
	2	203	33.17	8.16	组内	33 827.00	580	58.32		
	3	109	36.06	7.69	总计	36 940.63	583			
	4	58	37.88	7.56						
	总计	584	33.40	7.96						

续表

量表层面	组别	人数	平均数	标准偏差	变异数分析摘要						事后比较
					变异来源	SS	DF	MS	F 值		
工作岗位特征满意	1	214	18.84	3.67	组间	341.37	3	113.79	7.048***		4>2 4>1
	2	203	18.83	4.23	组内	9 363.69	580	16.14			
	3	109	19.96	4.03	总计	9 705.06	583				
	4	58	21.17	4.43							
	总计	584	19.28	4.08							
就业满意度	1	214	49.90	9.41	组间	5 315.01	3	1 771.67	15.338***		4>1
	2	203	52.00	11.58	组内	66 993.75	580	115.51			
	3	109	56.02	11.23	总计	72 308.76	583				
	4	58	59.05	11.42							
	总计	584	52.68	11.14							

注:a.***$p<0.001$。

b.不同教学实习时间组别:1.没有参与过教学实习;2.1~3 个月;3.4~6 个月;4.半年以上。

研究结果显示:

(1)不同教学实习时间的独立学院毕业生在整体"就业满意度"感知上有极其显著的差异($p=0.000<0.001$)。经事后比较结果显示,大学期间有"半年以上"教学实习经历的毕业生在整体"就业满意度"感知上显著高于"没有参与过教学实习"的毕业生。

(2)不同教学实习时间的独立学院毕业生在"学校就业指导满意"层面上的感知上有极其显著的差异($p=0.000<0.001$)。经事后比较结果显示,大学期间教学实习时间在"半年以上"的毕业生在"学校就业指导满意"层面上的感知显著高于"没有参与过教学实习"的毕业生。

(3)不同教学实习时间的独立学院毕业生在"工作岗位特征满意"层面的

感知上有极其显著的差异($p=0.000<0.001$）。经事后比较结果,大学期间教学实习时间在"半年以上"的毕业生在"工作岗位特征满意"层面上的感知显著高于教学实习时间在"1~3个月"的毕业生,也显著高于"没有参与过教学实习"的毕业生。

（十三）不同就业实习时间的独立学院毕业生

本研究依据独立学院毕业生的不同就业实习时间分为"没有参与过就业实习""1~3个月""4~6个月"和"半年以上"四个组别,对此进行单因子变异数分析,探讨独立学院毕业生的就业满意度及其分层面的满意情况是否因就业实习时间的不同而有所差异,统计分析结果如表4.16所示。

表4.16　不同就业实习时间的独立学院毕业生在就业满意度及各层面差异情形摘要表

（$N=584$）

量表层面	组别	人数	平均数	标准偏差	变异来源	SS	DF	MS	F值	事后比较
学校就业指导满意	1	178	31.20	7.04	组间	2 653.66	3	884.55	14.963***	
	2	228	32.94	7.56	组内	34 286.97	580	59.12		
	3	121	35.25	8.53	总计	36 940.63	583			4>1
	4	57	38.23	8.23						
	总计	584	33.40	7.96						
工作岗位特征满意	1	178	18.27	3.86	组间	561.25	3	187.08	11.867***	
	2	228	19.09	3.90	组内	9 143.81	580	15.77		
	3	121	20.02	4.11	总计	9 705.06	583			4>1
	4	57	21.60	4.28						
	总计	584	19.28	4.08						

续表

量表层面	组别	人数	平均数	标准偏差	变异数分析摘要						事后比较
					变异来源	SS	DF	MS	F 值		
就业满意度	1	178	49.47	9.62	组间	5 650.96	3	1 883.65	16.390***		
	2	228	52.04	10.50	组内	66 657.80	580	114.93			
	3	121	55.26	12.22	总计	72 308.76	583				4>1
	4	57	59.82	11.43							
	总计	584	52.68	11.14							

注:a. ***$p<0.001$。

b. 不同就业实习时间组别:1.没有参与过就业实习;2.1～3个月;3.4～6个月;4.半年以上。

研究结果显示:

(1)不同就业实习时间的独立学院毕业生在整体"就业满意度"感知上有极其显著的差异($p=0.000<0.001$)。经事后比较结果显示,大学期间有过"半年以上"就业实习经历的毕业生在整体"就业满意度"感知上显著高于"没有参与过就业实习"的毕业生。

(2)不同就业实习时间的独立学院毕业生在"学校就业指导满意"层面的感知上有极其显著的差异($p=0.000<0.001$)。经事后比较结果显示,大学期间有过"半年以上"就业实习经历的毕业生在"学校就业指导满意"层面的感知上显著高于"没有参与过就业实习"的毕业生。

(3)不同就业实习时间的独立学院毕业生在"工作岗位特征满意"层面的感知上有极其显著的差异($p=0.000<0.001$)。经事后比较结果显示,大学期间有过"半年以上"就业实习经历的毕业生在"工作岗位特征满意"层面的感知上显著高于"没有参与过就业实习"的毕业生。

(十四)工作单位所在不同区域的独立学院毕业生

本研究依据独立学院毕业生的不同工作单位所在区域分为"毕业学校所在地""广东省内非毕业院校所在地""非广东省的其他地区""港澳台地区"与"国

外"五个组别,对此进行单因子变异数分析,探讨独立学院毕业生的就业满意度及其分层面的满意情况是否因工作单位所在区域的不同而有所差异,统计分析结果如表4.17所示。

表4.17 工作单位所在不同区域的独立学院毕业生在就业满意度及各层面差异情形摘要表
（N=584）

量表层面	组别	人数	平均数	标准偏差	变异数分析摘要				
					变异来源	SS	DF	MS	F值
学校就业指导满意	1	119	34.50	7.85	组间	209.66	4	52.41	0.826
	2	256	33.32	7.56	组内	36 330.98	579	63.44	
	3	169	32.93	8.44	总计	36 940.63	583		
	4	28	32.89	8.66					
	5	12	32.17	9.04					
	总计	584	33.40	7.96					
工作岗位特征满意	1	119	19.48	4.06	组间	17.79	4	4.45	0.266
	2	256	19.21	3.80	组内	9 687.27	579	16.73	
	3	169	19.21	4.43	总计	9 705.06	583		
	4	28	19.04	4.54					
	5	12	20.17	4.24					
	总计	584	19.28	4.08					
就业满意度	1	119	53.98	11.31	组间	273.93	4	68.48	0.550
	2	256	52.53	10.29	组内	72 034.83	579	124.41	
	3	169	52.14	11.92	总计	72 308.76	583		
	4	28	51.93	12.75					
	5	12	52.33	12.49					
	总计	584	52.68	11.14					

注:不同工作单位所在区域组别:1.毕业学校所在地;2.广东省内非毕业院校所在地;3.非广东省的其他地区;4.港澳台地区;5.国外。

研究结果显示:

(1)工作单位所在不同区域的独立学院毕业生在整体"就业满意度"的感知上没有差异($p=0.509>0.05$)。

(2)工作单位所在不同区域的独立学院毕业生在"学校就业指导满意"层面的感知上没有差异($p=0.900>0.05$)。

(3)工作单位所在不同区域的独立学院毕业生在"工作岗位特征满意"层面的感知上没有差异($p=0.699>0.05$)。

(十五)不同工作单位地点的独立学院毕业生

本研究依据独立学院毕业生的不同工作单位地点分为"直辖市""省会城市""地级市""县城、乡镇""村、屯""港澳台地区"与"国外"七个组别,对此进行单因子变异数分析,探讨独立学院毕业生的就业满意度及其分层面的满意情况是否因工作单位处地点的不同而有所差异,统计分析结果如表4.18所示。

表4.18 不同工作单位地点的独立学院毕业生在就业满意度及各层面差异情形摘要表

($N=584$)

量表层面	组别	人数	平均数	标准偏差	变异数分析摘要				
					变异来源	SS	DF	MS	F 值
学校就业指导满意	1	94	33.68	8.07	组间	376.60	6	62.77	0.990
	2	214	33.89	7.37	组内	36 564.04	577	63.37	
	3	195	33.33	8.28	总计	36 940.63	583		
	4	47	32.13	8.84					
	5	10	35.00	8.30					
	6	13	30.23	7.69					
	7	11	30.64	8.39					
	总计	584	33.40	7.96					

续表

量表层面	组别	人数	平均数	标准偏差	变异数分析摘要				
					变异来源	SS	DF	MS	F 值
工作岗位特征满意	1	94	19.66	3.96	组间	132.32	6	22.05	1.329
	2	214	19.65	3.60	组内	9 572.75	577	16.59	
	3	195	19.05	4.21	总计	9 705.06	583		
	4	47	18.17	5.21					
	5	10	18.90	4.53					
	6	13	18.08	4.86					
	7	11	19.27	4.38					
	总计	584	19.28	4.08					
就业满意度	1	94	53.34	10.97	组间	834.54	6	139.09	1.123
	2	214	53.55	9.86	组内	71 474.22	577	123.87	
	3	195	52.37	11.73	总计	72 308.76	583		
	4	47	50.30	13.63					
	5	10	53.90	12.19					
	6	13	48.31	11.62					
	7	11	49.91	11.79					
	总计	584	52.68	11.14					

注:不同工作单位所处地点组别:1. 直辖市;2. 省会城市;3. 地级市;4. 县城、乡镇;5. 村、屯;6. 港澳台地区;7. 国外。

研究结果显示:

(1)工作单位所处不同地点的独立学院毕业生在整体"就业满意度"感知上没有差异($p = 0.431 > 0.05$)。

(2)工作单位所处不同地点的独立学院毕业生在"学校就业指导满意"层

面的感知上没有差异（$p = 0.242 > 0.05$）。

（3）工作单位所处不同地点的独立学院毕业生在"工作岗位特征满意"层面的感知上没有差异（$p = 0.347 > 0.05$）。

（十六）不同行业的独立学院毕业生

本研究依据独立学院毕业生的不同行业分为"农业（包括林、牧、渔业等）""制造业""信息产业""金融业""地产业""社会服务与管理业""采矿/建筑/水电气业""教育行业""科研问题业""商业服务业"及"其他"共十一个组别，对此进行单因子变异数分析，探讨独立学院毕业生的就业满意度及其分层面的满意情况是否因行业的不同而有所差异，统计分析结果如表 4.19 所示。

表 4.19　不同行业的独立学院毕业生在就业满意度及各层面差异情形摘要表

（$N = 584$）

量表层面	组别	人数	平均数	标准偏差	变异数分析摘要					事后比较
					变异来源	SS	DF	MS	F 值	
学校就业指导满意	1	15	38.07	7.55	组间	1 536.83	10	153.68	2.487**	1>11
	2	50	34.68	7.93	组内	35 403.80	573	61.79		
	3	107	35.07	8.21	总计	36 940.63	583			
	4	98	32.85	8.69						
	5	26	34.77	6.59						
	6	51	33.90	6.48						
	7	15	34.40	6.42						
	8	76	32.61	7.40						
	9	13	34.38	9.07						
	10	41	32.24	7.81						
	11	92	30.83	7.96						
	总计	584	33.40	7.96						

续表

量表层面	组别	人数	平均数	标准偏差	变异数分析摘要						事后比较
					变异来源	SS	DF	MS	F值		
工作岗位特征满意	1	15	20.67	4.13	组间	291.72	10	29.17	1.776		—
	2	50	19.16	4.23	组内	9 413.35	573	16.43			
	3	107	20.03	4.25	总计	9 705.06	583				
	4	98	19.60	3.78							
	5	26	20.27	3.26							
	6	51	19.10	3.76							
	7	15	19.00	3.85							
	8	76	18.29	3.93							
	9	13	20.85	5.06							
	10	41	18.85	4.14							
	11	92	18.54	4.27							
	总计	584	19.28	4.08							
就业满意度	1	15	58.73	11.17	组间	2 840.73	10	284.07	2.343*		1>8
	2	50	53.84	11.81	组内	69 468.04	573	121.24			
	3	107	55.09	11.69	总计	72 308.76	583				
	4	98	52.45	11.71							
	5	26	55.04	8.99							
	6	51	53.00	9.77							
	7	15	53.40	9.46							
	8	76	50.89	10.09							
	9	13	55.23	13.36							
	10	41	51.10	11.14							
	11	92	49.37	10.65							
	总计	584	52.68	11.14							

注:a. *$p<0.05$,**$p<0.01$。

b.不同行组别:1.农业(包括林、牧、渔业等);2.制造业;3.信息产业;4.金融业;5.地产业;6.社会服务与管理业;7.采矿/建筑/水电气业;8.教育行业;9.科研问题业;10.商业服务业;11.其他。

研究结果显示：

（1）从事不同行业的独立学院毕业生在整体"就业满意度"感知上有显著的差异（$p=0.010<0.05$）。经事后比较结果显示，从事"农业（包括林、牧、渔业等）行业"的毕业生在整体"就业满意度"感知上显著高于"教育行业"的毕业生。

（2）从事不同行业的独立学院毕业生在"学校就业指导满意"层面的感知上有非常显著的差异（$p=0.006<0.01$）。经事后比较结果显示，从事"农业（包括林、牧、渔业等）行业"的毕业生在"学校就业指导满意"层面的感知上显著高于从事"其他"类型行业的毕业生。

（3）从事不同行业的独立学院毕业生在"工作岗位特征满意"层面的感知上没有差异（$p=0.062>0.05$）。

（十七）不同单位类型的独立学院毕业生

本研究依据独立学院毕业生的不同单位类型，分为"党政机关""科研院所""事业单位""国有企业（含国有控股与参股企业）""集体企业""民营企业与个体""外资或合资企业"及"非政府或非营利组织"八个组别，对此进行单因子变异数分析，探讨独立学院毕业生的就业满意度及其分层面的满意情况是否因单位类型的不同而有所差异，统计分析结果如表4.20所示。

表4.20　不同单位类型的独立学院毕业生在就业满意度及各层面差异情形摘要表（$N=584$）

量表层面	组别	人数	平均数	标准偏差	变异数分析摘要						事后比较
					变异来源	SS		DF	MS	F 值	
学校就业指导满意	1	38	34.29	8.46	组间	1 577.08		7	225.30	3.670**	
	2	50	34.64	9.20	组内	35 363.55		576	61.40		
	3	124	34.81	7.32	总计	36 940.63		583			3>8
	4	117	34.74	7.46							4>8
	5	29	33.86	8.65							2>8
	6	158	31.28	7.71							3>6
	7	47	32.83	7.95							
	8	21	29.71	7.71							
	总计	584	33.40	7.96							

续表

量表层面	组别	人数	平均数	标准偏差	变异数分析摘要						事后比较
					变异来源	SS	DF	MS	F 值		
工作岗位特征满意	1	38	20.00	4.05	组间	258.94	7	36.99	2.256*		1>8
	2	50	19.56	4.41	组内	9 446.13	576	16.40			
	3	124	19.85	3.77	总计	9 705.06	583				
	4	117	19.70	3.98							
	5	29	19.07	4.42							
	6	158	18.71	4.03							
	7	47	18.89	4.27							
	8	21	16.95	4.26							
	总计	584	19.28	4.08							
就业满意度	1	38	54.29	11.67	组间	3 009.36	7	429.91	3.573**		3>8 3>6
	2	50	54.20	11.35	组内	69 299.41	576	120.31			
	3	124	54.66	10.18	总计	72 308.76	583				
	4	117	54.44	10.64							
	5	29	52.93	12.44							
	6	158	49.99	10.46							
	7	47	51.72	10.88							
	8	21	46.67	11.62							
	总计	584	52.68	11.14							

注:a. *$p<0.05$,**$p<0.01$。

b.不同单位类型组别:1.党政机关;2.科研院所;3.事业单位;4.国有企业(含国有控股与参股企业);5.集体企业;6.民营企业与个体;7.外资或合资企业;8.非政府或非营利组织。

研究结果显示:

(1)不同单位类型的独立学院毕业生在整体"就业满意度"的感知上有非常显著的差异($p=0.001<0.01$)。经事后比较结果显示,在"事业单位"工作的独立学院毕业生在整体"就业满意度"的感知上显著高于在"非政府或非营利组织"工

作的独立学院毕业生,其次高于在"民营企业与个体"工作的独立学院毕业生。

（2）不同单位类型的独立学院毕业生在"学校就业指导满意"层面的感知上有非常显著的差异（$p=0.001<0.01$）。经事后比较结果显示,在"事业单位""国有企业（含国有控股与参股企业）"和在"科研院所"工作的独立学院毕业生在"学校就业指导满意"层面上的感知显著高于在"非政府或非营利组织"工作的独立学院毕业生。另外,在"事业单位"工作的独立学院毕业生在"学校就业指导满意"层面的感知上显著高于在"民营企业与个体"工作的独立学院毕业生。

（3）不同单位类型的独立学院毕业生在"工作岗位特征满意"层面的感知上有显著的差异（$p=0.029<0.05$）。经事后比较结果显示,在"党政机关"工作的独立学院毕业生于"工作岗位特征满意"层面的感知上显著高于在"非政府或非营利组织"工作的独立学院毕业生。

（十八）不同简历投递次数的独立学院毕业生

本研究依据独立学院毕业生的不同投递简历次数,分为"10次及以下""11～30次""31～50次""51～100次"和"101次及以上"五个组别,对此进行单因子变异数分析,探讨独立学院毕业生的就业满意度及其分层面的满意情况是否因投递简历次数的不同而有所差异,统计分析结果如表4.21所示。

表4.21　不同简历投递次数的独立学院毕业生在就业满意度及各层面差异情形摘要表

（$N=584$）

量表层面	简历投递次数	人数	平均数	标准偏差	变异数分析摘要				
					变异来源	SS	DF	MS	F 值
学校就业指导满意	1	263	32.37	7.85	组间	597.73	4	149.43	2.381
	2	148	34.65	7.98	组内	36 342.90	579	62.77	
	3	119	34.24	7.57	总计	36 940.63	583		
	4	42	33.10	7.93					
	5	12	33.58	11.58					
	总计	584	33.40	7.96					

续表

量表层面	简历投递次数	人数	平均数	标准偏差	变异数分析摘要				
					变异来源	SS	DF	MS	F 值
工作岗位特征满意	1	263	18.87	4.14	组间	93.28	4	23.32	1.405
	2	148	19.66	3.95	组内	9 611.78	579	16.60	
	3	119	19.74	3.92	总计	9 705.06	583		
	4	42	19.05	3.46					
	5	12	19.67	6.92					
	总计	584	19.28	4.08					
就业满意度	1	263	51.24	10.78	组间	1 148.70	4	287.18	2.337
	2	148	54.24	11.23	组内	71 160.06	579	122.90	
	3	119	53.97	10.99	总计	72 308.76	583		
	4	42	52.14	10.54					
	5	12	53.25	17.43					
	总计	584	52.68	11.14					

注:不同投递简历次数组别:1.10 次及以下;2.11~30 次;3.31~50 次;4.51~100 次;5.101 次及以上。

研究结果显示:

(1)投递简历次数不同的独立学院毕业生在整体"就业满意度"的感知上没有显著的差异($p=0.054>0.05$)。

(2)投递简历次数不同的独立学院毕业生在"学校就业指导满意"层面的感知上没有显著的差异($p=0.051>0.05$)。

(3)投递简历次数不同的独立学院毕业生在"工作岗位特征满意"层面的感知上没有显著的差异($p=0.231>0.05$)。

(十九)不同面试次数的独立学院毕业生

本研究依据独立学院毕业生获得不同的面试次数,分为"无""1~2 次""3~

5 次""6~10 次"及"11 次及以上"五个组别,对此进行单因子变异数分析,探讨独立学院毕业生的就业满意度及其分层面的满意情况是否因获得面试机会次数的不同而有所差异,统计分析结果如表 4.22 所示。

表 4.22　不同面试次数的独立学院毕业生在就业满意度及各层面差异情形摘要表

(N=584)

量表层面	组别	人数	平均数	标准偏差	变异数分析摘要				
					变异来源	SS	DF	MS	F 值
学校就业指导满意	1	56	31.89	7.69	组间	192.17	4	48.04	0.757
	2	202	33.56	7.84	组内	36 748.46	579	63.47	
	3	216	33.68	7.98	总计	36 940.63	583		
	4	76	33.75	8.47					
	5	34	32.41	7.94					
	总计	584	33.40	7.96					
工作岗位特征满意	1	56	17.46	3.91	组间	216.22	4	54.05	3.298
	2	202	19.52	3.88	组内	9 488.85	579	16.39	
	3	216	19.41	4.02	总计	9 705.06	583		
	4	76	19.28	4.58					
	5	34	19.97	4.17					
	总计	584	19.28	4.08					
就业满意度	1	56	49.36	10.91	组间	700.21	4	175.05	1.415
	2	202	53.08	10.76	组内	71 608.55	579	123.68	
	3	216	53.09	11.14	总计	72 308.76	583		
	4	76	53.03	12.13					
	5	34	52.38	11.15					
	总计	584	52.68	11.14					

注:不同获得面试机会次数组别:1.无;2.1~2 次;3.3~5 次;4.6~10 次;5.11 次及以上。

研究结果显示:

(1)获得不同面试次数的独立学院毕业生在整体"就业满意度"感知上没

有显著的差异($p=0.227>0.05$)。

（2）获得不同面试次数的独立学院毕业生在"学校就业指导满意"层面的感知上没有显著的差异($p=0.054>0.05$)。

（3）获得不同面试次数的独立学院毕业生在"工作岗位特征满意"层面的感知上没有显著的差异($p=0.011>0.05$)。

二、不同背景的独立学院毕业生在就业能力层面的差异分析

（一）不同就业情况的独立学院毕业生

本研究依据独立学院毕业生的不同就业情况,分为"已经和用人单位签约""尚未签约,但已经有愿意接受的单位""还没有意向单位,仍在找工作中""继续读书深造""暂不工作,准备继续考研"和"自我创业中"六个组别,进行单因子变异数分析,探讨独立学院毕业生的就业能力及其分层面的认知情况是否因就业情形不同而有所差异,统计分析结果如表4.23所示。

表4.23　不同就业情况的独立学院毕业生在就业能力及各层面差异情形摘要表($N=584$)

量表层面	组别	人数	平均数	标准偏差	变异数分析摘要						事后比较
					变异来源	SS	DF	MS	F 值		
自我就业认知	1	267	27.68	5.07	组间	497.24	5	99.45	3.617**		
	2	91	28.14	5.07	组内	15 890.20	578	61.99			
	3	90	26.90	5.84	总计	16 387.44	583				2>5
	4	85	26.26	5.24							
	5	27	25.07	5.15							
	6	24	27.75	5.52							
	总计	584	27.15	5.30							

续表

量表层面	组别	人数	平均数	标准偏差	变异数分析摘要					事后比较
					变异来源	SS	DF	MS	F 值	
外部劳动力市场	1	267	16.43	2.73	组间	249.70	5	49.94	5.618***	1>5 2>5 3>5
	2	91	16.35	2.92	组内	5 137.83	578	8.89		
	3	90	14.90	3.47	总计	5 387.53	583			
	4	85	15.36	3.15						
	5	27	14.67	2.63						
	6	24	16.21	3.67						
	总计	584	15.93	3.04						
我的大学	1	267	14.43	4.04	组间	287.31	5	57.46	3.912**	2>5
	2	91	16.08	3.38	组内	8 489.43	578	14.69		
	3	90	14.31	3.65	总计	8 776.74	578			
	4	85	14.76	3.66						
	5	27	12.96	4.04						
	6	24	14.46	4.14						
	总计	584	14.65	3.88						
就业能力	1	267	58.54	10.47	组间	2 371.68	5	474.34	3.900**	2>5
	2	91	60.57	10.87	组内	70 293.24	578	121.62		
	3	90	55.11	12.35	总计	72 664.92	578			
	4	85	56.39	11.18						
	5	27	52.70	10.77						
	6	24	58.42	12.12						
	总计	584	57.74	11.16						

注:a. ** $p<0.01$, *** $p<0.001$。

b. 独立学院毕业生不同就业情况组别:1.已经和用人单位签约;2.尚未签约,但已经有愿意接受的单位;3.还没有意向单位,仍在找工作中;4.继续读书深造;5.暂不工作,准备继续考研;6.自我创业中。

研究结果显示：

（1）不同就业情况的独立学院毕业生在"就业能力"整体认知上有非常显著的差异（$p=0.002<0.01$）。经事后比较结果显示，"尚未签约，但已经有愿意接受的单位"的毕业生在整体"就业能力"层面的认知上显著高于"暂不工作，准备继续考研"的毕业生。

（2）不同就业情况的独立学院毕业生在"自我就业认知"层面的认知上有非常显著的差异（$p=0.003<0.01$）。经事后比较结果显示，"尚未签约，但已经有愿意接受的单位"的毕业生在"自我就业认知"层面的认知上显著高于"暂不工作，准备继续考研"的毕业生。

（3）不同就业情况的独立学院毕业生在"外部劳动力市场"层面的认知上有极其显著的差异（$p=0.000<0.001$）。经事后比较结果显示，"已经和用人单位签约""尚未签约，但已经有愿意接受的单位"和"还没有意向单位，仍在找工作中"的毕业生在"外部劳动力市场"层面的认知上显著高于"暂不工作，准备继续考研"的毕业生。

（4）不同就业情况的独立学院毕业生在"我的大学"层面的认知上有非常显著的差异（$p=0.002<0.01$）。经事后比较结果显示，"尚未签约，但已经有愿意接受的单位"的毕业生在"我的大学"层面的认知上显著高于"暂不工作，准备继续考研"的毕业生。

（二）不同性别的独立学院毕业生

本研究以 t 检验了解不同性别的独立学院毕业生在就业能力及各层面的认知是否有显著差异。其分析结果整体如表4.24所示。

表4.24　不同性别的独立学院毕业生在就业能力及各层面的差异情形摘要表（$N=584$）

量表层面	性别	人数	平均数	标准偏差	t 值
自我就业认知	男	259	27.78	5.47	2.566
	女	325	26.65	5.12	

续表

量表层面	性别	人数	平均数	标准偏差	t 值
外部劳动力市场	男	259	16.05	3.18	0.845
	女	325	15.84	2.92	
我的大学	男	259	15.27	3.86	3.500**
	女	325	14.15	3.83	
就业能力	男	259	59.11	11.62	2.661**
	女	325	56.65	10.68	

注: ** $p<0.01$。

研究结果显示:

(1)不同性别的独立学院毕业生在整体"就业能力"的认知上有非常显著性的差异($p=0.008<0.01$)。

(2)不同性别的独立学院毕业生在"自我就业认知"层面的认知上没有显著性差异($p=0.11>0.05$)。

(3)不同性别的独立学院毕业生在"外部劳动力市场"层面的认知上没有显著性差异($p=0.398>0.05$)。

(4)不同性别的独立学院毕业生在"我的大学"层面的认知上有非常显著性的差异($p=0.001<0.01$)。

(三)不同年龄的独立学院毕业生

本研究依据独立学院毕业生的不同年龄分为"17~20岁""21~25岁""26~30岁""31~35岁"以及"36岁及以上"五个组别,进行单因子变异数分析,探讨独立学院毕业生就业能力及其各层面的认知是否因为年龄的不同而有所差异,统计分析结果如表4.25所示。

表 4.25　不同年龄的独立学院毕业生在就业能力及各层面差异情形摘要表（$N = 584$）

量表层面	组别	人数	平均数	标准偏差	变异数分析摘要					事后比较
					变异来源	SS	DF	MS	F 值	
自我就业认知	1	46	25.74	4.86	组间	366.06	4	91.51	3.307*	4>1 5>1
	2	256	26.62	5.43	组内	16 021.38	579	27.67		
	3	217	27.62	5.09	总计	16 387.44	583			
	4	61	28.72	5.34						
	5	4	28.25	6.80						
	总计	584	27.15	5.30						
外部劳动力市场	1	46	14.85	2.58	组间	150.60	4	37.651	4.106**	4>1 3>1
	2	256	15.61	3.07	组内	5 236.92	579	9.045		
	3	217	16.34	3.01	总计	5 387.53	583			
	4	61	16.69	2.92						
	5	4	15.75	4.35						
	总计	584	15.93	3.04						
我的大学	1	46	14.28	2.97	组间	48.17	4	12.04	0.799	—
	2	256	14.73	3.71	组内	8 728.57	579	15.08		
	3	217	14.45	4.16	总计	8 776.74	583			
	4	61	15.20	4.16						
	5	4	16.50	4.12						
	总计	584	14.65	3.88						
就业能力	1	46	54.87	9.61	组间	1 162.22	4	290.56	2.353	—
	2	256	56.96	11.33	组内	71 502.70	579	123.49		
	3	217	58.41	11.09	总计	72 664.92	583			
	4	61	60.61	11.06						
	5	4	60.50	15.20						
	总计	584	57.74	11.16						

注:a. *$p<0.05$,**$p<0.01$;

　b. 不同年龄组别:1.17~20 岁;2.21~25 岁;3.26~30 岁;4.31~35 岁;5.36 岁及以上。

研究结果显示：

（1）不同年龄的独立学院毕业生，在"就业能力"整体认知上没有显著的差异（$p=0.053>0.05$）。

（2）不同年龄的独立学院毕业生在"自我就业认知"层面的认知上有显著的差异（$p=0.011<0.05$）。经事后比较结果显示，"31～35 岁"的毕业生和"36 岁及以上"的毕业生在"自我就业认知"层面的认知上显著高于"17～20 岁"的毕业生。

（3）不同年龄的独立学院毕业生在"外部劳动力市场"层面的认知上有非常显著的差异（$p=0.002<0.01$）。经事后比较结果显示，"26～30 岁"和"31～35 岁"的毕业生在"外部劳动力市场"层面的认知上显著高于"17～20 岁"的毕业生。

（4）不同年龄的独立学院毕业生在"我的大学"层面的认知上没有显著的差异（$p=0.526>0.05$）。

（四）不同毕业院系的独立学院毕业生

本研究依据独立学院毕业生就读的不同院系，分为"教育学院""文学院""信息技术学院""国际商学部""管理学院""不动产学院""法律与行政学院""设计学院""艺术与传播学院""特许经营学院""外国语学院""应用数学学院""物流学院"和"工程技术学院"十四个组别，对此进行单因子变异数分析，探讨独立学院毕业生的就业能力及其分层面的认知情况是否因学院（专业）不同而有所差异，统计分析结果如表 4.26 所示。

表 4.26　不同毕业院系的独立学院毕业生在就业能力及各层面差异情形摘要表（$N=584$）

量表层面	组别	人数	平均数	标准偏差	变异数分析摘要					事后比较
					变异来源	SS	DF	MS	F 值	
	1	38	29.34	4.62	组间	1 120.93	13	86.23	3.219 ***	6>14
	2	44	27.70	5.82	组内	15 266.51	570	26.78		1>14
	3	84	28.07	5.20	总计	16 387.44	583			

续表

量表层面	组别	人数	平均数	标准偏差	变异数分析摘要						事后比较
					变异来源	SS	DF	MS	F 值		
自我就业认知	4	58	27.31	5.29							
	5	55	28.65	4.24							
	6	18	29.89	3.32							
	7	18	27.78	5.17							
	8	99	26.04	5.39							
	9	35	25.25	5.14							6>14
	10	20	26.95	4.62							1>14
	11	16	27.25	6.89							
	12	36	25.13	5.43							
	13	20	27.40	4.05							
	14	43	25.04	5.63							
	总计	584	27.15	5.30							
外部劳动力市场	1	38	16.84	2.90	组间	258.48	13	19.88	2.210**		
	2	44	15.81	3.26	组内	5 129.05	570	9.00			
	3	84	15.95	3.25	总计	5 387.53	583				
	4	58	16.09	2.76							
	5	55	16.67	2.45							
	6	18	17.72	2.21							
	7	18	16.50	2.70							
	8	99	15.61	3.02							6>12
	9	35	14.91	3.38							6>9
	10	20	16.75	2.24							
	11	16	15.56	3.72							
	12	36	14.63	3.37							
	13	20	16.00	2.47							
	14	43	15.46	3.13							
	总计	584	15.93	3.03							

续表

量表层面	组别	人数	平均数	标准偏差	变异数分析摘要					事后比较
					变异来源	SS	DF	MS	F 值	
我的大学	1	38	16.73	2.81	组间	972.37	13	74.80	5.463***	1>9
	2	44	15.45	3.31	组内	7 804.37	570	13.69		
	3	84	16.02	3.46	总计	8 776.74	583			
	4	58	15.05	3.49						
	5	55	14.71	3.64						
	6	18	15.83	4.07						
	7	18	15.72	3.90						
	8	99	13.81	3.83						
	9	35	11.87	4.44						
	10	20	14.35	3.08						
	11	16	16.18	3.69						
	12	36	12.91	3.83						
	13	20	13.75	4.24						
	14	43	13.27	4.18						
	总计	584	14.65	3.88						
就业能力	1	38	62.92	10.13	组间	5 757.42	13	442.88	3.773***	6>9
	2	44	58.98	12.07	组内	66 907.49	570	117.38		
	3	84	60.04	11.39	总计	72 664.92	583			
	4	58	58.44	10.56						
	5	55	60.03	9.41						
	6	18	63.44	8.11						
	7	18	60.00	10.87						
	8	99	55.47	10.61						
	9	35	52.14	11.57						

续表

量表层面	组别	人数	平均数	标准偏差	变异数分析摘要					事后比较
					变异来源	SS	DF	MS	F 值	
就业能力	10	20	58.05	8.38						6>9
	11	16	59.00	13.89						
	12	36	52.69	11.78						
	13	20	57.15	9.19						
	14	43	53.79	11.44						
	总计	584	57.73	11.16						

注:a.＊＊$p<0.01$,＊＊＊$p<0.001$。

　　b.毕业院系组别:1.教育学院;2.文学院;3.信息技术学院;4.国际商学部;5.管理学院;6.不动产学院;7.法律与行政学院;8.设计学院;9.艺术与传播学院;10.特许经营学院;11.外国语学院;12.应用数学学院;13.物流学院;14.工程技术学院。

研究结果显示:

(1)不同毕业院系的独立学院毕业生在整体"就业能力"认知上有极其显著的差异($p=0.000<0.001$)。经事后比较结果显示,"不动产学院"的毕业生在整体"就业能力"的认知上显著高于"艺术与传播学院"的毕业生。

(2)不同毕业院系的独立学院毕业生在"自我就业认知"层面的认知上有极其显著的差异($p=0.000<0.001$)。经事后比较结果显示,"不动产学院"和"教育学院"的毕业生在"自我就业认知"层面的认知上显著高于"工程技术学院"的毕业生。

(3)不同毕业院系的独立学院毕业生在"外部劳动力市场"层面的认知上有非常显著的差异($p=0.008<0.01$)。经事后比较结果显示,"不动产学院"毕业生在"外部劳动力市场"层面的认知上显著高于"应用数学学院"和"艺术与传播学院"的毕业生。

(4)不同毕业院系的独立学院毕业生在"我的大学"层面的认知上有极其显著的差异($p=0.000<0.001$)。经事后比较结果显示,"教育学院"的毕业生的

在"我的大学"层面的认知上显著高于"艺术与传播学院"的毕业生。

（五）不同第二专业的独立学院毕业生

本研究依据独立学院毕业生就读的不同第二专业分为"未修读第二专业""教育学院""文学院""信息技术学院""国际商学部""管理学院""不动产学院""法律与行政学院""设计学院""艺术与传播学院""特许经营学院""外国语学院""应用数学学院""物流学院"和"工程技术学院"十五个组别,进行单因子变异数分析,探讨独立学院毕业生的就业能力及其分层面的认知情况是否因修读第二专业的不同而有所差异,统计分析结果如表4.27所示。

表4.27 不同第二专业的毕业生在就业能力及各层面差异情形摘要表($N=584$)

量表层面	组别	人数	平均数	标准偏差	变异数分析摘要						事后比较
					变异来源	SS	DF	MS	F值		
自我就业认知	1	284	26.13	5.20	组间	1 107.50	14	79.11	2.946***		
	2	58	29.26	5.37	组内	15 279.94	569	26.86			
	3	45	28.91	4.64	总计	16 387.44	583				
	4	42	27.21	5.50							
	5	38	29.13	5.01							
	6	25	28.00	4.54							
	7	6	23.33	4.41							
	8	28	27.82	5.46							2>7
	9	11	28.18	5.13							
	10	7	23.71	6.75							
	11	5	28.00	6.20							
	12	10	26.50	3.02							
	13	10	28.20	5.14							
	14	8	28.50	5.53							
	15	7	25.57	6.29							
	总计	584	27.15	5.30							

续表

量表层面	组别	人数	平均数	标准偏差	变异来源	SS	DF	MS	F 值	事后比较
外部劳动力市场	1	284	15.61	2.97	组间	196.04	14	14.00	1.535	—
	2	58	16.83	3.27	组内	5 191.49	569	9.12		
	3	45	16.49	2.84	总计	5 387.53	583			
	4	42	15.81	3.07						
	5	38	16.47	3.55						
	6	25	16.24	2.63						
	7	6	13.67	3.20						
	8	28	16.71	2.79						
	9	11	16.64	2.69						
	10	7	14.14	4.34						
	11	5	17.00	3.00						
	12	10	15.00	1.33						
	13	10	15.60	3.03						
	14	8	15.75	3.62						
	15	7	15.57	2.64						
	总计	584	15.93	3.04						
我的大学	1	284	13.52	4.00	组间	984.22	14	70.30	5.133***	11>10
	2	58	16.86	3.15	组内	7 792.52	569	15.70		
	3	45	16.11	2.77	总计	8 776.74	583			
	4	42	15.86	3.00						
	5	38	15.71	3.82						
	6	25	14.92	3.53						
	7	6	13.83	3.25						
	8	28	15.14	3.49						

续表

量表层面	组别	人数	平均数	标准偏差	变异数分析摘要					事后比较
					变异来源	SS	DF	MS	F 值	
我的大学	9	11	15.91	2.55						11>10
	10	7	12.29	5.71						
	11	5	17.00	2.92						
	12	10	13.50	3.84						
	13	10	15.70	3.80						
	14	8	16.13	3.76						
	15	7	14.71	4.54						
	总计	584	14.65	3.88						
就业能力	1	284	55.26	10.69	组间	5 720.92	14	408.64	3.473***	2>7 2>6
	2	58	62.95	11.40	组内	66 943.99	569	117.65		
	3	45	61.51	9.76	总计	72 664.92	583			
	4	42	58.88	11.31						
	5	38	61.32	11.86						
	6	25	59.16	9.46						
	7	6	50.83	10.85						
	8	28	59.68	10.86						
	9	11	60.73	9.26						
	10	7	50.14	16.45						
	11	5	62.00	11.47						
	12	10	55.00	6.48						
	13	10	59.50	11.63						
	14	8	60.38	12.50						
	15	7	55.86	12.68						
	总计	584	57.74	11.16						

注:a. ***$p<0.001$。

b. 修读第二专业组别:1. 未修读第二专业;2. 教育学院;3. 文学院;4. 信息技术学院;5. 国际商学部;6. 管理学院;7. 不动产学院;8. 法律与行政学院;9. 设计学院;10. 艺术与传播学院;11. 特许经营学院;12. 外国语学院;13. 应用数学学院;14. 物流学院;15. 工程技术学院。

研究结果显示:

(1)修读不同学院开设的第二专业课程的独立学院毕业生在整体"就业能力"认知上有极其显著的差异($p=0.000<0.001$)。经事后比较结果显示,第二专业修读过"教育学院"相关专业的毕业生在整体"就业能力"的认知上显著高于第二专业修读过"管理学院"和"不动产学院"相关专业的毕业生。

(2)修读不同学院开设的第二专业课程的独立学院毕业生在"自我就业认知"层面的认知上有极其显著的差异($p=0.000<0.001$)。经事后比较结果显示,第二专业修读过"教育学院"相关专业的毕业生在"自我就业认知"层面的认知上显著高于第二专业修读过"不动产学院"相关专业的毕业生。

(3)修读不同学院开设的第二专业课程的独立学院毕业生在"外部劳动力市场"层面的认知上没有差异($p=0.094>0.05$)。

(4)不同毕业院系的独立学院毕业生在"我的大学"层面的认知上有极其显著的差异($p=0.000<0.001$)。经事后比较结果显示,第二专业修读过"特许经营学院"相关专业的毕业生在"我的大学"这一层面的认知上显著高于第二专业修读过"艺术与传播学院"相关专业的毕业生。

(六)不同户籍所在地的独立学院毕业生

本研究依据独立学院毕业生户籍所在地的不同分为"直辖市""省会城市""地级市""县城、乡镇""村、屯""港澳台地区"和"国外"七个组别,进行单因子变异数分析,探讨独立学院毕业生的就业能力及其分层面的认知情况是否因户籍地的不同而有所差异,统计分析结果如表4.28所示。

表4.28　不同户籍的独立学院毕业生在就业能力及各层面差异情形摘要表($N=584$)

量表层面	组别	人数	平均数	标准偏差	变异来源	SS	DF	MS	F 值	事后比较
	1	59	28.20	5.82	组间	511.25	6	85.21	3.097**	6>5
	2	142	27.46	4.44	组内	15 876.18	577	27.52		

续表

量表层面	组别	人数	平均数	标准偏差	变异数分析摘要					事后比较
					变异来源	SS	DF	MS	F 值	
自我就业认知	3	242	27.21	5.36	总计	16 387.44	583			
	4	102	26.21	5.76						
	5	32	25.44	4.25						
	6	4	35.00	0.00						6>5
	7	3	27.00	12.17						
	总计	584	27.15	5.30						
外部劳动力市场	1	59	16.41	3.18	组间	175.74	6	29.29	3.243**	
	2	142	16.13	2.49	组内	5 211.79	577	9.03		
	3	242	16.03	3.11	总计	5 387.53	583			
	4	102	15.48	3.26						6>5
	5	32	14.53	2.37						6>7
	6	4	20.00	0.00						
	7	3	14.67	9.24						
	总计	584	15.93	3.04						
我的大学	1	59	16.12	3.76	组间	359.83	6	59.97	4.111***	
	2	142	14.94	3.48	组内	8 416.91	577	14.59		
	3	242	14.50	3.98	总计	8 776.74	583			
	4	102	13.96	3.98						6>5
	5	32	13.47	3.31						6>7
	6	4	20.00	0.00						
	7	3	13.00	8.19						
	总计	584	14.65	3.88						
就业能力	1	59	60.73	11.91	组间	2 872.86	6	478.81	3.959**	
	2	142	58.52	9.37	组内	69 792.06	577	120.96		
	3	242	57.75	11.25	总计	72 664.92	583			
	4	102	55.65	12.00						6>5
	5	32	53.44	8.77						6>7
	6	4	75.00	.00						
	7	3	54.67	29.37						
	总计	584	57.74	11.16						

注:a. ** $p<0.01$,*** $p<0.001$;

b. 户籍所在地组别:1.直辖市;2.省会城市;3.地级市;4.县城、乡镇;5.村、屯;6.港澳台地区;7.国外。

研究结果显示:

(1)不同户籍所在地的独立学院毕业生在整体"就业能力"认知上有非常显著的差异($p = 0.001 < 0.01$)。经事后比较结果显示,"港澳台地区"的毕业生在整体"就业能力"认知上显著高于"村、屯"的毕业生,也高于外籍的"国外"毕业生。

(2)不同户籍所在地的独立学院毕业生在"自我就业认知"层面的认知上有非常显著的差异($p = 0.005 < 0.01$)。经事后比较结果显示,"港澳台地区"的毕业生在"自我就业认知"层面的认知上显著高于"村、屯"的毕业生。

(3)不同户籍所在地的独立学院毕业生在"外部劳动力市场"层面的认知上有非常显著的差异($p = 0.004 < 0.01$)。经事后比较结果显示,"港澳台地区"的毕业生在"外部劳动力市场"层面的认知上显著高于"村、屯"的毕业生,也高于外籍的"国外"毕业生。

(4)不同户籍所在地的独立学院毕业生在"我的大学"层面的认知上有极其显著的差异($p = 0.000 < 0.001$)。经事后比较结果显示,"港澳台地区"的毕业生在"我的大学"层面的认知上显著高于"村、屯"的毕业生,也高于外籍的"国外"毕业生。

(七)不同政治面貌的独立学院毕业生

本研究依据独立学院毕业生不同的政治面貌分为"中共党员(含中共预备党员)""共青团员""民主党派""群众"和"无党派人士"五个组别,进行单因子变异数分析,探讨独立学院毕业生的就业能力及其分层面的认知情况是否因政治面貌的不同而有所差异,统计分析结果如表 4.29 所示。

表 4.29　不同政治面貌的独立学院毕业生在就业能力及各层面差异情形摘要表($N = 584$)

量表层面	组别	人数	平均数	标准偏差	变异数分析摘要						事后比较
					变异来源	SS	DF	MS	F 值		
	1	184	28.13	4.59	组间	303.32	4	75.83	2.730*		1>5
	2	239	26.56	5.40	组内	16 084.11	579	27.78			

续表

量表层面	组别	人数	平均数	标准偏差	变异数分析摘要					事后比较
					变异来源	SS	DF	MS	F 值	
自我就业认知	3	2	24.50	2.12	总计	16 387.44	583			
	4	157	27.00	5.80						
	5	2	23.50	6.36						1>5
	总计	584	27.15	5.30						
外部劳动力市场	1	184	16.59	2.57	组间	125.48	4	31.37	3.452**	
	2	239	15.66	3.03	组内	5 262.05	579	9.09		
	3	2	13.50	2.12	总计	5 387.53	583			
	4	157	15.62	3.46						1>2
	5	2	15.50	0.71						
	总计	584	15.93	3.04						
我的大学	1	184	14.95	3.80	组间	33.11	4	8.28	0.548	
	2	239	14.58	3.73	组内	8 743.63	579	15.10		
	3	2	13.00	4.24	总计	8 776.74	583			
	4	157	14.42	4.22						—
	5	2	15.50	0.71						
	总计	584	14.65	3.88						
就业能力	1	184	59.67	9.74	组间	1 086.91	4	271.73	2.198	
	2	239	56.80	11.19	组内	71 578.00	579	123.62		
	3	2	51.00	4.24	总计	72 664.92	583			
	4	157	57.04	12.49						—
	5	2	54.50	7.78						
	总计	584	57.74	11.16						

注:a. *$p<0.05$,**$p<0.01$;

b. 不同政治面貌组别:1.中共党员(含中共预备党员);2.共青团员;3.民主党派;4.群众;5.无党派人士。

研究结果显示：

（1）不同政治面貌的独立学院毕业生在整体"就业能力"认知上没有差异（$p=0.068>0.05$）。

（2）不同政治面貌的独立学院毕业生在"自我就业认知"层面的认知上有显著的差异（$p=0.028<0.05$）。经事后比较结果显示，政治背景是"中共党员（含中共预备党员）"的毕业生在"自我就业认知"层面的认知上显著高于"无党派人士"的毕业生。

（3）不同政治面貌的独立学院毕业生在"外部劳动力市场"层面的认知上有非常显著的差异（$p=0.008<0.01$）。经事后比较结果显示，政治背景是"中共党员（含中共预备党员）"的毕业生在"外部劳动力市场"层面的认知上显著高于政治背景是"共青团员"的毕业生。

（4）不同政治面貌的独立学院毕业生在"我的大学"层面的认知上没有显著的差异（$p=0.068>0.05$）。

（八）不同毕业年份的独立学院毕业生

本研究依据独立学院毕业生的不同毕业年份分为"2006—2009 年""2010—2012 年"和"2013 年以后"三个组别，进行单因子变异数分析，探讨独立学院毕业生的就业能力及其分层面的认知情况是否因毕业年份的不同而有所差异，统计分析结果如表 4.30 所示。

表 4.30　不同毕业年份的独立学院毕业生在就业能力及各层面差异情形摘要表（$N=584$）

量表层面	组别	人数	平均数	标准偏差	变异来源	SS	DF	MS	F 值	事后比较
自我就业认知	1	146	28.47	5.27	组间	550.23	2	275.12	10.093***	
	2	159	27.64	5.40	组内	15 837.20	581	27.26		
	3	279	26.19	5.09	总计	16 387.44	583			1>3
	总计	584	27.15	5.30						

续表

量表层面	组别	人数	平均数	标准偏差	变异数分析摘要						事后比较
					变异来源	SS	DF	MS	F 值		
外部劳动力市场	1	146	16.49	2.92	组间	87.51	2	43.76	4.797**		1>3
	2	159	16.09	3.26	组内	5 300.01	581	9.12			
	3	279	15.56	2.93	总计	5 387.53	583				
	总计	584	15.93	3.04							
我的大学	1	146	15.39	3.68	组间	257.72	2	128.86	8.788***		1>3
	2	159	15.18	4.08	组内	8 519.02	581	14.66			
	3	279	13.96	3.76	总计	8 776.74	583				
	总计	584	14.65	3.88							
就业能力	1	146	60.34	10.95	组间	2 361.37	2	1 180.69	9.757***		1>3
	2	159	58.91	11.90	组内	70 303.54	581	121.00			
	3	279	55.71	10.48	总计	72 664.92	583				
	总计	584	57.74	11.16							

注:a. ** $p<0.01$,*** $p<0.001$;

b. 不同毕业年份组别:1. 2006—2009 年;2. 2010—2012 年;3. 2013 年以后。

研究结果显示:

(1)不同毕业年份的独立学院毕业生在整体"就业能力"认知上有极其显著的差异($p=0.000<0.001$)。经事后比较结果显示,于"2006—2009 年"毕业的毕业生在整体"就业能力"认知上显著高于"2013 年以后"毕业的毕业生。

(2)不同毕业年份的独立学院毕业生在"自我就业认知"层面的认知上有极其显著的差异($p=0.000<0.001$)。经事后比较结果显示,于"2006—2009 年"毕业的的毕业生在"自我就业认知"层面的认知上显著高于"2013 年以后"毕业的毕业生。

（3）不同毕业年份的独立学院毕业生在"外部劳动力市场"层面的认知上有非常显著的差异（$p=0.009<0.01$）。经事后比较结果显示，于"2006—2009年"毕业的毕业生在"外部劳动力市场"层面的认知上显著高于"2013年以后"毕业的毕业生。

（4）不同毕业年份的独立学院毕业生在"我的大学"层面的认知上有极其显著的差异（$p=0.000<0.001$）。经事后比较结果显示，于"2006—2009年"毕业的毕业生在"我的大学"的层面的认知上显著高于"2013年以后"毕业的毕业生。

（九）不同学生干部经历的独立学院毕业生

本研究以 t 检验了解不同学生干部经历的独立学院毕业生在就业能力及各层面上的认知是否有显著差异。其分析结果整体如表4.31所示。

表4.31　不同学生干部经历的独立学院毕业生在就业能力及各层面的差异情形摘要表

（$N=584$）

量表层面	学生干部经历	人数	平均数	标准偏差	t 值
自我就业认知	无	148	25.69	5.82	-3.934***
	有	436	27.65	5.02	
外部劳动力市场	无	148	15.32	3.36	-2.845**
	有	436	16.14	2.90	
我的大学	无	148	13.64	4.03	-3.726***
	有	436	15.00	3.77	
就业能力	无	148	54.65	11.88	-3.944***
	有	436	58.79	10.72	

注：**$p<0.01$，***$p<0.001$。

研究结果显示：

（1）有无学生干部经历的独立学院毕业生在整体"就业能力"认知上有极其显著性差异（$p=0.000<0.001$）。

（2）有无学生干部经历的独立学院毕业生在"自我就业认知"层面的认知上有极其显著性差异（$p=0.000<0.001$）。

（3）有无学生干部经历的独立学院毕业生在"外部劳动力市场"层面的认知上有非常显著性的差异（$p=0.005<0.01$）。

（4）有无学生干部经历的独立学院毕业生在"我的大学"层面的认知上有极其显著性差异（$p=0.000<0.001$）。

（十）不同获奖学金经历的独立学院毕业生

本研究以 t 检验了解获得不同奖学金经历的独立学院毕业生在就业能力及各层面上的认知是否有显著差异。其分析结果整体如表4.32所示。

表4.32 不同获奖学金经历的独立学院毕业生在就业能力及各层面的差异情形摘要表

（$N=584$）

量表层面	奖学金获得	人数	平均数	标准偏差	t 值
自我就业认知	没获得过	212	25.69	5.33	-5.145^{***}
	获得过	372	27.99	5.11	
外部劳动力市场	没获得过	212	15.28	3.02	-3.991^{***}
	获得过	372	16.31	2.99	
我的大学	没获得过	212	13.58	3.76	-5.142^{***}
	获得过	372	15.26	3.82	
就业能力	没获得过	212	54.55	10.73	-5.336^{***}
	获得过	372	59.56	11.01	

注：$^{***}p<0.001$。

研究结果显示：

（1）是否获得过奖学金的独立学院毕业生在整体"就业能力"认知上有极其显著性差异（$p=0.000<0.001$）。

（2）是否获得过奖学金的独立学院毕业生在"自我就业认知"层面的认知

上有极其显著性差异（$p=0.000<0.001$）。

（3）是否获得过奖学金的独立学院毕业生在"外部劳动力市场"层面的认知上有极其显著性的差异（$p=0.000<0.001$）。

（4）是否获得过奖学金的独立学院毕业生在"我的大学"层面的认知上有极其显著性差异（$p=0.000<0.001$）。

（十一）不同兼职时间的独立学院毕业生

本研究依据独立学院毕业生的不同兼职时间分为"没有兼职经历""1～6个月""7～12个月"和"一年以上"四个组别，进行单因子变异数分析，探讨独立学院毕业生的就业能力及其分层面的认知情况是否因兼职时间的不同而有所差异，统计分析结果如表4.33所示。

表4.33　不同兼职时间的独立学院毕业生在就业能力及各层面差异情形摘要表（$N=584$）

量表层面	组别	人数	平均数	标准偏差	变异数分析摘要						事后比较
					变异来源	SS	DF	MS	F值		
自我就业认知	1	140	26.11	5.12	组间	389.69	3	129.90	4.709＊＊		
	2	248	26.96	5.14	组内	15 997.75	580	27.58			
	3	114	28.52	4.94	总计	16 387.44	583				3>1
	4	82	27.61	6.16							
	总计	584	27.15	5.30							
外部劳动力市场	1	140	15.68	2.91	组间	69.81	3	23.27	2.538		
	2	248	15.70	2.93	组内	5 317.71	580	9.17			
	3	114	16.47	3.04	总计	5 387.53	583				3>1
	4	82	16.34	3.47							
	总计	584	15.93	3.04							

续表

| 量表层面 | 组别 | 人数 | 平均数 | 标准偏差 | 变异数分析摘要 | | | | | 事后比较 |
					变异来源	SS	DF	MS	F 值	
我的大学	1	140	13.95	3.78	组间	366.24	3	122.08	8.419***	3>1
	2	248	14.31	3.94	组内	8 410.50	580	14.50		
	3	114	16.18	3.04	总计	8 776.74	583			
	4	82	14.74	4.38						
	总计	584	14.65	3.88						
就业能力	1	140	55.74	10.10	组间	2 126.56	3	708.85	5.829**	3>1
	2	248	56.97	10.94	组内	70 538.35	580	121.62		
	3	114	61.18	10.55	总计	72 664.92	583			
	4	82	58.70	13.24						
	总计	584	57.74	11.16						

注:a. ** $p<0.01$,*** $p<0.001$ 。

　b. 不同兼职时间组别:1. 没有兼职经历;2.1~6个月;3.7~12个月;4. 一年以上。

研究结果显示:

(1)不同兼职时间的独立学院毕业生在整体"就业能力"认知上有非常显著的差异($p=0.001<0.01$)。经事后比较结果显示,兼职时间在"7~12个月"的毕业生在整体"就业能力"认知上显著高于"没有兼职经历"的毕业生。

(2)不同兼职时间的独立学院毕业生在"自我就业认知"层面的认知上有非常显著的差异($p=0.001<0.01$)。经事后比较结果显示,兼职时间在"7~12个月"的毕业生在"自我就业认知"层面的认知上显著高于"没有兼职经历"的毕业生。

(3)不同兼职时间的独立学院毕业生在"外部劳动力市场"层面的认知上没有差异($p=0.056>0.05$)。

(4)不同兼职时间的独立学院毕业生在"我的大学"层面的认知上有极其

显著的差异（$p=0.000<0.001$）。经事后比较结果显示，兼职时间在"7~12个月"的毕业生在"我的大学"层面的认知上显著高于"没有兼职经历"的毕业生。

（十二）不同教学实习时间的独立学院毕业生

本研究依据独立学院毕业生的不同教学实习时间分为"没有参与过教学实习""1~3个月""4~6个月"和"半年以上"四个组别，进行单因子变异数分析，探讨独立学院毕业生的就业能力及其分层面的认知情况是否因教学实习时间的不同而有所差异，统计分析结果如表4.34所示。

表4.34　不同教学实习时间的独立学院毕业生在就业能力及各层面差异情形摘要表（$N=584$）

量表层面	组别	人数	平均数	标准偏差	变异数分析摘要						事后比较
					变异来源	SS	DF	MS	F 值		
自我就业认知	1	214	26.48	4.79	组间	809.55	3	269.85	10.047***		
	2	203	26.46	5.56	组内	15 577.89	580	26.86			4>2
	3	109	28.23	5.10	总计	16 387.44	583				4>1
	4	58	30.05	5.37							
	总计	584	27.15	5.30							
外部劳动力市场	1	214	15.75	2.74	组间	157.87	3	52.62	5.836**		
	2	203	15.55	3.26	组内	5 229.66	580	9.02			
	3	109	16.31	3.07	总计	5 387.53	583				4>2
	4	58	17.28	2.86							
	总计	584	15.93	3.04							
我的大学	1	214	13.80	3.72	组间	576.00	3	192.00	13.579***		
	2	203	14.32	4.15	组内	8 200.74	580	14.14			
	3	109	15.89	3.20	总计	8 776.74	583				4>1
	4	58	16.66	3.43							
	总计	584	14.65	3.88							

续表

| 量表层面 | 组别 | 人数 | 平均数 | 标准偏差 | 变异数分析摘要 | | | | | 事后比较 |
					变异来源	SS	DF	MS	F 值	
就业能力	1	214	56.02	9.60	组间	4 084.28	3	1 361.43	11.514***	
	2	203	56.32	11.99	组内	68 580.64	580	118.24		
	3	109	60.42	10.85	总计	72 664.92	583			4>3
	4	58	63.98	11.23						
	总计	584	57.74	11.16						

注:a. **$p<0.01$,***$p<0.001$。

b. 不同教学实习时间组别:1. 没有参与过教学实习;2.1~3 个月;3.4~6 个月;4. ⋯

研究结果显示:

(1)不同教学实习时间的独立学院毕业生在整体"就业能力"认知⋯其显著的差异($p=0.000<0.001$)。经事后比较结果显示,有"半年以上"教学实习经历的毕业生在整体"就业能力"认知上显著高于有"4~6 个月"教学实习经历的毕业生。

(2)不同教学实习时间的独立学院毕业生在"自我就业认知"层面的认知上有极其显著的差异($p=0.000<0.001$)。经事后比较结果显示,教学实习时间在"半年以上"的毕业生在"自我就业认知"层面的认知上显著高于教学实习时间在"1~3 个月"的毕业生,也明显高于"没有参与过教学实习"的毕业生。

(3)不同教学实习时间的独立学院毕业生在"外部劳动力市场"层面的认知上有非常显著的差异($p=0.001<0.01$)。经事后比较结果显示,教学实习时间在"半年以上"的毕业生在"外部劳动力市场"层面的认知上显著高于教学实习时间在"1~3 个月"的毕业生。

(4)不同教学实习时间的独立学院毕业生在"我的大学"层面的认知上有

极其显著的差异（$p = 0.000 < 0.001$）。经事后比较结果显示，教学实习时间在"半年以上"的毕业生在"我的大学"层面的认知上显著高于"没有参与过教学实习"的毕业生。

（十三）不同就业实习时间的独立学院毕业生

本研究依据独立学院毕业生的不同就业实习时间分为"没有参与过就业实习""1~3个月""4~6个月"和"半年以上"四个组别，进行单因子变异数分析，探讨独立学院毕业生的就业能力及其分层面的认知情况是否因就业实习时间的不同而有所差异，统计分析结果如表4.35所示。

表4.35 不同就业实习时间的独立学院毕业生在就业能力及各层面差异情形摘要表

（$N = 584$）

量表层面	组别	人数	平均数	标准偏差	变异数分析摘要					事后比较
					变异来源	SS	DF	MS	F值	
自我就业认知	1	178	26.01	4.96	组间	920.85	3	306.95	11.511***	4>1 4>2 4>3
	2	228	26.89	5.04	组内	15 466.58	580	26.67		
	3	121	27.79	5.64	总计	16 387.44	583			
	4	57	30.46	5.22						
	总计	584	27.15	5.30						
外部劳动力市场	1	178	15.40	2.83	组间	275.47	3	91.82	10.418***	4>1 4>2 4>3
	2	228	15.86	2.89	组内	5 112.06	580	8.81		
	3	121	15.94	3.50	总计	5 387.53	583			
	4	57	17.91	2.46						
	总计	584	15.93	3.04						

续表

量表层面	组别	人数	平均数	标准偏差	变异数分析摘要						事后比较
					变异来源	SS	DF	MS	F 值		
我的大学	1	178	13.53	3.72	组间	505.71	3	168.57	11.821***		
	2	228	14.61	3.68	组内	8 271.03	580	14.26			4>1
	3	121	15.52	3.79	总计	8 776.74	583				4>2
	4	57	16.47	4.28							4>3
	总计	584	14.65	3.88							
就业能力	1	178	54.93	10.17	组间	4 587.65	3	1 529.22	13.029***		
	2	228	57.35	10.44	组内	68 077.26	580	117.38			4>1
	3	121	59.25	12.36	总计	72 664.92	583				4>2
	4	57	64.84	10.94							4>3
	总计	584	57.74	11.16							

注:a. ***$p<0.001$。

b. 不同就业实习时间组别:1. 没有参与过就业实习;2. 1~3 个月;3. 4~6 个月;4. 半年以上。

研究结果显示:

(1)不同就业实习时间的独立学院毕业生在"就业能力"整体层面的认知上有极其显著的差异($p=0.000<0.001$)。经事后比较结果显示,就业实习时间在"半年以上"的毕业生在"就业能力"整体层面的认知上显著高于"没有参与过就业实习"的毕业生,也高于有"1~3 个月"和"4~6 个月"就业实习时间的毕业生。

(2)不同就业实习时间的独立学院毕业生在"自我就业认知"层面的认知上有极其显著的差异($p=0.000<0.001$)。经事后比较结果显示,就业实习时间在"半年以上"的毕业生在"自我就业认知"层面的认知上显著高于"没有参与过就业实习"的毕业生,也高于有"1~3 个月"和"4~6 个月"就业实习时间的毕业生。

（3）不同就业实习时间的独立学院毕业生在"外部劳动力市场"层面的认知上有极其显著的差异（$p = 0.000 < 0.001$）。经事后比较结果显示，就业实习时间在"半年以上"的毕业生在"外部劳动力市场"层面的认知上显著高于"没有参与过就业实习"的毕业生，也高于有"1~3个月"和"4~6个月"就业实习时间的毕业生。

（4）不同就业实习时间的独立学院毕业生在"我的大学"层面的认知上有极其显著的差异（$p = 0.000 < 0.001$）。经事后比较结果显示，就业实习时间在"半年以上"的毕业生在"我的大学"层面的认知上显著高于"没有参与过就业实习"的毕业生，也高于有"1~3个月"和"4~6个月"就业实习时间的毕业生。

（十四）不同工作单位区域的独立学院毕业生

本研究依据独立学院毕业生工作单位所在的不同区域分为"毕业学校所在地""广东省内非毕业院校所在地""非广东省的其他地区""港澳台地区"与"国外"五个组别，进行单因子变异数分析，探讨独立学院毕业生的就业能力及其分层面的认知情况是否因工作单位所在区域的不同而有所差异，统计分析结果如表4.36所示。

表4.36　不同工作单位区域的独立学院毕业生在就业能力及各层面差异情形摘要表

（$N = 584$）

量表层面	组别	人数	平均数	标准偏差	变异数分析摘要				
					变异来源	SS	DF	MS	F值
自我就业认知	1	119	27.18	5.43	组间	39.67	4	9.92	0.351
	2	256	26.99	4.84	组内	16 347.77	579	28.23	
	3	169	27.49	5.67	总计	16 387.44	583		
	4	28	26.46	5.95					
	5	12	27.17	6.87					
	总计	584	27.15	5.30					

续表

量表层面	组别	人数	平均数	标准偏差	变异数分析摘要				
					变异来源	SS	DF	MS	F 值
外部劳动力市场	1	119	15.87	2.96	组间	25.17	4	6.29	0.679
	2	256	15.84	2.81	组内	5 362.36	579	9.26	
	3	169	16.21	3.34	总计	5 387.53	583		
	4	28	15.36	3.31					
	5	12	16.00	3.69					
	总计	584	15.93	3.04					
我的大学	1	119	15.28	3.58	组间	81.46	4	20.36	1.356
	2	256	14.65	3.65	组内	8 695.28	579	15.02	
	3	169	14.27	4.28	总计	8 776.74	583		
	4	28	14.68	3.57					
	5	12	13.75	5.79					
	总计	584	14.65	3.88					
就业能力	1	119	58.33	11.25	组间	117.99	4	29.50	0.235
	2	256	57.48	10.13	组内	72 546.93	579	125.30	
	3	169	57.97	12.11	总计	72 664.92	583		
	4	28	56.50	12.40					
	5	12	56.92	15.54					
	总计	584	57.74	11.16					

注:不同工作单位所在区域组别:1. 毕业学校所在地;2. 广东省内非毕业院校所在地;3. 非广东省的其他地区;4. 港澳台地区;5. 国外。

研究结果显示:

(1)工作单位所在不同区域的独立学院毕业生在整体"就业能力"认知上没有差异($p = 0.843 > 0.05$)。

(2)工作单位所在不同区域的独立学院毕业生在"自我就业认知"层面的

认知上没有差异($p = 0.606 > 0.05$)。

（3）工作单位所在不同区域的独立学院毕业生在"外部劳动力市场"层面的认知上没有差异($p = 0.248 > 0.05$)。

（4）工作单位所在不同区域的独立学院毕业生在"我的大学"层面的认知上没有差异($p = 0.918 > 0.05$)。

（十五）不同工作单位地点的独立学院毕业生

本研究依据独立学院毕业生的不同工作单位地点分为"直辖市""省会城市""地级市""县城、乡镇""村、屯""港澳台地区"与"国外"七个组别,进行单因子变异数分析,探讨独立学院毕业生的就业能力及其分层面的认知情况是否因工作单位所处地点的不同而有所差异,统计分析结果如表4.37所示。

表4.37　不同工作单位地点的独立学院毕业生在就业能力及各层面差异情形摘要表($N = 584$)

量表层面	组别	人数	平均数	标准偏差	变异数分析摘要				
					变异来源	SS	DF	MS	F 值
自我就业认知	1	94	27.30	5.11	组间	297.39	6	49.57	1.777
	2	214	27.75	4.74	组内	16 090.05	577	27.89	
	3	195	27.02	5.52	总计	16 387.44	583		
	4	47	25.51	6.28					
	5	10	27.70	5.85					
	6	13	24.77	5.59					
	7	11	26.09	6.92					
	总计	584	27.15	5.30					
外部劳动力市场	1	94	15.96	2.82	组间	97.58	6	16.26	1.774
	2	214	16.26	2.85	组内	5 289.95	577	9.17	
	3	195	15.92	3.10	总计	5 387.53	583		
	4	47	14.81	3.64					
	5	10	16.00	3.20					

续表

量表层面	组别	人数	平均数	标准偏差	变异数分析摘要				
					变异来源	SS	DF	MS	F 值
外部劳动力市场	6	13	14.92	3.15					
	7	11	15.55	3.72					
	总计	584	15.93	3.04					
我的大学	1	94	14.69	3.80	组间	137.96	6	16.26	1.536
	2	214	14.98	3.72	组内	8 638.78	577	9.17	
	3	195	14.65	3.79	总计	5 387.53	583		
	4	47	13.60	4.52					
	5	10	15.70	4.08					
	6	13	13.46	3.43					
	7	11	12.91	5.70					
	总计	584	14.65	3.88					
就业能力	1	94	57.95	10.75	组间	1 441.57	6	240.26	1.946
	2	214	58.99	9.98	组内	71 223.35	577	123.44	
	3	195	57.59	11.42	总计	72 664.92	583		
	4	47	53.91	13.67					
	5	10	59.40	12.69					
	6	13	53.15	11.29					
	7	11	54.55	15.48					
	总计	584	57.74	11.16					

注:不同工作单位所处地点组别:1.直辖市;2.省会城市;3.地级市;4.县城、乡镇;5.村、屯;6.港澳台地区;7.国外。

研究结果显示：

（1）工作单位所处不同地点的独立学院毕业生在整体"就业能力"认知上没有差异（$p=0.101>0.05$）。

（2）工作单位所处不同地点的独立学院毕业生在"自我就业认知"层面的认知上没有差异（$p=0.102>0.05$）。

（3）工作单位所处不同地点的独立学院毕业生在"外部劳动力市场"层面的认知上没有差异（$p=0.164>0.05$）。

（4）工作单位所处不同地点的独立学院毕业生在"我的大学"层面的认知上没有差异（$p=0.071>0.05$）。

（十六）不同行业的独立学院毕业生

本研究依据独立学院毕业生从事的不同行业，分为"农业（包括林、牧、渔业等）""制造业""信息产业""金融业""地产业""社会服务与管理业""采矿/建筑/水电气业""教育行业""科研问题业""商业服务业"及"其他"共十一个组别，进行单因子变异数分析，探讨独立学院毕业生的就业能力及其分层面的认知情况是否因行业的不同而有所差异，统计分析结果如表4.38所示。

表4.38　不同行业的独立学院毕业生在就业能力及各层面差异情形摘要表（$N=584$）

量表层面	组别	人数	平均数	标准偏差	变异数分析摘要						事后比较
					变异来源	SS	DF	MS	F 值		
自我就业认知	1	15	28.87	5.96	组间	450.66	10	45.07	1.620		
	2	50	26.82	5.09	组内	15 936.78	573	27.81			
	3	107	28.18	5.28	总计	16 387.44	583				
	4	98	27.41	5.33							
	5	26	27.88	4.16							—
	6	51	27.51	4.55							
	7	15	27.20	4.81							
	8	76	26.39	5.52							

续表

量表层面	组别	人数	平均数	标准偏差	变异数分析摘要					事后比较
					变异来源	SS	DF	MS	F 值	
自我就业认知	9	13	28.62	6.65						—
	10	41	26.85	4.94						
	11	92	25.73	5.61						
	总计	584	27.15	5.30						
外部劳动力市场	1	15	16.53	3.50	组间	62.84	10	6.28	0.676	—
	2	50	15.58	2.80	组内	5 324.68	573	9.29		
	3	107	16.28	3.19	总计	5 387.53	583			
	4	98	15.93	3.39						
	5	26	16.15	2.07						
	6	51	16.20	2.47						
	7	15	15.93	2.58						
	8	76	16.03	3.04						
	9	13	16.54	3.78						
	10	41	15.49	3.23						
	11	92	15.47	2.94						
	总计	584	15.93	3.04						
我的大学	1	15	16.87	3.14	组间	544.15	10	54.42	3.787 ***	
	2	50	15.02	3.47	组内	8 232.59	573	14.37		
	3	107	15.67	3.75	总计	8 776.74	583			
	4	98	14.61	3.91						
	5	26	14.85	3.27						
	6	51	15.16	3.47						1>11
	7	15	16.07	2.87						3>11
	8	76	14.14	3.49						
	9	13	15.38	5.06						
	10	41	14.07	4.24						
	11	92	12.95	4.20						
	总计	584	14.65	3.88						

续表

量表层面	组别	人数	平均数	标准偏差	变异数分析摘要					事后比较
					变异来源	SS	DF	MS	F 值	
就业能力	1	15	62.27	12.39	组间	2 528.78	10	252.88	2.066*	1>11 9>11
	2	50	57.42	10.83	组内	70 136.14	573	122.40		
	3	107	60.13	11.40	总计	72 664.92	583			
	4	98	57.95	11.99						
	5	26	58.88	8.62						
	6	51	58.86	9.43						
	7	15	59.20	9.59						
	8	76	56.57	10.70						
	9	13	60.54	14.90						
	10	41	56.41	11.16						
	11	92	54.14	10.85						
	总计	584	57.74	11.16						

注:a. $^*p<0.05$,$^{***}p<0.001$。

b. 不同行组别:1.农业(包括林、牧、渔业等);2.制造业;3.信息产业;4.金融业;5.地产业;6.社会服务与管理业;7.采矿/建筑/水电气业;8.教育行业;9.科研问题业;10.商业服务业;11.其他。

研究结果显示:

(1)从事不同行业的独立学院毕业生在整体"就业能力"认知上有显著的差异($p=0.025<0.05$)。经事后比较结果显示,从事"农业(包括林、牧、渔业等)行业"的独立学院毕业生在整体"就业能力"认知上显著高于从事"其他"行业的独立学院毕业生。从事"科研问题业"的独立学院毕业生在整体"就业能力"认知上显著高于从事"其他"行业的独立学院毕业生。

(2)从事不同行业的独立学院毕业生在"自我就业认知"层面的认知上没

有显著的差异（$p=0.097>0.05$）。

（3）从事不同行业的独立学院毕业生在"外部劳动力市场"层面的认知上没有显著的差异（$p=0.747>0.05$）。

（4）从事不同行业的独立学院毕业生在"我的大学"层面的认知上有极其显著的差异（$p=0.000<0.001$）。经事后比较结果显示，从事"农业（包括林、牧、渔业等）行业"的独立学院毕业生在"我的大学"层面的认知上显著高于从事"其他"行业的独立学院毕业生。从事"信息产业"的独立学院毕业生在"我的大学"层面的认知上显著高于从事"其他"行业的独立学院毕业生。

（十七）不同单位类型的独立学院毕业生

本研究依据独立学院毕业生的不同单位类型，分为"党政机关""科研院所""事业单位""国有企业（含国有控股与参股企业）""集体企业""民营企业与个体""外资或合资企业"及"非政府或非营利组织"八个组别，进行单因子变异数分析，探讨独立学院毕业生的就业能力及其分层面的认知情况是否因单位类型的不同而有所差异，统计分析结果如表4.39所示。

表4.39　不同单位类型的独立学院毕业生在就业能力及各层面差异情形摘要表（$N=584$）

量表层面	组别	人数	平均数	标准偏差	变异数分析摘要					事后比较
					变异来源	SS	DF	MS	F 值	
自我就业认知	1	38	28.74	5.28	组间	541.81	7	77.40	2.814**	
	2	50	26.78	6.46	组内	15 845.63	576	27.51		
	3	124	27.63	5.12	总计	16 387.44	583			
	4	117	27.47	4.93						1>8
	5	29	26.90	6.04						1>2
	6	158	26.90	5.04						1>5
	7	47	27.15	4.60						1>6
	8	21	22.86	6.09						
	总计	584	27.15	5.30						

续表

量表层面	组别	人数	平均数	标准偏差	变异数分析摘要						事后比较
					变异来源	SS	DF	MS	F 值		
外部劳动力市场	1	38	16.84	2.91	组间	157.85	7	22.55	2.484*		1>8
	2	50	15.26	4.05	组内	5 229.68	576	9.08			
	3	124	16.08	2.79	总计	5 387.53	583				
	4	117	16.11	2.83							
	5	29	15.52	3.48							
	6	158	15.99	2.91							
	7	47	16.11	2.67							
	8	21	13.86	3.41							
	总计	584	15.93	3.04							
我的大学	1	38	15.66	3.90	组间	379.25	7	54.18	3.716**		1>8 1>6
	2	50	15.40	3.81	组内	8 397.49	576	14.58			
	3	124	15.19	3.73	总计	8 776.74	583				
	4	117	15.27	3.36							
	5	29	14.62	4.12							
	6	158	13.71	4.17							
	7	47	14.13	3.67							
	8	21	12.71	3.58							
	总计	584	14.65	3.88							
就业能力	1	38	61.24	10.80	组间	2 458.27	7	351.18	2.881**		1>8 1>6
	2	50	57.44	13.97	组内	70 206.65	576	121.89			
	3	124	58.90	10.63	总计	72 664.92	583				
	4	117	58.85	10.46							
	5	29	57.03	13.31							
	6	158	56.59	10.66							

续表

量表层面	组别	人数	平均数	标准偏差	变异数分析摘要					事后比较
					变异来源	SS	DF	MS	F 值	
就业能力	7	47	57.38	9.55						1>8 1>6
	8	21	49.43	11.74						
	总计	584	57.74	11.16						

注:a. $^{*}p<0.05$, $^{**}p<0.01$。

　　b. 不同单位类型组别:1. 党政机关;2. 科研院所;3. 事业单位;4. 国有企业(含国有控股与参股企业);5. 集体企业;6. 民营企业与个体;7. 外资或合资企业;8. 非政府或非营利组织。

　　研究结果显示:

　　(1)不同单位类型的独立学院毕业生在整体"就业能力"认知上有非常显著的差异($p=0.006<0.01$)。经事后比较结果显示,在"党政机关"工作的独立学院毕业生在整体"就业能力"的认知上显著高于在"非政府或非营利组织"工作的独立学院毕业生,也高于在"民营企业与个体"工作的独立学院毕业生。

　　(2)不同单位类型的独立学院毕业生在"自我就业认知"层面的认知上有非常显著的差异($p=0.007<0.01$)。经事后比较结果显示,在"党政机关"工作的独立学院毕业生在"自我就业认知"层面的认知上显著高于在"非政府或非营利组织"工作的独立学院毕业生,其次高于在"科研院所""集体企业"和"民营企业与个体"工作的独立学院毕业生。

　　(3)不同单位类型的独立学院毕业生在"外部劳动力市场"层面的认知上有显著的差异($p=0.016<0.05$)。经事后比较结果显示,在"党政机关"工作的独立学院毕业生在"外部劳动力市场"层面的认知上显著高于在"非政府或非营利组织"工作的独立学院毕业生。

　　(4)不同单位类型的独立学院毕业生在"我的大学"层面的认知上有非常

显著的差异($p=0.007<0.01$)。经事后比较结果显示,在"党政机关"工作的独立学院毕业生在"我的大学"层面的认知上显著高于在"非政府或非营利组织"和"民营企业与个体"工作的独立学院毕业生。

(十八)不同投递简历次数的独立学院毕业生

本研究依据独立学院毕业生不同的投递简历次数,分为"10次及以下""11~30次""31~50次""51~100次"和"101次及以上"五个组别,进行单因子变异数分析,探讨独立学院毕业生的就业能力及其分层面的认知情况是否因投递简历次数的不同而有所差异,统计分析结果如表4.40所示。

表4.40　不同投递简历次数的独立学院毕业生在就业能力及各层面差异情形摘要表($N=584$)

量表层面	组别	人数	平均数	标准偏差	变异数分析摘要				
					变异来源	SS	DF	MS	F值
自我就业认知	1	263	26.68	5.34	组间	199.43	4	49.86	1.783
	2	148	28.03	4.97	组内	16 188.01	579	27.96	
	3	119	27.39	5.44	总计	16 387.44	583		
	4	42	26.48	4.60					
	5	12	26.75	8.00					
	总计	584	27.15	5.30					
外部劳动力市场	1	263	15.86	2.93	组间	15.61	4	3.90	0.421
	2	148	16.19	3.04	组内	5 371.91	579	9.28	
	3	119	15.91	3.18	总计	5 387.53	583		
	4	42	15.62	3.09					
	5	12	15.75	4.00					
	总计	584	15.93	3.04					

续表

量表层面	组别	人数	平均数	标准偏差	变异数分析摘要				
					变异来源	SS	DF	MS	F 值
我的大学	1	263	14.29	3.87	组间	97.84	4	24.46	1.632
	2	148	15.24	3.76	组内	8 678.90	579	14.99	
	3	119	14.87	3.96	总计	8 776.74	583		
	4	42	14.24	3.40					
	5	12	14.67	5.68					
	总计	584	14.65	3.88					
就业能力	1	263	56.83	10.86	组间	758.64	4	189.66	1.527
	2	148	59.45	10.88	组内	71 906.27	579	124.19	
	3	119	58.16	11.70	总计	72 664.92	583		
	4	42	56.33	10.21					
	5	12	57.17	17.03					
	总计	584	57.74	11.16					

注:不同投递简历次数组别:1.10 次及以下;2.11~30 次;3.31~50 次;4.51~100 次;5.101 次及以上。

研究结果显示:

(1)投递简历次数不同的独立学院毕业生在整体"就业能力"认知上没有显著的差异($p=0.193>0.05$)。

(2)投递简历次数不同的独立学院毕业生在"自我就业认知"层面的认知上没有显著的差异($p=0.131>0.05$)。

(3)投递简历次数不同的独立学院毕业生在"外部劳动力市场"层面的认知上没有显著的差异($p=0.794>0.05$)。

(4)投递简历次数不同的独立学院毕业生在"我的大学"层面的认知上没有显著的差异($p=0.165>0.05$)。

（十九）不同面试次数的独立学院毕业生

本研究依据独立学院毕业生获得的不同面试次数，分"无""1～2次""3～5次""6～10次"及"11次及以上"五个组别，进行单因子变异数分析，探讨独立学院毕业生的就业能力及其分层面的认知情况是否因获得面试次数的不同而有所差异，统计分析结果如表4.41所示。

表4.41　不同面试次数的独立学院毕业生在就业能力及各层面差异情形摘要表（$N=584$）

量表层面	组别	人数	平均数	标准偏差	变异数分析摘要				
					变异来源	SS	DF	MS	F值
自我就业认知	1	56	25.75	5.33	组间	163.82	4	40.96	1.462
	2	202	27.38	5.10	组内	16 223.62	579	28.02	
	3	216	27.06	5.27	总计	16 387.44	583		
	4	76	27.38	5.94					
	5	34	28.21	4.97					
	总计	584	27.15	5.30					
外部劳动力市场	1	56	15.52	2.91	组间	42.78	4	10.70	1.159
	2	202	15.91	2.84	组内	5 344.74	579	9.23	
	3	216	15.84	3.03	总计	5 387.53	583		
	4	76	16.17	3.63					
	5	34	16.82	2.99					
	总计	584	15.93	3.04					
我的大学	1	56	14.38	3.40	组间	65.25	4	16.31	1.084
	2	202	14.84	3.79	组内	8 711.49	579	15.05	
	3	216	14.73	3.77	总计	8 776.74	583		
	4	76	14.67	4.51					
	5	34	13.41	4.30					
	总计	584	14.65	3.88					

续表

量表层面	组别	人数	平均数	标准偏差	变异数分析摘要				
					变异来源	SS	DF	MS	F 值
就业能力	1	56	55.64	10.50	组间	313.72	4	78.43	0.628
	2	202	58.13	10.62	组内	72 351.20	579	124.96	
	3	216	57.63	11.17	总计	72 664.92	583		
	4	76	58.22	13.01					
	5	34	58.44	11.14					
	总计	584	57.74	11.16					

注:不同获得面试机会次数组别:1.无;2.1~2次;3.3~5次;4.6~10次;5.11次及以上。

研究结果显示:

(1)获得不同面试次数的独立学院毕业生在整体"就业能力"认知上没有显著的差异($p=0.643>0.05$)。

(2)获得不同面试次数的独立学院毕业生在"自我就业认知"层面的认知上没有显著的差异($p=0.212>0.05$)。

(3)获得不同面试次数的独立学院毕业生在"外部劳动力市场"层面的认知上没有显著的差异($p=0.328>0.05$)。

(4)获得不同面试次数的独立学院毕业生在"我的大学"层面的认知上没有显著的差异($p=0.363>0.05$)。

三、不同背景的独立学院毕业生在社会资本层面的差异分析

(一)不同就业情况的独立学院毕业生

本研究依据独立学院毕业生不同的就业情况,分为"已经和用人单位签约""尚未签约,但已经有愿意接受的单位""还没有意向单位,仍在找工作中""继续读书深造""暂不工作,准备继续考研"和"自我创业中"六个组别,进行单因

子变异数分析,探讨独立学院毕业生的社会资本及其分层面的认知情况是否因就业情形不同而有所差异,统计分析结果如表4.42所示。

表4.42　不同就业情况的独立学院毕业生在社会资本及各层面差异情形摘要表($N=584$)

量表层面	组别	人数	平均数	标准偏差	变异数分析摘要					事后比较
					变异来源	SS	DF	MS	F 值	
社会关系网络规模	1	267	11.24	2.80	组间	121.52	5	24.30	3.305**	2>5 1>5
	2	91	11.95	2.40	组内	4 250.25	578	7.35		
	3	90	10.89	2.64	总计	4 371.77	583			
	4	85	10.66	2.72						
	5	27	10.07	2.73						
	6	24	10.75	3.01						
	总计	584	11.14	2.74						
社会关系连接强度	1	267	18.34	4.65	组间	286.36	5	57.27	3.031**	2>4 2>5
	2	91	19.86	3.76	组内	10 921.48	578	18.90		
	3	90	18.14	4.30	总计	11 207.84	583			
	4	85	17.42	4.18						
	5	27	17.96	3.19						
	6	24	18.42	4.74						
	总计	584	18.40	4.38						
作用人的社会地位	1	267	12.10	2.31	组间	126.13	5	25.23	4.567***	2>5 1>5
	2	91	12.24	2.15	组内	3 192.68	578	5.524		
	3	90	11.16	2.50	总计	3 318.82	578			
	4	85	11.36	2.31						
	5	27	10.74	2.78						
	6	24	11.58	2.52						
	总计	584	11.78	2.39						

续表

量表层面	组别	人数	平均数	标准偏差	变异数分析摘要						事后比较
					变异来源	SS	DF	MS	F 值		
社会资本	1	267	41.68	8.88	组间	1 305.03	5	261.01	3.524**		
	2	91	44.04	7.82	组内	42 806.09	578	74.06			
	3	90	40.19	8.90	总计	44 111.12	578				
	4	85	39.45	8.30							2>5 2>4
	5	27	38.78	7.30							
	6	24	40.75	9.58							
	总计	584	41.32	8.70							

注:a. **$p<0.01$, ***$p<0.001$。

b. 独立学院毕业生不同就业情况组别:1.已经和用人单位签约;2.尚未签约,但已经有愿意接受的单位;3.还没有意向单位,仍在找工作中;4.继续读书深造;5.暂不工作,准备继续考研;6.自我创业中。

研究结果显示:

(1)不同就业情况的独立学院毕业生在整体"社会资本"的认知上有非常显著的差异($p=0.004<0.01$)。经事后比较结果显示,"尚未签约,但已经有愿意接受的单位"的毕业生在整体"社会资本"的认知上显著高于"继续读书深造"和"暂不工作,准备继续考研"的毕业生。

(2)不同就业情况的独立学院毕业生在"社会关系网络规模"层面的认知上有非常显著的差异($p=0.006<0.01$)。经事后比较结果显示,"尚未签约,但已经有愿意接受的单位"的毕业生和"已经和用人单位签约"的毕业生在"社会关系网络规模"层面的认知上显著高于"暂不工作,准备继续考研"的毕业生。

(3)不同就业情况的独立学院毕业生在"社会关系连接强度"层面的认知上有非常显著的差异($p=0.010<0.01$)。经事后比较结果显示,"尚未签约,但已经有愿意接受的单位"的毕业生在"社会关系连接强度"层面的认知上显著高

于"继续读书深造"和"暂不工作,准备继续考研"的毕业生。

(4)不同就业情况的独立学院毕业生在"作用人的社会地位"层面的认知上有极其显著的差异($p=0.000<0.001$)。经事后比较结果显示,"尚未签约,但已经有愿意接受的单位"的毕业生和"已经和用人单位签约"的毕业生在"作用人的社会地位"层面的认知上显著高于"暂不工作,准备继续考研"的毕业生。

(二)不同性别的独立学院毕业生

本研究以 t 检验了解不同性别的独立学院毕业生在社会资本和各层面上的认知是否有显著差异。其分析结果整体如表4.43所示。

表4.43 不同性别的独立学院毕业生在社会资本及各层面的差异情形摘要表($N=584$)

量表层面	性别	人数	平均数	标准偏差	t 值
社会关系网络规模	男	259	11.49	2.62	2.786**
	女	325	10.86	2.80	
社会关系连接强度	男	259	18.95	4.48	2.714**
	女	325	17.96	4.26	
作用人的社会地位	男	259	11.85	2.58	0.554
	女	325	11.74	2.22	
社会资本	男	259	42.28	8.92	2.395*
	女	325	40.55	8.46	

注: $*p<0.05$, $**p<0.01$。

研究结果显示:

(1)不同性别的独立学院毕业生在整体"社会资本"的认知上有显著性的差异($p=0.017<0.05$)。

(2)不同性别的独立学院毕业生在"社会关系网络规模"层面的认知上有非常显著性的差异($p=0.006<0.01$)。

(3)不同性别的独立学院毕业生在"社会关系连接强度"层面的认知上有

非常显著性的差异($p = 0.007 < 0.01$)。

（4）不同性别的独立学院毕业生在"作用人的社会地位"层面的认知上没有显著性的差异（$p = 0.586 > 0.05$）。

（三）不同年龄的独立学院毕业生

本研究依据独立学院毕业生的不同年龄，分为"17~20 岁""21~25 岁""26~30 岁""31~35 岁"以及"36 岁及以上"五个组别，进行单因子变异数分析，探讨独立学院毕业生社会资本及其各层面的认知是否因为年龄的不同而有所差异，统计分析结果如表 4.44 所示。

表 4.44　不同年龄的独立学院毕业生在社会资本及各层面差异情形摘要表（$N = 584$）

量表层面	组别	人数	平均数	标准偏差	变异数分析摘要						事后比较
					变异来源	SS	DF	MS	F 值		
社会关系网络规模	1	46	10.59	2.43	组间	158.31	4	39.58	5.439***		
	2	256	10.97	2.72	组内	4 213.46	579	7.28			
	3	217	11.24	2.71	总计	4 371.77	583				
	4	61	12.18	2.74							4>5
	5	4	7.00	2.83							
	总计	584	11.14	2.74							
社会关系连接强度	1	46	17.80	3.67	组间	347.04	4	86.76	4.625**		
	2	256	18.18	4.34	组内	10 860.80	579	18.76			
	3	217	18.54	4.50	总计	11 207.84	583				
	4	61	19.74	4.09							4>5
	5	4	11.25	4.99							
	总计	584	18.40	4.38							
作用人的社会地位	1	46	11.15	2.19	组间	227.87	4	56.97	10.671***		
	2	256	11.34	2.35	组内	3 090.94	579	5.34			
	3	217	12.14	2.25	总计	3 318.82	583				
	4	61	13.03	2.51							4>5
	5	4	8.75	0.50							
	总计	584	11.78	2.39							

续表

量表层面	组别	人数	平均数	标准偏差	变异数分析摘要						事后比较
					变异来源	SS	DF	MS	F 值		
社会资本	1	46	39.54	7.92	组间	2 025.22	4	506.31	6.966***		
	2	256	40.49	8.83	组内	42 085.90	579	72.69			
	3	217	41.92	8.40	总计	44 111.12	583				4>5
	4	61	44.95	8.17							
	5	4	27.00	7.62							
	总计	584	41.32	8.70							

注:a. **$p<0.01$, ***$p<0.001$。

　　b. 不同年龄组别:1.17~20 岁;2.21~25 岁;3.26~30 岁;4.31~35 岁;5.36 岁及以上。

研究结果显示:

(1)不同年龄的独立学院毕业生在"社会资本"整体认知上有极其显著的差异($p=0.000<0.001$)。经事后比较结果显示,"31~35 岁"的毕业生在"社会资本"整体认知层面显著高于"36 岁及以上"的毕业生。

(2)不同年龄的独立学院毕业生在"社会关系网络规模"层面的认知上有极其显著的差异($p=0.000<0.001$)。经事后比较结果显示,"31~35 岁"的毕业生在"社会关系网络规模"层面的认知上显著高于"36 岁及以上"毕业生。

(3)不同年龄的独立学院毕业生在"社会关系连接强度"层面的认知上有非常显著的差异($p=0.001<0.01$)。经事后比较结果显示,"31~35 岁"的毕业生在"社会关系连接强度"层面的认知上显著高于"36 岁及以上"的毕业生。

(4)不同年龄的独立学院毕业生在"作用人的社会地位"层面的认知上有极其显著的差异($p=0.000<0.001$)。经事后比较结果显示,"31~35 岁"的毕业生在"作用人的社会地位"层面的认知上显著高于"36 岁及以上"的毕业生。

（四）不同毕业院系的独立学院毕业生

本研究依据独立学院毕业生毕业的不同院系,分为"教育学院""文学院"

"信息技术学院""国际商学部""管理学院""不动产学院""法律与行政学院""设计学院""艺术与传播学院""特许经营学院""外国语学院""应用数学学院""物流学院"和"工程技术学院"14个组别,进行单因子变异数分析,探讨独立学院毕业生的社会资本及其分构面的认知情况是否因学院(专业)不同而有所差异,统计分析结果如表4.45所示。

表4.45　不同毕业院系的独立学院毕业生在社会资本及各层面差异情形摘要表($N=584$)

量表层面	组别	人数	平均数	标准偏差	变异数分析摘要						事后比较
					变异来源	SS	DF	MS	F值		
社会关系网络规模	1	38	12.10	2.74	组间	412.74	13	31.75	4.571***		
	2	44	11.40	2.43	组内	3 959.02	570	6.95			
	3	84	12.06	2.50	总计	4 371.77	583				
	4	58	11.01	2.90							
	5	55	11.45	2.27							
	6	18	12.89	2.05							
	7	18	11.44	2.68							
	8	99	10.67	2.46							6>12
	9	35	9.89	3.16							
	10	20	11.65	2.28							
	11	16	10.50	3.20							
	12	36	9.44	3.05							
	13	20	11.95	2.13							
	14	43	10.23	2.89							
	总计	584	11.13	2.73							
社会关系连接强度	1	38	20.05	4.50	组间	983.46	13	75.65	4.217***		
	2	44	19.30	4.10	组内	10 224.37	570	17.94			6>9
	3	84	19.90	4.12	总计	11 207.84	583				6>12
	4	58	18.66	4.43							
	5	55	18.69	3.89							

续表

量表层面	组别	人数	平均数	标准偏差	变异数分析摘要					事后比较
					变异来源	SS	DF	MS	F 值	
社会关系连接强度	6	18	20.67	3.51						6>9 6>12
	7	18	19.33	4.47						
	8	99	17.35	3.77						
	9	35	16.31	4.65						
	10	20	18.75	3.96						
	11	16	17.00	5.74						
	12	36	16.50	4.87						
	13	20	18.90	3.40						
	14	43	16.81	4.59						
	总计	584	18.40	4.38						
作用人的社会地位	1	38	12.29	2.39	组间	356.82	13	27.45	5.282***	6>12
	2	44	11.75	2.37	组内	2 961.99	570	5.20		
	3	84	12.31	2.30	总计	3 318.82	583			
	4	58	11.72	2.35						
	5	55	12.44	1.96						
	6	18	14.11	1.49						
	7	18	12.44	2.06						
	8	99	11.38	2.22						
	9	35	11.11	2.46						
	10	20	12.45	1.85						
	11	16	11.38	2.45						
	12	36	9.89	3.04						
	13	20	12.10	2.25						
	14	43	11.09	2.03						
	总计	584	11.78	2.39						

续表

量表层面	组别	人数	平均数	标准偏差	变异数分析摘要					事后比较
					变异来源	SS	DF	MS	F 值	
社会资本	1	38	44.45	9.30	组间	4 674.77	13	359.60	5.198***	6>9
	2	44	42.45	8.49	组内	39 436.35	570	69.19		
	3	84	44.27	8.53	总计	44 111.12	583			
	4	58	41.40	8.44						
	5	55	42.58	6.88						
	6	18	47.67	6.06						
	7	18	43.22	8.95						
	8	99	39.41	7.31						
	9	35	37.31	9.37						
	10	20	42.85	7.26						
	11	16	38.88	10.54						
	12	36	35.83	9.97						
	13	20	42.95	7.05						
	14	43	38.14	8.70						
	总计	584	41.32	8.70						

注:a.***$p<0.001$。

b.毕业院系组别:1.教育学院;2.文学院;3.信息技术学院;4.国际商学部;5.管理学院;6.不动产学院;7.法律与行政学院;8.设计学院;9.艺术与传播学院;10.特许经营学院;11.外国语学院;12.应用数学学院;13.物流学院;14.工程技术学院。

研究结果显示:

(1)不同毕业院系的独立学院毕业生在整体"社会资本"认知上有极其显著的差异($p=0.000<0.001$)。经事后比较结果显示,"不动产学院"的毕业生在整体"社会资本"认知上显著高于"艺术与传播学院"的毕业生。

(2)不同毕业院系的独立学院毕业生在"社会关系网络规模"层面的认知上

有极其显著的差异($p=0.000<0.001$)。经事后比较结果显示,"不动产学院"的毕业生在"社会关系网络规模"层面的认知上显著高于"应用数学学院"的毕业生。

(3)不同毕业院系的独立学院毕业生在"社会关系连接强度"层面的认知上有极其显著的差异($p=0.000<0.001$)。经事后比较结果显示,"不动产学院"的毕业生在"社会关系连接强度"层面的认知上显著高于"应用数学学院"和"艺术与传播学院"的毕业生。

(4)不同毕业院系的独立学院毕业生在"作用人的社会地位"层面的认知上有极其显著的差异($p=0.000<0.001$)。经事后比较结果显示,"不动产学院"的毕业生在"作用人的社会地位"层面的认知上显著高于"应用数学学院"的毕业生。

(五)修读不同第二专业的独立学院毕业生

本研究依据独立学院毕业生修读的不同第二专业,分为"未修读第二专业""教育学院""文学院""信息技术学院""国际商学部""管理学院""不动产学院""法律与行政学院""设计学院""艺术与传播学院""特许经营学院""外国语学院""应用数学学院""物流学院"和"工程技术学院"十五个组别,进行单因子变异数分析,探讨独立学院毕业生的社会资本及其分层面的认知情况是否因修读第二专业的不同而有所差异,统计分析结果如表4.46所示。

表4.46 不同第二专业的独立学院毕业生在社会资本及各层面差异情形摘要表($N=584$)

量表层面	组别	人数	平均数	标准偏差	变异数分析摘要						事后比较
					变异来源	SS	DF	MS	F 值		
社会关系网络规模	1	284	10.44	2.74	组间	433.27	14	30.95	4.471***		
	2	58	12.48	2.50	组内	3 939.49	569	6.92			
	3	45	12.29	2.05	总计	4 371.77	583				11>10
	4	42	11.86	2.45							
	5	38	11.97	2.80							
	6	25	11.28	2.03							

续表

量表层面	组别	人数	平均数	标准偏差	变异数分析摘要					事后比较
					变异来源	SS	DF	MS	F 值	
社会关系网络规模	7	6	10.17	2.40						
	8	28	11.36	2.61						
	9	11	11.64	2.77						
	10	7	8.57	3.95						
	11	5	12.80	1.48						
	12	10	10.90	1.20						11>10
	13	10	11.20	3.46						
	14	8	12.25	2.82						
	15	7	11.29	3.55						
	总计	584	11.14	2.74						
社会关系连接强度	1	284	17.22	4.25	组间	1 430.35	14	102.17	5.946**	
	2	58	20.88	3.83	组内	9 777.49	569	17.18		
	3	45	20.22	3.62	总计	11 207.84	583			
	4	42	19.62	4.19						
	5	38	20.29	4.30						
	6	25	28.96	3.51						
	7	6	16.33	4.32						
	8	28	18.89	3.79						
	9	11	18.82	4.56						6>10
	10	7	12.71	6.02						
	11	5	20.40	3.51						
	12	10	16.70	1.89						
	13	10	18.80	5.51						
	14	8	19.63	4.27						
	15	7	18.00	5.39						
	总计	584	18.40	4.38						

续表

量表层面	组别	人数	平均数	标准偏差	变异数分析摘要					事后比较
					变异来源	SS	DF	MS	F 值	
作用人的社会地位	1	284	11.50	2.39	组间	188.12	14	13.44	2.442***	
	2	58	12.66	2.25	组内	3 130.69	569	5.50		
	3	45	12.27	2.11	总计	3 318.82	583			
	4	42	11.64	2.39						
	5	38	12.26	2.64						
	6	25	11.60	1.98						
	7	6	10.33	2.42						
	8	28	12.71	1.65						
	9	11	12.00	2.32						11>10
	10	7	9.14	2.12						
	11	5	13.00	1.22						
	12	10	12.10	2.02						
	13	10	11.70	2.95						
	14	8	11.38	3.81						
	15	7	11.00	2.38						
	总计	584	11.78	2.39						
社会资本	1	284	39.16	8.34	组间	4 903.09	14	350.22	5.083***	
	2	58	46.02	8.13	组内	39 208.04	569	68.91		
	3	45	44.78	7.54	总计	44 111.12	583			
	4	42	43.12	8.72						
	5	38	44.53	9.25						11>10
	6	25	41.84	7.06						
	7	6	36.83	8.91						
	8	28	42.96	6.41						
	9	11	42.45	8.94						

续表

量表层面	组别	人数	平均数	标准偏差	变异数分析摘要					事后比较
					变异来源	SS	DF	MS	*F* 值	
社会资本	10	7	30.43	10.61						11>10
	11	5	46.20	5.81						
	12	10	39.70	3.50						
	13	10	41.70	11.75						
	14	8	43.25	9.44						
	15	7	40.29	10.52						
	总计	584	41.32	8.70						

注:a. ＊＊$p<0.01$,＊＊＊$p<0.001$。

b. 修读第二专业组别:1. 未修读;2. 教育学院;3. 文学院;4. 信息技术学院;5. 国际商学部;6. 管理学院;7. 不动产学院;8. 法律与行政学院;9. 设计学院;10. 艺术与传播学院;11. 特许经营学院;12. 外国语学院;13. 应用数学学院;14. 物流学院;15. 工程技术学院。

研究结果显示:

(1)修读不同第二专业的独立学院毕业生在整体"社会资本"的认知上有极其显著的差异($p=0.000<0.001$)。经事后比较结果显示,第二专业是修读"特许经营学院"的毕业生在整体"社会资本"的认知上显著高于第二专业是修读"艺术与传播学院"的毕业生。

(2)修读不同第二专业的独立学院毕业生在"社会关系网络规模"层面的认知上有极其显著的差异($p=0.000<0.001$)。经事后比较结果显示,第二专业是修读"特许经营学院"的毕业生在"社会关系网络规模"层面的认知上显著高于第二专业是修读"艺术与传播学院"的毕业生。

(3)修读不同第二专业的独立学院毕业生在"社会关系连接强度"层面的认知上有非常显著的差异($p=0.002<0.01$)。经事后比较结果显示,第二专业

是修读"管理学学院"的毕业生在"社会关系连接强度"层面的认知上显著高于第二专业是修读"艺术与传播学院"的毕业生。

（4）修读不同第二专业的独立学院毕业生在"作用人的社会地位"层面的认知上有极其显著的差异（$p=0.000<0.001$）。经事后比较结果显示，第二专业是修读"特许经营学院"的毕业生在"作用人的社会地位"层面的认知上显著高于第二专业是修读"艺术与传播学院"的毕业生。

（六）不同户籍所在地的独立学院毕业生

本研究依据独立学院毕业生户籍所在地的不同，分为"直辖市""省会城市""地级市""县城、乡镇""村、屯""港澳台地区"和"国外"七个组别，进行单因子变异数分析，探讨独立学院毕业生的社会资本及其分构面的认知情况是否因户籍所在地的不同而有所差异，统计分析结果如表4.47所示。

表4.47　不同户籍所在地的独立学院毕业生在社会资本及各层面差异情形摘要表（$N=584$）

量表层面	组别	人数	平均数	标准偏差	变异数分析摘要					事后比较
					变异来源	SS	DF	MS	F 值	
社会关系网络规模	1	59	11.88	2.55	组间	189.73	6	31.62	4.363***	
	2	142	11.49	2.46	组内	4 182.03	577	7.25		
	3	242	11.12	2.80	总计	4 371.77	583			
	4	102	10.47	2.93						6>7
	5	32	10.16	2.03						6>5
	6	4	15.00	0.00						6>4
	7	3	10.00	5.57						
	总计	584	11.14	2.74						
社会关系连接强度	1	59	19.34	4.29	组间	423.20	6	70.53	3.774**	
	2	142	18.99	4.05	组内	10 784.64	577	18.69		
	3	242	18.21	4.43	总计	11 207.84	583			6>7
	4	102	17.62	4.61						
	5	32	17.50	3.40						

续表

量表层面	组别	人数	平均数	标准偏差	变异数分析摘要					事后比较
					变异来源	SS	DF	MS	F 值	
社会关系连接强度	6	4	25.00	0.00						6>7
	7	3	14.33	9.29						
	总计	584	18.40	4.38						
作用人的社会地位	1	59	12.36	2.21	组间	124.21	6	20.70	3.739 **	6>5
	2	142	11.91	2.11	组内	3 194.61	577	5.54		
	3	242	11.86	2.42	总计	3 318.82	583			
	4	102	11.30	2.64						
	5	32	10.72	1.89						
	6	4	15.00	.00						
	7	3	12.00	5.20						
	总计	584	11.78	2.39						
社会资本	1	59	43.58	8.22	组间	1 946.54	6	324.42	4.440 ***	6>7 6>5 6>4
	2	142	42.39	7.83	组内	42 164.58	577	73.08		
	3	242	41.18	8.84	总计	44 111.12	583			
	4	102	39.39	9.48						
	5	32	38.38	5.86						
	6	4	55.00	.00						
	7	3	36.33	17.62						
	总计	584	41.32	8.70						

注:a. ** $p<0.01$,*** $p<0.001$。

　　b. 户籍所在地组别:1.直辖市;2.省会城市;3.地级市;4.县城、乡镇;5.村、屯;6.港澳台地区;7.国外。

研究结果显示:

(1)不同户籍所在地的独立学院毕业生在整体"社会资本"的认知上有极其

显著的差异（$p=0.000<0.001$）。经事后比较结果显示，"港澳台地区"的毕业生在整体"社会资本"的认知上显著高于"国外""村、屯"和"县城、乡镇"的毕业生。

（2）不同户籍所在地的独立学院毕业生在"社会关系网络规模"层面的认知上有极其显著的差异（$p=0.000<0.001$）。经事后比较结果显示，"港澳台地区"的毕业生在"社会关系网络规模"层面的认知上显著高于"国外""村、屯"和"县城、乡镇"的毕业生。

（3）不同户籍所在地的独立学院毕业生在"社会关系连接强度"层面的认知上有非常显著的差异（$p=0.001<0.01$）。经事后比较结果显示，"港澳台地区"的毕业生在"社会关系连接强度"层面的认知上显著高于"国外"的毕业生。

（4）不同户籍所在地的独立学院毕业生在"作用人的社会地位"层面的认知上有非常显著的差异（$p=0.001<0.001$）。经事后比较结果显示，"港澳台地区"的毕业生在"作用人的社会地位"层面的认知上显著高于"村、屯"的毕业生。

（七）不同政治面貌的独立学院毕业生

本研究依据独立学院毕业生的不同政治面貌，分为"中共党员（含中共预备党员）""共青团员""民主党派""群众"和"无党派人士"五个组别，进行单因子变异数分析，探讨独立学院毕业生的社会资本及其分层面的认知情况是否因政治面貌的不同而有所差异，统计分析结果如表4.48所示。

表4.48　不同政治面貌的独立学院毕业生在社会资本及各层面差异情形摘要表（$N=584$）

量表层面	组别	人数	平均数	标准偏差	变异数分析摘要					事后比较
					变异来源	SS	DF	MS	F值	
社会关系网络规模	1	184	11.59	2.67	组间	62.60	4	15.65	2.103	
	2	239	10.92	2.68	组内	4 309.17	579	7.44		
	3	2	12.50	3.54	总计	4 371.77	583			
	4	157	10.91	2.85						—
	5	2	12.00	4.24						
	总计	584	11.14	2.74						

续表

量表层面	组别	人数	平均数	标准偏差	变异数分析摘要					事后比较
					变异来源	SS	DF	MS	F 值	
社会关系连接强度	1	184	19.20	4.20	组间	222.34	4	55.58	2.930*	
	2	239	18.24	4.25	组内	10 985.50	579	18.97		
	3	2	15.00	.00	总计	11 207.84	583			1>3
	4	157	17.78	4.67						1>5
	5	2	15.50	7.78						
	总计	584	18.40	4.38						
作用人的社会地位	1	184	12.49	2.06	组间	140.17	4	35.04	6.383***	
	2	239	11.51	2.25	组内	3 178.65	579	5.49		
	3	2	10.50	2.12	总计	3 318.82	583			1>3
	4	157	11.41	2.72						1>5
	5	2	10.50	6.36						
	总计	584	11.78	2.39						
社会资本	1	184	43.28	7.97	组间	1 088.23	4	272.06	3.661**	
	2	239	40.67	8.55	组内	43 022.90	579	74.31		
	3	2	38.00	5.66	总计	44 111.12	583			1>3
	4	157	40.10	9.35						1>5
	5	2	38.00	18.38						
	总计	584	41.32	8.70						

注:a. *$p<0.05$,**$p<0.01$,***$p<0.001$。

b. 不同政治面貌组别:1.中共党员(含中共预备党员);2.共青团员;3.民主党派;4.群众;5.无党派人士。

研究结果显示:

(1)不同政治面貌的独立学院毕业生在整体"社会资本"的认知上有非常

显著的差异（$p=0.006<0.01$）。经事后比较结果显示，是"中共党员（含中共预备党员）"的毕业生在整体"社会资本"认知上显著高于"民主党派"和"无党派人士"的毕业生。

（2）不同政治面貌的独立学院毕业生在"社会关系网络规模"层面的认知上没有差异（$p=0.079>0.05$）。

（3）不同政治面貌的独立学院毕业生在"社会关系连接强度"层面的认知上有显著的差异（$p=0.020<0.05$）。经事后比较结果，是"中共党员（含中共预备党员）"的毕业生在"社会关系连接强度"层面的认知上显著高于"民主党派"和"无党派人士"的毕业生。

（4）不同政治面貌的独立学院毕业生在"作用人的社会地位"层面的认知上有极其显著的差异（$p=0.000<0.001$）。经事后比较结果显示，是"中共党员（含中共预备党员）"的毕业生在"作用人的社会地位"层面的认知上显著高于"民主党派"和"无党派人士"的毕业生。

（八）不同毕业年份的独立学院毕业生

本研究依据独立学院毕业生的不同毕业年份，分为"2006—2009 年""2010—2012 年"和"2013 年以后"三个组别，进行单因子变异数分析，探讨独立学院毕业生的社会资本及其分层面的认知情况是否因毕业年份的不同而有所差异，统计分析结果如表 4.49 所示。

表 4.49　不同毕业年份的独立学院毕业生在社会资本及各层面差异情形摘要表（$N=584$）

量表层面	组别	人数	平均数	标准偏差	变异数分析摘要					事后比较
					变异来源	SS	DF	MS	F 值	
社会关系网络规模	1	146	11.85	2.62	组间	170.67	2	85.33	11.801***	
	2	159	11.44	2.80	组内	4 201.10	581	7.23		
	3	279	10.60	2.66	总计	4 371.77	583			1>3
	总计	584	11.14	2.74						

续表

量表层面	组别	人数	平均数	标准偏差	变异数分析摘要					事后比较
					变异来源	SS	DF	MS	F 值	
社会关系连接强度	1	146	19.21	4.35	组间	257.72	2	128.86	6.837***	
	2	159	18.84	4.54	组内	10 950.12	581	18.85		1>3
	3	279	17.72	4.22	总计	11 207.84	583			
	总计	584	18.40	4.38						
作用人的社会地位	1	146	12.56	2.17	组间	168.13	2	84.07	15.502***	
	2	159	11.97	2.51	组内	10 950.12	581	5.42		1>3
	3	279	11.27	2.30	总计	11 207.84	583			
	总计	584	11.78	2.39						
社会资本	1	146	43.62	8.10	组间	1 758.48	2	879.24	12.062***	
	2	159	42.26	9.02	组内	42 352.64	581	72.90		1>3
	3	279	39.58	8.48	总计	44 111.12	583			
	总计	584	41.32	8.70						

注:a. ***$p<0.001$。

b. 不同毕业年份组别:1. 2006—2009 年;2. 2010—2012 年;3. 2013 年以后。

研究结果显示:

(1)不同毕业年份的独立学院毕业生在整体"社会资本"的认知上有极其显著的差异($p=0.000<0.001$)。经事后比较结果显示,于"2006—2009 年"毕业的毕业生在整体"社会资本"认知上显著高于"2013 年以后"毕业的毕业生。

(2)不同毕业年份的独立学院毕业生在"社会关系网络规模"层面的认知上有极其显著的差异($p=0.000<0.001$)。经事后比较结果显示,于"2006—2009 年"毕业的毕业生在整体"社会关系网络规模"认知上显著高于"2013 年以

后"毕业的毕业生。

（3）不同毕业年份的独立学院毕业生在"社会关系连接强度"层面的认知上有非常显著的差异（$p=0.000<0.001$）。经事后比较结果显示，于"2006—2009 年"毕业的毕业生在"社会关系连接强度"层面的认知上显著高于"2013 年以后"毕业的毕业生。

（4）不同毕业年份的独立学院毕业生在"作用人的社会地位"层面的认知上有极其显著的差异（$p=0.000<0.001$）。经事后比较结果显示，于"2006—2009 年"毕业的毕业生在"作用人的社会地位"层面的认知上显著高于"2013 年以后"毕业的毕业生。

（九）不同学生干部经历的独立学院毕业生

本研究以 t 检验了解不同学生干部经历的独立学院毕业生在社会资本及各层面上的认知是否有显著差异。其分析结果整体如表 4.50 所示。

表 4.50　不同学生干部经历的独立学院毕业生在社会资本及各层面的差异情形摘要表

（$N=584$）

量表层面	学生干部经历	人数	平均数	标准偏差	t 值
社会关系网络规模	无	148	10.20	2.69	-4.907^{***}
	有	436	11.46	2.68	
社会关系连接强度	无	148	16.93	4.25	-4.815^{***}
	有	436	18.90	4.32	
作用人的社会地位	无	148	11.20	2.35	-3.505^{***}
	有	436	11.98	2.37	
社会资本	无	148	38.32	8.29	-4.94^{***}
	有	436	42.34	8.61	

注：$^{***}p<0.001$。

研究结果显示：

（1）有无学生干部经历的独立学院毕业生在整体"社会资本"的认知上有极其显著性差异（$p=0.000<0.001$）。

（2）有无学生干部经历的独立学院毕业生在"社会关系网络规模"层面的认知上有极其显著性差异（$p=0.000<0.001$）。

（3）有无学生干部经历的独立学院毕业生在"社会关系连接强度"层面的认知上有非常显著性的差异（$p=0.000<0.001$）。

（4）有无学生干部经历的独立学院毕业生在"作用人的社会地位"层面的认知上有极其显著性差异（$p=0.000<0.001$）。

（十）不同获奖学金经历的独立学院毕业生

本研究以 t 检验了解不同获得奖学金经历的独立学院毕业生在社会资本及各层面上的认知是否有显著差异。其分析结果整体如表4.51所示。

表4.51　不同奖学金经历的独立学院毕业生在社会资本及各层面的差异情形摘要表

（$N=584$）

量表层面	获得过奖学金	人数	平均数	标准偏差	t 值
社会关系网络规模	没获得过	212	10.29	2.68	-5.827***
	获得过	372	11.62	2.65	
社会关系连接强度	没获得过	212	17.01	4.22	-5.942***
	获得过	372	19.19	4.28	
作用人的社会地位	没获得过	212	11.16	2.41	-4.900***
	获得过	372	12.14	2.30	
社会资本	没获得过	212	38.45	8.41	-6.204***
	获得过	372	42.95	8.45	

注：***$p<0.001$。

研究结果显示：

（1）是否获得过奖学金的独立学院毕业生在整体"社会资本"的认知上有极其显著性差异（$p=0.000<0.001$）。

（2）是否获得过奖学金的独立学院毕业生在"社会关系网络规模"层面的认知上有极其显著性差异（$p=0.000<0.001$）。

（3）是否获得过奖学金的独立学院毕业生在"社会关系连接强度"层面的认知上有极其显著性的差异（$p=0.000<0.001$）。

（4）是否获得过奖学金的独立学院毕业生在"作用人的社会地位"层面的认知上有极其显著性差异（$P=0.000<0.001$）。

（十一）不同兼职时间的独立学院毕业生

本研究依据独立学院毕业生的不同兼职时间，分为"没有兼职经历""1～6个月""7～12个月"和"一年以上"四个组别，进行单因子变异数分析，探讨独立学院毕业生的社会资本及其分层面的认知情况是否因兼职时间的不同而有所差异，统计分析结果如表4.52所示。

表4.52　不同兼职时间的独立学院毕业生在社会资本及各层面差异情形摘要表（$N=584$）

量表层面	组别	人数	平均数	标准偏差	变异数分析摘要						事后比较
					变异来源	SS	DF	MS	F 值		
社会关系网络规模	1	140	10.33	2.69	组间	237.84	3	79.28	11.123***		
	2	248	10.98	2.69	组内	4 133.93	580	7.13			
	3	114	12.19	2.35	总计	4 371.77	583				3>1
	4	82	11.54	2.99							
	总计	584	11.14	2.74							

续表

量表层面	组别	人数	平均数	标准偏差	变异数分析摘要					事后比较
					变异来源	SS	DF	MS	F 值	
社会关系连接强度	1	140	16.80	4.11	组间	717.47	3	239.16	13.223***	
	2	248	18.27	4.32	组内	10 490.37	580	18.09		
	3	114	20.00	4.05	总计	11 207.84	583			3>1
	4	82	19.26	4.59						
	总计	584	18.40	4.38						
作用人的社会地位	1	140	11.40	2.29	组间	54.19	3	18.06	3.209*	
	2	248	11.69	2.32	组内	3 264.63	580	5.63		
	3	114	12.25	2.13	总计	3 318.82	583			3>1
	4	82	12.06	2.91						
	总计	584	11.78	2.39						
社会资本	1	140	38.53	7.87	组间	2 439.39	3	813.13	11.317***	
	2	248	40.95	8.51	组内	41 671.73	580	71.85		
	3	114	44.46	8.09	总计	44 111.12	583			3>1
	4	82	42.85	9.79						
	总计	584	41.32	8.70						

注:a. *$p<0.05$,***$p<0.001$。

  b. 不同兼职时间组别:1. 没有兼职经历;2.1~6 个月;3.7~12 个月;4.一年以上。

研究结果显示:

(1)不同兼职时间的独立学院毕业生在整体"社会资本"的认知上有极其显著的差异($p=0.000<0.001$)。经事后比较结果显示,兼职时间在"7~12 个月"的毕业生在整体"社会资本"的认知上显著高于"没有兼职经历"的毕业生。

(2)不同兼职时间的独立学院毕业生在"社会关系网络规模"层面的认知上

有极其显著的差异($p=0.000<0.001$)。经事后比较结果显示,兼职时间在"7～12个月"的毕业生在"社会关系网络规模"层面的认知上显著高于"没有兼职经历"的毕业生。

(3)不同兼职时间的独立学院毕业生在"社会关系连接强度"层面的认知上有极其显著的差异($p=0.000<0.001$)。经事后比较结果显示,兼职时间在"7～12个月"的毕业生在"社会关系连接强度"层面的认知上显著高于"没有兼职经历"的毕业生。

(4)不同兼职时间的独立学院毕业生在"作用人的社会地位"层面的认知上有显著的差异($p=0.023<0.05$)。经事后比较结果显示,兼职时间在"7～12个月"的毕业生在"作用人的社会地位"层面的认知上显著高于"没有兼职经历"的毕业生。

(十二)不同教学实习时间的独立学院毕业生

本研究依据独立学院毕业生的不同教学实习时间,分为"没有参与过教学实习""1～3个月""4～6个月"和"半年以上"四个组别,进行单因子变异数分析,探讨独立学院毕业生的社会资本及其分层面的认知情况是否因教学实习时间的不同而有所差异,统计分析结果如表4.53所示。

表4.53 不同教学实习时间的独立学院毕业生在社会资本及各层面差异情形摘要表

($N=584$)

量表层面	组别	人数	平均数	标准偏差	变异数分析摘要						事后比较
					变异来源	SS	DF	MS	F 值		
社会关系网络规模	1	214	10.73	2.68	组间	219.02	3	73.01	10.197***		4>1 4>2
	2	203	10.79	2.78	组内	4 152.74	580	7.16			
	3	109	11.91	2.46	总计	4 371.77	583				
	4	58	12.41	2.70							
	总计	584	11.14	2.74							

续表

量表层面	组别	人数	平均数	标准偏差	变异数分析摘要					事后比较
					变异来源	SS	DF	MS	F 值	
社会的关系连接强度	1	214	17.51	4.08	组间	559.94	3	186.65	10.167***	4>1
	2	203	18.10	4.40	组内	10 647.89	580	18.36		
	3	109	19.85	4.04	总计	11 207.84	583			
	4	58	19.97	5.01						
	总计	584	18.40	4.38						
作用人的社会地位	1	214	11.66	2.35	组间	41.60	3	13.87	2.454	—
	2	203	11.63	2.32	组内	3 277.22	580	5.65		
	3	109	11.93	2.34	总计	3 318.82	583			
	4	58	12.52	2.73						
	总计	584	11.78	2.39						
社会资本	1	214	39.90	8.08	组间	1 912.76	3	637.59	8.763***	4>1
	2	203	40.52	8.71	组内	42 198.36	580	72.76		
	3	109	43.69	8.27	总计	44 111.12	583			
	4	58	44.90	9.88						
	总计	584	41.32	870						

注:a. ***p<0.001。

b. 不同教学实习时间组别:1. 没有参与过教学实习;2.1~3个月;3.4~6个月;4. 半年以上。

研究结果显示:

(1)不同教学实习时间的独立学院毕业生在整体"社会资本"的认知上有极其显著的差异($p=0.000<0.001$)。经事后比较结果显示,教学实习时间在"半年以上"的毕业生在整体"社会资本"的认知上显著高于"没有参与过教学实习"的毕业生。

（2）不同教学实习时间的独立学院毕业生在"社会关系网络规模"层面的认知上有极其显著的差异（$p=0.000<0.001$）。经事后比较结果显示，教学实习时间在"半年以上"的毕业生在"社会关系网络规模"层面的认知上显著高于"没有参与过教学实习"的毕业生，也高于有"1～3个月"教学实习时间的毕业生。

（3）不同教学实习时间的独立学院毕业生在"社会关系连接强度"层面的认知上有极其显著的差异（$p=0.000<0.001$）。经事后比较结果显示，教学实习时间在"半年以上"的毕业生在"社会关系连接强度"层面的认知上显著高于"没有参与过教学实习"的毕业生。

（4）不同教学实习时间的独立学院毕业生在"作用人的社会地位"层面的认知上没有差异（$p=0.062>0.05$）。

（十三）不同就业实习时间的独立学院毕业生

本研究依据独立学院毕业生的不同就业实习时间，分为"没有参与过就业实习""1～3个月""4～6个月"和"半年以上"四个组别，进行单因子变异数分析，探讨独立学院毕业生的社会资本及其分层面的认知情况是否因就业实习时间的不同而有所差异，统计分析结果如表4.54所示。

表4.54 不同就业实习时间的独立学院毕业生在社会资本及各层面差异情形摘要表

（$N=584$）

量表层面	组别	人数	平均数	标准偏差	变异数分析摘要						事后比较
					变异来源	SS	DF	MS	F 值		
社会关系网络规模	1	178	10.36	2.79	组间	292.15	3	97.38	13.845***		
	2	228	11.07	2.51	组内	4 079.62	580	7.03			4>1
	3	121	11.64	2.74	总计	4 371.77	583				4>2
	4	57	12.77	2.56							4>3
	总计	584	11.14	2.74							

续表

量表层面	组别	人数	平均数	标准偏差	变异数分析摘要					事后比较
					变异来源	SS	DF	MS	F 值	
社会关系连接强度	1	178	17.32	4.09	组间	501.86	3	167.29	9.063***	4>1 4>2 4>3
	2	228	18.35	4.08	组内	10 705.98	580	18.46		
	3	121	19.13	4.59	总计	11 207.84	583			
	4	57	20.40	5.07						
	总计	584	18.40	4.38						
作用人的社会地位	1	178	11.46	2.32	组间	90.56	3	30.19	5.423**	4>1 4>2 4>3
	2	228	11.85	2.08	组内	3 228.26	580	5.57		
	3	121	11.63	2.77	总计	3 318.82	583			
	4	57	12.88	2.59						
	总计	584	11.78	2.39						
社会资本	1	178	39.14	8.20	组间	2 265.42	3	755.14	10.467***	4>1 4>2 4>3
	2	228	41.26	7.77	组内	41 845.70	580	72.15		
	3	121	42.40	9.63	总计	44 111.12	583			
	4	57	46.05	9.55						
	总计	584	41.32	8.70						

注:a. ** $p<0.01$, *** $p<0.001$。

b. 不同就业实习时间组别:1. 没有参与过就业实习;2.1~3 个月;3.4~6 个月;4. 半年以上。

研究结果显示:

(1)不同就业实习时间的独立学院毕业生在整体"社会资本"的认知上有极其显著的差异($p=0.000<0.001$)。经事后比较结果显示,就业实习时间在"半年以上"的毕业生在整体"社会资本"的认知上显著高于"没有参与过就业实习"的毕业生,也高于就业实习时间在"1~3 个月"和"4~6 个月"的毕业生。

（2）不同就业实习时间的独立学院毕业生在"社会关系网络规模"层面的认知上有极其显著的差异（$p=0.000<0.001$）。经事后比较结果显示，就业实习时间在"半年以上"的毕业生在"社会关系网络规模"层面的认知上显著高于"没有参与过就业实习"的毕业生，也高于就业实习时间在"1~3个月"和"4~6个月"的毕业生。

（3）不同就业实习时间的独立学院毕业生在"社会关系连接强度"层面的认知上有极其显著的差异（$p=0.000<0.001$）。经事后比较结果显示，就业实习时间在"半年以上"的毕业生在"社会关系连接强度"层面的认知上显著高于"没有参与过就业实习"的毕业生，也高于就业实习时间在"1~3个月"和"4~6个月"的毕业生。

（4）不同就业实习时间的独立学院毕业生在"作用人的社会地位"层面的认知上有非常显著的差异（$p=0.001<0.01$）。经事后比较结果显示，就业实习时间在"半年以上"的毕业生在"作用人的社会地位"层面的认知上显著高于"没有参与过就业实习"的毕业生，也高于就业实习时间在"1~3个月"和"4~6个月"的毕业生。

（十四）不同工作单位区域的独立学院毕业生

本研究依据独立学院毕业生工作单位所在的不同区域，分为"毕业学校所在地""广东省内非毕业院校所在地""非广东省的其他地区""港澳台地区"与"国外"五个组别，进行单因子变异数分析，探讨独立学院毕业生的社会资本及其分层面的认知情况是否因工作单位所在区域的不同而有所差异，统计分析结果如表4.55所示。

表 4.55 不同工作单位区域的独立学院毕业生在社会资本及各层面差异情形摘要表

（ *N* =584）

量表层面	组别	人数	平均数	标准偏差	变异数分析摘要				
					变异来源	SS	DF	MS	*F* 值
社会关系网络规模	1	119	11.43	2.60	组间	30.96	4	7.74	1.032
	2	256	11.20	2.61	组内	4 340.81	579	7.50	
	3	169	10.98	2.94	总计	4 371.77	583		
	4	28	10.75	2.82					
	5	12	10.17	3.54					
	总计	584	11.14	2.74					
社会关系连接强度	1	119	18.70	4.25	组间	62.15	4	15.54	0.807
	2	256	18.52	4.13	组内	11 145.68	579	19.25	
	3	169	18.00	4.84	总计	11 207.84	583		
	4	28	18.86	4.23					
	5	12	17.25	4.73					
	总计	584	18.40	4.38					
作用人的社会地位	1	119	11.71	2.32	组间	47.25	4	11.81	2.091
	2	256	11.57	2.23	组内	3 271.57	579	5.65	
	3	169	12.18	2.56	总计	3 318.82	583		
	4	28	11.39	2.67					
	5	12	12.42	2.54					
	总计	584	11.78	2.39					
社会资本	1	119	41.83	8.63	组间	65.10	4	16.28	0.214
	2	256	41.29	8.27	组内	44 046.02	579	76.07	
	3	169	41.16	9.47	总计	44 111.12	583		

续表

量表层面	组别	人数	平均数	标准偏差	变异数分析摘要				
					变异来源	SS	DF	MS	F 值
社会资本	4	28	41.00	8.84					
	5	12	39.83	7.70					
	总计	584	41.32	8.70					

注:不同工作单位所在区域组别:1.毕业学校所在地;2.广东省内非毕业院校所在地;3.非广东省的其他地区;4.港澳台地区;5.国外。

研究结果显示:

(1)工作单位所在不同区域的独立学院毕业生在整体"社会资本"的认知上没有差异($p=0.390>0.05$)。

(2)工作单位所在不同区域的独立学院毕业生在"社会关系网络规模"层面的认知上没有差异($p=0.521>0.05$)。

(3)工作单位所在不同区域的独立学院毕业生在"社会关系连接强度"层面的认知上没有差异($p=0.081>0.05$)。

(4)工作单位所在不同区域的独立学院毕业生在"作用人的社会地位"层面的认知上没有差异($p=0.931>0.05$)。

(十五)不同工作单位地点的独立学院毕业生

本研究依据独立学院毕业生所在的不同工作单位地点,分为"直辖市""省会城市""地级市""县城、乡镇""村、屯""港澳台地区"与"国外"七个组别,进行单因子变异数分析,探讨独立学院毕业生的社会资本及其分层面的认知情况是否因工作单位处地点的不同而有所差异,统计分析结果如表4.56所示。

表 4.56　不同工作单位地点的独立学院毕业生在社会资本及各层面差异情形摘要表

（ $N=584$ ）

量表层面	组别	人数	平均数	标准偏差	变异数分析摘要						事后比较
					变异来源	SS	DF	MS	F 值		
社会关系网络规模	1	94	11.51	2.32	组间	178.18	6	29.70	4.086**		2>7 2>6 1>7 1>6
	2	214	11.61	2.46	组内	4 193.58	577	7.27			
	3	195	10.87	2.93	总计	4 371.77	583				
	4	47	10.17	3.12							
	5	10	11.00	3.09							
	6	13	9.77	2.86							
	7	11	9.36	3.38							
	总计	584	11.14	2.74							
社会关系连接强度	1	94	18.60	3.97	组间	203.20	6	33.87	1.776		—
	2	214	18.99	4.04	组内	11 004.64	577	19.07			
	3	195	17.97	4.72	总计	11 207.84	583				
	4	47	17.70	4.80							
	5	10	19.10	4.63							
	6	13	17.15	4.90							
	7	11	16.45	4.41							
	总计	584	18.40	4.38							
作用人的社会地位	1	94	12.16	2.30	组间	88.85	6	14.81	2.645*		7>6 7>4
	2	214	12.11	2.19	组内	3 229.97	577	5.60			
	3	195	11.43	2.51	总计	3 318.82	583				
	4	47	11.15	2.51							
	5	10	11.70	2.71							
	6	13	11.08	2.50							
	7	11	12.27	2.49							
	总计	584	11.78	2.39							

续表

量表层面	组别	人数	平均数	标准偏差	变异数分析摘要					事后比较
					变异来源	SS	DF	MS	F 值	
社会资本	1	94	42.27	7.45	组间	1 220.65	6	203.44	2.737*	
	2	214	42.71	7.92	组内	42 890.47	577	74.33		
	3	195	40.27	9.53	总计	44 111.12	583			
	4	47	39.02	9.77						2>6
	5	10	41.80	10.11						2>7
	6	13	38.00	9.19						
	7	11	38.09	6.63						
	总计	584	41.32	8.70						

注:a. *$p<0.05$,**$p<0.01$。

b. 不同工作单位所处地点组别:1. 直辖市;2. 省会城市;3. 地级市;4. 县城、乡镇;5. 村、屯;6. 港澳台地区;7. 国外。

研究结果显示:

(1)工作单位所处不同地点的独立学院毕业生在整体"社会资本"的认知上有显著的差异($p=0.012<0.05$)。经事后比较结果显示,工作单位地点在"省会城市"的毕业生在整体"社会资本"的认知上显著高于工作单位地点在"港澳台地区"的毕业生,其次高于工作单位地点在"国外"的毕业生。

(2)工作单位所处不同地点的独立学院毕业生在"社会关系网络规模"层面的认知上有非常显著性的差异($p=0.001<0.01$)。经事后比较结果显示,工作单位所处地点在"省会城市"的毕业生在"社会关系的网络规模"层面的认知上显著高于工作单位地点在"港澳台地区"的毕业生,其次高于工作单位地点在"国外"的毕业生。工作单位地点在"直辖市"的毕业生在"社会关系网络规模"层面的认知上显著高于工作单位地点在"港澳台地区"的毕业生,其次高于工作单位地点在"国外"的毕业生。

(3)工作单位所处不同地点的独立学院毕业生在"社会关系连接强度"层

面的认知上没有显著的差异($p=0.102>0.05$)。

(4)工作单位所处不同地点的独立学院毕业生在"作用人的社会地位"层面的认知上有显著的差异($p=0.015<0.05$)。经事后比较结果显示,工作单位地点在"国外"的毕业生在"作用人的社会地位"层面的认知上显著高于工作单位地点在"港澳台地区"的毕业生,其次高于工作单位地点在"县城、乡镇"的毕业生。

(十六)不同行业的独立学院毕业生

本研究依据独立学院毕业生所从事的不同行业,分为"农业(包括林、牧、渔业等)""制造业""信息产业""金融业""地产业""社会服务与管理业""采矿/建筑/水电气业""教育行业""科研问题业""商业服务业"及"其他"十一个组别,进行单因子变异数分析,探讨独立学院毕业生的社会资本及其分层面的认知情况是否因行业的不同而有所差异,统计分析结果如表4.57所示。

表4.57 不同行业的独立学院毕业生在社会资本及各层面差异情形摘要表($N=584$)

量表层面	组别	人数	平均数	标准偏差	变异来源	SS	DF	MS	F 值	事后比较
					变异数分析摘要					
社会关系网络规模	1	15	12.87	2.50	组间	369.64	10	36.96	5.292***	
	2	50	11.32	2.43	组内	4 002.13	573	6.99		
	3	107	11.78	2.68	总计	4 371.77	583			
	4	98	11.45	2.88						
	5	26	11.42	1.84						
	6	51	11.88	2.17						1>11 1>10 1>8
	7	15	12.27	1.98						
	8	76	10.50	2.70						
	9	13	11.54	3.13						
	10	41	10.46	2.99						
	11	92	9.78	2.70						
	总计	584	11.14	2.74						

续表

| 量表层面 | 组别 | 人数 | 平均数 | 标准偏差 | 变异数分析摘要 | | | | | 事后比较 |
					变异来源	SS	DF	MS	F 值	
社会关系连接强度	1	15	20.60	4.42	组间	938.16	10	93.82	5.235***	1>9
	2	50	18.48	4.18	组内	10 269.67	573	17.92		
	3	107	19.20	4.62	总计	11 207.84	583			
	4	98	19.32	4.24						
	5	26	18.81	3.31						
	6	51	19.59	3.40						
	7	15	19.27	3.56						
	8	76	17.34	4.31						
	9	13	10.08	4.25						
	10	41	17.73	4.81						
	11	92	16.10	5.15						
	总计	584	18.30	4.38						
作用人的社会地位	1	15	12.87	2.29	组间	124.66	10	12.47	2.236*	1>11 1>10
	2	50	11.56	2.07	组内	3 194.16	573	5.57		
	3	107	12.16	2.31	总计	3 318.82	583			
	4	98	12.10	2.36						
	5	26	11.77	2.05						
	6	51	12.12	2.26						
	7	15	11.67	2.09						
	8	76	11.76	2.31						
	9	13	12.31	2.43						
	10	41	11.15	2.70						
	11	92	11.02	2.61						
	总计	584	11.78	2.39						

续表

量表层面	组别	人数	平均数	标准偏差	变异数分析摘要					事后比较
					变异来源	SS	DF	MS	F 值	
社会资本	1	15	46.33	9.07	组间	3 557.65	10	355.77	5.027***	1>11 1>10 1>8
	2	50	41.36	8.32	组内	40 553.47	573	70.77		
	3	107	43.13	8.96	总计	44 111.12	583			
	4	98	42.87	8.64						
	5	26	42.00	6.72						
	6	51	43.59	7.01						
	7	15	43.20	6.62						
	8	76	39.61	8.28						
	9	13	43.92	9.60						
	10	41	39.34	10.13						
	11	92	36.90	7.91						
	总计	584	41.32	8.70						

注:a. *$p<0.05$,***$p<0.001$。

b. 不同行组别:1.农业(包括林、牧、渔业等);2.制造业;3.信息产业;4.金融业;5.地产业;6.社会服务与管理业;7.采矿/建筑/水电气业;8.教育行业;9.科研问题业;10.商业服务业;11.其他。

研究结果显示:

(1)从事不同行业的独立学院毕业生在整体"社会资本"的认知上有极其显著的差异($p=0.000<0.001$)。经事后比较结果显示,从事"农业(包括林、牧、渔业等)"的独立学院毕业生在整体"社会资本"的认知上显著高于"其他"行业的毕业生,其次高于从事"商业服务业"和"教育行业"的独立学院毕业生。

(2)从事不同行业的独立学院毕业生在"社会关系网络规模"层面的认知上有极其显著的差异($p=0.000<0.001$)。经事后比较结果显示,从事"农业(包

括林、牧、渔业等）"的独立学院毕业生在"社会关系网络规模"层面的认知上显著高于"其他"行业的毕业生，其次高于从事"商业服务业"和"教育行业"的独立学院毕业生。

（3）从事不同行业的独立学院毕业生在"社会关系连接强度"层面的认知上有极其显著的差异（$p=0.000<0.001$）。经事后比较结果显示，从事"农业（包括林、牧、渔业等）"的独立学院毕业生在"社会关系连接强度"层面的认知上显著高于从事"科研问题业"的独立学院毕业生。

（4）从事不同行业的独立学院毕业生在"作用人的社会地位"层面的认知上有显著的差异（$p=0.015<0.05$）。经事后比较结果显示，从事"农业（包括林、牧、渔业等）"的独立学院毕业生在"作用人的社会地位"层面的认知上显著高于"其他"行业的毕业生，其次高于从事"商业服务业"的独立学院毕业生。

（十七）不同单位类型的独立学院毕业生

本研究依据独立学院毕业生的不同单位类型，分为"党政机关""科研院所""事业单位""国有企业（含国有控股与参股企业）""集体企业""民营企业与个体""外资或合资企业"及"非政府或非营利组织"八个组别，进行单因子变异数分析，探讨独立学院毕业生的社会资本及其分层面的认知情况是否因单位类型的不同而有所差异，统计分析结果如表4.58所示。

表4.58　不同单位类型的独立学院毕业生在社会资本及各层面差异情形摘要表（$N=584$）

量表层面	组别	人数	平均数	标准偏差	变异数分析摘要						事后比较
					变异来源	SS	DF	MS	F 值		
社会关系网络规模	1	38	11.68	2.70	组间	149.98	7	21.43	2.923**		4>8
	2	50	11.24	2.91	组内	4 221.79	576	7.33			1>8
	3	124	11.25	2.70	总计	4 371.77	583				4>6
	4	117	11.73	2.51							1>6

续表

量表层面	组别	人数	平均数	标准偏差	变异数分析摘要						事后比较
					变异来源	SS	DF	MS	F 值		
社会关系网络规模	5	29	11.28	2.80							4>8 1>8 4>6 1>6
	6	158	10.76	2.80							
	7	47	10.83	2.63							
	8	21	9.33	2.67							
	总计	584	11.14	2.74							
社会资本的关系连接强度	1	38	19.21	4.71	组间	426.01	7	60.86	3.251**		4>8 4>7
	2	50	18.28	5.04	组内	10 781.82	576	18.72			
	3	124	19.00	4.05	总计	11 207.84	583				
	4	117	19.36	3.98							
	5	29	18.83	4.65							
	6	158	17.56	4.44							
	7	47	17.23	4.30							
	8	21	16.62	3.87							
	总计	584	18.40	4.38							
作用人的社会地位	1	38	12.26	2.24	组间	78.50	7	11.22	1.994		
	2	50	11.52	2.68	组内	3 240.31	576	5.63			
	3	124	12.12	2.07	总计	3 318.82	583				
	4	117	11.98	2.38							
	5	29	11.45	2.67							—
	6	158	11.73	2.49							
	7	47	11.17	2.30							
	8	21	10.67	2.31							
	总计	584	11.78	2.39							

续表

量表层面	组别	人数	平均数	标准偏差	变异数分析摘要					事后比较
					变异来源	SS	DF	MS	F 值	
社会资本	1	38	43.16	8.92	组间	1 551.62	7	221.66	3.000**	1>8 4>8 1>7 4>7
	2	50	41.04	10.01	组内	42 559.51	576	73.89		
	3	124	42.37	7.92	总计	44 111.12	583			
	4	117	43.07	8.06						
	5	29	41.55	9.91						
	6	158	40.05	8.80						
	7	47	39.23	8.26						
	8	21	36.62	8.41						
	总计	584	41.32	8.70						

注:a.** $p<0.01$。

b.不同单位类型组别:1.党政机关;2.科研院所;3.事业单位;4.国有企业(含国有控股与参股企业);5.集体企业;6.民营企业与个体;7.外资或合资企业;8.非政府或非营利组织。

研究结果显示:

(1)不同单位类型的独立学院毕业生在整体"社会资本"的认知上有非常显著的差异($p=0.004<0.01$)。经事后比较结果显示,在"党政机关"工作的独立学院毕业生在整体"社会资本"的认知上显著高于在"非政府或非营利组织"工作的独立学院毕业生。其次是在"国有企业(含国有控股与参股企业)"工作的独立学院毕业生在整体"社会资本"认知上显著高于在"非政府或非营利组织"工作的独立学院毕业生。

在"党政机关"工作的独立学院毕业生在整体"社会资本"认知上显著高于在"外资或合资企业"工作的独立学院毕业生。其次在"国有企业(含国有控股与参股企业)"工作的独立学院毕业生在整体"社会资本"认知上显著高于在

"外资或合资企业"工作的独立学院毕业生。

（2）不同单位类型的独立学院毕业生在"社会关系网络规模"层面的认知上有非常显著的差异（$p = 0.005 < 0.01$）。经事后比较结果显示，在"国有企业（含国有控股与参股企业）"工作的独立学院毕业生在"社会关系网络规模"层面的认知上显著高于在"非政府或非营利组织"工作的独立学院毕业生。其次是在"党政机关"工作的的独立学院毕业生在"社会关系网络规模"层面的认知上显著高于在"非政府或非营利组织"工作的独立学院毕业生。

在"国有企业（含国有控股与参股企业）"工作的工作的独立学院毕业生在"社会关系网络规模"层面的认知上显著高于在"民营企业与个体"工作的独立学院毕业生。其次是在"党政机关"工作的的独立学院毕业生在"社会关系网络规模"层面的认知上显著高于在"民营企业与个体"工作的独立学院毕业生。

（3）不同单位类型的独立学院毕业生在"社会关系连接强度"层面的认知上有非常显著的差异（$p = 0.002 < 0.01$）。经事后比较结果显示，在"国有企业（含国有控股与参股企业）"工作的工作的独立学院毕业生在"社会关系连接强度"层面的认知上显著高于在"非政府或非营利组织"工作的独立学院毕业生，也高于在"外资或合资企业"工作的独立学院毕业生。

（4）不同单位类型的独立学院毕业生在"作用人的社会地位"层面的认知上没有显著差异（$p = 0.054 > 0.05$）。

（十八）不同简历投递次数的独立学院毕业生

本研究依据独立学院毕业生不同投递简历次数，分为"10次及以下""11～30次""31～50次""51～100次"和"101次及以上"五个组别，进行单因子变异数分析，探讨独立学院毕业生的社会资本及其分层面的认知情况是否因投递简历次数的不同而有所差异，统计分析结果如表4.59所示。

表4.59　不同简历投递次数的独立学院毕业生在社会资本及各层面差异情形摘要表

（ $N=584$ ）

量表层面	组别	人数	平均数	标准偏差	变异数分析摘要						事后比较
					变异来源	SS	DF	MS	F 值		
社会关系网络规模	1	263	10.84	2.77	组间	62.75	4	15.69	2.108		
	2	148	11.58	2.66	组内	4 309.01	579	7.44			
	3	119	11.33	2.68	总计	4 371.77	583				—
	4	42	10.81	2.61							
	5	12	11.50	3.50							
	总计	584	11.14	2.74							
社会关系连接强度	1	263	17.79	4.29	组间	237.48	4	59.37	3.133*		
	2	148	19.22	4.28	组内	10 970.36	579	18.95			
	3	119	18.86	4.42	总计	11 207.84	583				2>1
	4	42	17.88	4.35							
	5	12	18.83	5.77							
	总计	584	18.40	4.38							
作用人的社会地位	1	263	11.58	2.25	组间	58.05	4	14.51	2.577*		
	2	148	12.19	2.32	组内	3 260.76	579	5.63			
	3	119	11.94	2.60	总计	3 318.82	583				2>4
	4	42	11.12	2.32							
	5	12	12.08	3.37							
	总计	584	11.78	2.39							
社会资本	1	263	40.21	8.56	组间	928.71	4	232.18	3.113*		
	2	148	42.99	8.61	组内	43 182.41	579	74.58			
	3	119	42.13	8.82	总计	44 111.12	583				2>4
	4	42	39.81	7.43							

续表

量表层面	组别	人数	平均数	标准偏差	变异数分析摘要					事后比较
					变异来源	SS	DF	MS	F 值	
社会资本	5	12	42.42	12.24						2>4
	总计	584	41.32	8.70						

注:a. ＊$P<0.05$。

　　b. 不同投递简历次数组别:1.10 次及以下;2.11～30 次;3.31～50 次;4.51～100 次;5.101 次及以上。

研究结果显示:

(1)投递简历次数不同的独立学院毕业生在整体"社会资本"认知上有显著的差异($p=0.015<0.05$)。经事后比较结果显示,投递简历次数在"11～30次"的独立学院毕业生在整体"社会资本"的认知上显著高于投递简历次数在"51～100次"的独立学院毕业生。

(2)投递简历次数不同的独立学院毕业生在"社会关系网络规模"层面的认知上没有差异($p=0.078>0.05$)。

(3)投递简历次数不同的独立学院毕业生在"社会关系连接强度"层面的认知上有显著的差异($p=0.014<0.05$)。经事后比较结果显示,投递简历次数在"11～30次"的独立学院毕业生在"社会关系连接强度"层面的认知上显著高于投递简历次数在"10次及以下"的独立学院毕业生。

(4)投递简历次数不同的独立学院毕业生在"作用人的社会地位"层面的认知上有显著的差异($p=0.037<0.05$)。经事后比较结果显示,投递简历次数在"11～30次"的独立学院毕业生在"作用人的社会地位"层面的认知上显著高于投递简历次数在"51～100次"的独立学院毕业生。

(十九)不同面试次数的独立学院毕业生

本研究依据独立学院毕业生获得不同面试机会,分为"无""1～2次""3～5次""6～10次"及"11次及以上"五个组别,进行单因子变异数分析,探讨独立学院毕业生的社会资本及其分层面的认知情况是否因获得面试机会次数的不同而有所差异,统计分析结果如表4.60所示。

表4.60 不同面试次数的独立学院毕业生在社会资本及各层面差异情形摘要表($N=584$)

量表层面	组别	人数	平均数	标准偏差	变异数分析摘要				
					变异来源	SS	DF	MS	F 值
社会关系网络规模	1	56	10.77	2.51	组间	20.51	4	5.13	0.682
	2	202	11.09	2.71	组内	4 351.25	579	7.52	
	3	216	11.29	2.74	总计	4 371.77	583		
	4	76	11.29	2.90					
	5	34	10.74	2.95					
	总计	584	11.14	2.74					
社会关系连接强度	1	56	17.61	3.79	组间	168.38	4	42.09	2.208
	2	202	18.43	4.42	组内	11 039.46	579	19.07	
	3	216	18.75	4.23	总计	11 207.84	583		
	4	76	18.67	4.54					
	5	34	16.68	5.28					
	总计	584	18.40	4.38					
作用人的社会地位	1	56	11.18	2.21	组间	39.60	4	9.9	1.748
	2	202	11.73	2.31	组内	3 279.21	579	5.67	
	3	216	11.81	2.30	总计	3 318.82	583		
	4	76	12.00	2.67					
	5	34	12.44	2.86					
	总计	584	11.78	2.39					
社会资本	1	56	39.55	7.80	组间	342.47	4	85.62	1.133
	2	202	41.24	8.84	组内	43 768.65	579	75.59	
	3	216	41.86	8.50	总计	44 111.12	583		
	4	76	41.96	8.97					
	5	34	39.85	9.73					
	总计	584	41.32	8.70					

注:不同获得面试机会次数组别:1.无;2.1~2次;3.3~5次;4.6~10次;5.11次及以上。

研究结果显示：

（1）获得不同面试机会次数的独立学院毕业生在整体"社会资本"的认知上没有显著的差异（$p=0.340>0.05$）。

（2）获得不同面试机会次数的独立学院毕业生在"社会关系网络规模"层面的认知上没有显著的差异（$p=0.604>0.05$）。

（3）获得不同面试机会次数的独立学院毕业生在"社会关系连接强度"层面的认知上没有显著的差异（$p=0.067>0.05$）。

（4）获得不同面试机会次数的独立学院毕业生在"作用人的社会地位"层面的认知上没有显著的差异（$p=0.138>0.05$）。

第三节　独立学院毕业生在就业满意度、就业能力和社会资本的相关分析

本节旨在探讨独立学院毕业生就业满意度、就业能力与社会资本的相关情形。以 Pearson 相关差异分析法，分别就就业能力与就业满意度、社会资本与就业满意度、就业能力与社会资本作相关分析，以验证研究假设五：独立学院毕业生的就业能力与就业满意度有显著相关；假设六：独立学院毕业生的社会资本与就业满意度有显著相关；假设七：独立学院毕业生的就业能力与社会资本有显著相关。

本研究对于相关情形的鉴定标准，主要参考邱皓政[1]、余民宁[2]的观点：相关系数绝对值 r 值介于 0.10 至 0.39 判断为"低度相关"；r 值介于 0.40 至 0.69 判断为"中度相关"；r 值介于 0.70 至 0.99 视为"高度相关"；r 值达 1.00 则视为"完全相关"。兹说明如下：

---

[1]　邱皓政：《量化研究与统计分析：SPSS（PASW）数据分析范例》，重庆大学出版社，2009。
[2]　余民宁：《潜在变项模式 SIMPLIS 的应用》，台北市高等教育出版社，2006。

一、就业能力与就业满意度相关分析

依表 4.61 的相关系数摘要表分析可知,整体"就业能力"与整体"就业满意度"之相关系数为 0.843($p<0.01$),有显著高度相关存在,而"就业能力"与"就业满意度"之各层面间亦达显著正相关($p<0.01$),相关数值介于 0.589 ~ 0.787,表示"就业满意度"及其各层面的清晰度程度越高时,其所展现的整体"就业能力"及其各层面的认同程度亦越高,反之越低。

表中可看出,整体"就业能力"与整体"就业满意度"之相关为最高($r=0.843,p<0.01$),而"我的大学"与"工作岗位特征满意度"之相关为最低($r=0.589,p<0.01$),其余相互之相关系数介于两者之间。

表 4.61　就业能力与就业满意度之 Pearson 相关系数摘要表

	学校就业指导满意	工作岗位特征满意	就业满意度
自我就业认知	0.722**	0.787**	0.805**
外部劳动力市场	0.646**	0.713**	0.723**
我的大学	0.760**	0.589**	0.759**
就业能力	0.783**	0.773**	0.843**

注:**$p<0.01$。

二、社会资本与就业满意度相关分析

依表 4.62 的相关系数摘要表分析可知,整体"社会资本"与整体"就业满意度"之相关系数为 0.683($p<0.01$),有显著中度相关存在,而"社会资本"与"就业满意度"之各层面间亦达显著正相关($p<0.01$),相关数值介于 0.508 ~ 0.602,表示"就业满意度"及其各层面的清晰度程度越高时,其所展现的整体"社会资本"及其各层面的的认同程度亦越高,反之越低。

表中可看出,整体"社会资本"与整体"就业满意度"为最高($r=0.683,p<0.01$),"作用人的社会地位"与"学校就业指导满意"之相关为最低($r=0.508,p<0.01$),其余相互之相关系数介于两者之间。

表 4.62 社会资本与就业满意度之 Pearson 相关系数摘要表

	学校就业指导满意	工作岗位特征满意	就业满意度
社会关系网络规模	0.596**	0.595**	0.644**
社会关系连接强度	0.602**	0.579**	0.642**
作用人的社会地位	0.508**	0.568**	0.571**
社会资本	0.630**	0.635**	0.683**

注:**$p<0.01$。

三、就业能力与社会资本相关分析

依表 4.63 的相关系数摘要表分析可知,整体"就业能力"与整体"社会资本"之相关系数为 0.773($p<0.01$),有显著高度相关存在,而"就业能力"与"社会资本"之各层面间亦达显著正相关($p<0.01$),相关数值介于 0.539~0.718,表示"社会资本"及各层面的清晰度程度越高时,其所展现的整体"就业能力"及各层面的的认同程度亦越高,反之越低。

表中可以看出,整体"就业能力"与整体"社会资本"为最高($r=0.773,p<0.01$),"我的大学"与"作用人的社会地位"之相关为最低($r=0.529,p<0.01$),其余相互之相关系数介于两者之间。

表 4.63 就业能力与社会资本之 Pearson 相关系数摘要表

	社会关系网络规模	社会关系连接强度	作用人的社会地位	社会资本
自我就业认知	0.718**	0.640**	0.654**	0.728**
外部劳动力市场	0.653**	0.583**	0.657**	0.680**

续表

	社会关系 网络规模	社会关系 连接强度	作用人的 社会地位	社会资本
我的大学	0.676**	0.669**	0.539**	0.695**
就业能力	0.754**	0.695**	0.673**	0.773**

注:** $p<0.01$。

第四节 探讨独立学院毕业生社会资本、就业能力对就业满意度的联合预测力分析

本节旨在探讨独立学院毕业生就业能力、社会资本对就业满意度的联合预测力,以就业能力的三个层面(自我就业认知、外部劳动力市场和我的大学)和社会资本的三个层面(社会关系网络规模、社会关系连接强度和作用人的社会地位)对就业满意度的两个层面(学校就业指导满意、工作岗位特征满意)以逐步回归进行联合预测力分析。以验证研究假设八:独立学院毕业生的就业能力与社会资本对独立学院毕业生的就业满意度有显著预测力。

本小节借由多元回归分析法,同时处理多个解释变量,透过变量间的线性关系来进行预测,以解释"就业能力""社会资本"的预测变量对"就业满意度"校标变量的预测情形。解释型回归分析的目的在检验各自变量对于因变量的解释能力。在回归模型的解释能力判断上,采用 R^2 值加以解释,并以 F 值的显著性来检验 R^2 是否具有解释能力,即 R^2 的 F 检验可以说是回归分析的整体检验;而个别层面的回归系数 β 值,可使用 t 检验来检验其显著性。此外,考虑到各变量间如果有高度相关可能产生模型的共线性问题,则透过变异数的膨胀因素(VIF)来检视,假如 VIF 值小于评鉴指标值10,表示预测模型与模型中各指标、各变量的多元共线性问题并未达到严重程度,回归模式参数估计结果不会受数据共线性问题的影响。详细分析过程如下。

一、社会资本对整体就业满意度预测力分析

该回归分析旨在探究社会资本对独立学院毕业生就业满意度的直接影响。以本研究的理论分析为基础,以社会资本的三个层面之社会关系网络规模、社会关系连接强度和作用人的社会地位三个因素作为自变量,以独立学院毕业生就业满意度为因变量,采用逐步进入的回归法,以分析社会资本各个层面对就业满意度的影响作用大小。如表4.64所示,经多元回归分析后显示出下列研究结果:

(1)从标准化回归系数来看,三个显著回归系数的自变量中,由标准化系数可看出社会资本对就业满意度的影响均为正。标准化系数越高,表示该预测变量对就业满意度的影响越大,其解释因变量的变异量越大,即"作用人的社会地位"解释量为46.5%,其依次为"社会关系连接强度"解释变异量为45.3%,社会关系网络规模解释量为41.4%。

(2)标准化回归方程式预测模式为:

独立学院毕业生就业满意度=0.286×社会关系网络规模+0.293×社会关系连接强度+0.169×作用人的社会地位。

其中,社会资本变量的"社会关系网络规模"($t=5.089, p=0.000$)"社会关系连接强度"($t=5.337, p=0.000$)及"作用人的社会地位"($t=3.803, p=0.000$)预测变量达显著水平。

(3)透过变异数的膨胀因素(VIF)检视,VIF值均未大于评鉴指标值10,表示预测变量间的多元共线性问题并不明显,代表此回归模式配适良好。

(4)结果分析:在本研究中社会资本的"社会关系网络规模""社会关系连接强度"与"作用人的社会地位"三个层面均能有效的预测独立学院毕业生的就业满意度。据此,本研究假设八:"社会资本"对于"就业满意度"有正向且显著的影响,其验证结果是支持的。

表 4.64　社会资本三个维度对就业满意度逐步回归预测摘要

投入预测变量顺序	R	R^2	调整后 R^2	t 值	标准化系数
社会关系网络规模	0.644^a	0.415	0.414	5.089^{***}	0.286
社会关系连接强度	0.674^b	0.455	0.453	5.337^{***}	0.293
作用人的社会地位	0.684^c	0.468	0.465	3.803^{***}	0.169

注:因变量:就业满意度;$^{***}p<0.001$。

二、就业能力对整体就业满意度预测力分析

该回归分析旨在探寻就业能力对独立学院毕业生就业满意度的直接影响。以本研究的理论分析为基础,以就业能力的三个层面之自我就业认知、我的大学和外部劳动力市场三个因素作为自变量,以独立学院毕业生就业满意度为因变量,采用逐步进入的回归法,以分析就业能力各个层面对就业满意度的影响作用大小。如表 4.65 所示,经多元回归分析后显示出下列研究结果:

(1)从标准化回归系数来看,三个显著回归系数的自变量中,由标准化系数可看出就业能力对就业满意度的影响均为正。标准化系数越高,表示该预测变量对就业满意度的影响越大,其解释因变量的变异量越大,即"外部劳动力市场"解释量为 71.6%,其依次为"我的大学"解释量为 71.4%,"自我就业认知"解释变异量为 64.7%。

(2)标准化回归方程式预测模式:

独立学院毕业生就业满意度 = 0.469×自我就业认知+0.365×我的大学+0.087×外部劳动力市场。

其中就业能力的"自我就业认知"($t=10.374,p=0.000$)"我的大学"($t=11.433,p=0.000$)与"外部劳动力市场"($t=2.080,p=0.038$)预测变量达显著水平。

（3）透过变异数的膨胀因素（VIF）检视，VIF 值均未大于评鉴指标值 10，表示预测变量间的多元共线性问题并不明显，代表此回归模式配适良好。

（4）结果分析：在本研究中就业能力的"自我就业认知""我的大学"与"外部劳动力市场"三个层面均能有效的预测独立学院毕业生的就业满意度。据此，本研究假设九："就业能力"对于"就业满意度"有正向且显著的影响，其验证结果是支持的。

表4.65　就业能力三个维度对就业满意度逐步回归预测摘要

投入预测变量顺序	R	R^2	调整后 R^2	t 值	标准化系数
自我就业认知	0.805^a	0.647	0.647	10.374^{***}	0.469
我的大学	0.846^b	0.715	0.714	11.433^{***}	0.365
外部劳动力市场	0.847^c	0.717	0.716	2.080^*	0.087

注：因变量：就业满意度；$^* p<0.05$，$^{***} p<0.001$。

三、社会资本对就业能力预测力分析

该回归分析旨在探寻社会资本对独立学院毕业生就业能力的直接影响。以本研究的理论分析为基础，以社会资本的三个层面之社会关系网络规模、社会关系连接强度和作用人的社会地位三个因素作为自变量，以独立学院毕业生就业能力为因变量，采用逐步进入的回归法，以分析社会资本各个层面对就业能力的影响作用大小如表4.66所示，经多元回归分析后显示出下列研究结果：

（1）从标准化回归系数来看，三个显著回归系数的自变量中，由标准化系数可看出社会资本对就业满意度的影响均为正。标准化系数越高，表示该预测变量对就业满意度的影响越大，其解释因变量的变异量越大，即"作用人的社会地位"解释量为61.4%，其依次为"社会关系连接强度"解释量为60.7%，"社会资本的网络规模"解释变异量为56.8%。

（2）标准化回归方程式预测模式：

独立学院毕业生就业能力=0.453×社会关系网络规模+0.249×社会关系连接强度+0.153×作用人的社会地位

其中社会资本的"社会关系网络规模"（$t=9.487,p=0.000$）、"社会关系连接强度"（$t=6.612,p=0.000$）与"作用人的社会地位"（$t=3.291,p=0.001$）预测变量达显著水平。

（3）透过变异数的膨胀因素（VIF）检视，VIF 值均未大于评鉴指标值 10，表示预测变项间的多元共线性问题并不明显，代表此回归模式配适良好。

（4）结果分析：在本研究中社会资本的"社会关系网络规模""社会关系连接强度"与"作用人的社会地位"三个层面能有效预测就业能力。据此，本研究假设十：独立学院毕业生的社会资本对就业能力有正向且显著的影响，其验证结果是支持的。

表4.66　社会资本三个维度对就业能力逐步回归预测摘要

投入预测变量顺序	R	R^2	调整后 R^2	t 值	标准化系数
社会关系网络规模	0.754[a]	0.568	0.568	9.487***	0.453
社会关系连接强度	0.780[b]	0.608	0.607	6.612***	0.249
作用人的社会地位	0.785[c]	0.616	0.614	3.291**	0.153

注：因变量：就业能力；** $p<0.01$，*** $p<0.001$。

四、就业能力与社会资本对整体就业满意度联合预测力分析

该回归分析旨在探寻社会资本对独立学院毕业生就业满意度的直接影响。以本研究的理论分析为基础，以就业能力的三个层面之自我就业认知、我的大学和外部劳动力市场及社会资本的三个层面之社会关系网络规模、社会关系连接强度和作用人的社会地位共六个因素作为自变量，以独立学院毕业生就业满意度为因变量，采用逐步进入的回归法，以分析社会资本各个维度对就业满意度

的影响作用大小。如表4.67所示,经多元回归分析后显示出下列研究结果:

(1)从标准化回归系数来看,六个显著回归系数的自变量中,对就业满意度的预测力达显著水平层面的变量为五个:自我就业认知、我的大学、社会关系连接强度、社会关系网络规模与外部劳动力市场。

由标准化系数可看出"社会关系网络规模"对就业满意度的影响为负,自我就业认知、我的大学、社会关系连接强度与外部劳动力市场对就业满意度的影响均为正。标准化系数越高,表示该预测变量对就业满意度的影响越大,其解释因变量的变异量越大。即"外部劳动力市场"解释变异量为72.2%,其依次为"社会关系网络规模"解释变异量为72.0%,"社会关系连接强度"解释变异量为71.9%,"我的大学"解释变异量为71.4%,"自我就业认知"解释变异量为64.7%。

(2)标准化回归方程式预测模式:

独立学院毕业生就业满意度=0.465×自我就业认知+0.332×我的大学+0.146×社会关系连接强度-0.090×社会关系网络规模+0.086×外部劳动力市场

其中,就业能力的"自我就业认知"($t=9.954, p=0.000$)、"我的大学"($t=9.654, p=0.000$)和"外部劳动力市场"($t=2.069, p=0.039$)及社会资本的"社会关系连接强度"($t=3.699, p=0.000$)和"社会关系网络规模"($t=-2.110, p=0.035$)预测变量达显著水平。

(3)透过变异数的膨胀因素(VIF)检视,VIF值均未大于评鉴指标值10,表示预测变量间的多元共线性问题并不明显,代表此回归模式配适良好。

(4)结果分析:在本研究中社会资本的"社会关系网络规模"与"社会关系连接强度"两个层面及就业能力的"自我就业认知""我的大学"和"外部劳动力市场"三个层面均能有效预测就业满意度。据此,假设十一:独立学院毕业生的就业能力与社会资本对独立学院毕业生的就业满意度有正向且显著的影响,其验证结果是支持的。

表4.67　社会资本三个维度与就业能力三个对就业满意度逐步回归预测摘要

投入预测变量顺序	R	R^2	调整后 R^2	t 值	标准化系数
自我就业认知	0.805^a	0.647	0.647	9.954***	0.465
我的大学	0.846^b	0.715	0.714	9.654***	0.332
社会关系连接强度	0.849^c	0.720	0.719	3.699***	0.146
社会关系网络规模	0.850^d	0.722	0.720	−2.110*	−0.090
外部劳动力市场	0.851^e	0.724	0.722	2.069*	0.086

注:因变量:就业满意度; * $p<0.05$, * * * $p<0.001$。

第五节　个人访谈分析

量化调查数据分析结束后,研究者根据研究主题及量化研究结果,拟定了访谈提纲,经由相关教师及工作人员对内容效度进行检测后,便陆续对案例院校的毕业生和负责就业指导的工作人员展开访谈。根据受访者的感知和评级,进一步为独立学院这一应用型高校的教育教学方面展开思考、提出政策建议。在进行访谈时,提前设计访谈大纲,对案例独立学院的 5 位毕业生和 2 位负责就业的工作人员进行半结构访谈。以英文字母和数字作为独立学院毕业生的代号,分别是 F_1、F_2、F_3、F_4、F_5,负责就业的工作人员的编码为 S_1 和 S_2,用阿拉伯数字代表访谈对话内容的顺序,将访谈记录整理归类,去除受访者论述相同的部分以及与本问题无关的部分,并将口语转为书面语言。现将访谈结果整理如下:

一、毕业生接受访谈

(1)您对于您目前就业状况是否感到满意?

受访者中有80%的毕业生评价就业满意程度为中等偏上,例如,会用"居中

（F$_4$-007）""目前的状况还可以挺好,算一般偏上吧（F$_1$-001）""满意（F$_5$-001）"
和"非常满意（F$_2$-006）"等词来做评价。20%的毕业生是在更换了行业后对就
业状况感到满意,如:"刚开始对我自己的就业状况感到不满意,后来就觉得满
意了（F$_3$-001）"。

（2）在您的就业过程中,就业满意度受哪些因素的影响?

访谈过程中,对接受访谈的5位毕业生的访谈内容进行了"类别"归纳,将
与影响因素相关的访谈语句归结到一起,涉及专业、学校背景、个人其他能力、
导师关系、家庭关系和社会其他关系六个类别。通过连接类别构建"主题",包
含就业能力和社会资本两个主题。具体分析如图4.1所示。

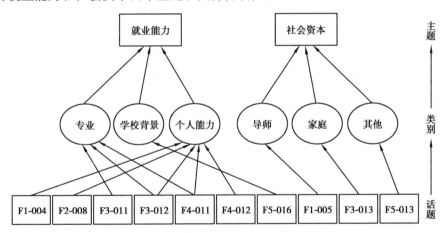

图4.1 就业满意度影响因素的质性分析过程

所有接受访谈的毕业生均认为就业能力是影响就业满意度高低的主要因
素,还有60%的毕业生认为社会资本也是影响就业满意度高低的主要因素。

（3）大学期间,通过哪些方面提升了您的就业能力? 比如,是自我就业认知
能力的提升、还是对外部劳动力市场的了解,再或是大学的品牌背景。

接受访谈的5位毕业生均表示,就业能力的提高有赖于专业能力的提升。
同时,受访者也表示,大学期间个人能力的提升远比专业能力的培养更重要,持
这一观点的受访者比例达到了71.43%（包含 F$_1$-004、F$_2$-008、F$_3$-012、F$_4$-012、S$_1$-
025）。

此外,接受访谈的毕业生中,有60%的受访者表明,自己在毕业前就会有意识地对"自我就业认知"情况进行培养,比如会有求职意识、会主动地去了解就业市场,并为自己做一份职业生涯规划等等。

(4)从个人背景因素方面进行访谈时,60%的受访者(F_1-016、F_2-013、F_5-047)认为实习、实践是影响就业满意度高低的主要因素,20%的受访者(F_1-017)均提及到这一点,因为自己在实践中没有得到很好的自我提升,便会对整个行业感到失望。

受访者一致认为,参加大学里的活动,可以锻炼个人的能力,主要有辩论活动、实践活动、专业实习和职业认知这些类别的活动,并且每个类别占到受访者的20%。

大学期间的实践经历会成为日后选择领域的敲门砖。初次就业时,用人单位会看重毕业生的学历以及学生社团经历,此外,更看重的是个人的综合能力和持续学习能力。学院根据自己的专业课程所开设的教学实习项目对学生帮助也很大,实习过程中可以加强自己对职业领域的了解,并提前了解劳动力市场的人才需求。

从党员背景看,"如果从政的话,党员是有一定优势的(F_3-039)"。这一因素在访谈过程中占到了20%,而这一群体也恰巧是在政府部门工作。同时,在接受访谈的一位毕业生也明确表现出性别给自己就业带来的优势"我作为一个男性来说,在就业上非常有优势(F_3-045)"。

单位所在区域/地区基本不会影响毕业生对就业满意度的评价,影响最大的依旧是自己的能力(F_5-036)。这一比例占到了80%,其中20%的毕业生没有用具体的语言来说明,只会通过相应的意思来表达。投递简历的次数可以提高自己在职业领域的曝光度,进而影响自己对就业满意度的评判,尤其是在自我创业及灵活就业的群体中体现较为突出,占到受访者的20%,并且这一因素在这20%的受访者的访谈中也被多次提到。

（5）您可否对学校的就业工作提一些建议？

毕业生希望学校可以引导学生提前建立职业意识，提前开设相关职业生涯指导的课程、引导学生制定好属于自己的职业生涯规划。这样不至于让学生在面临毕业就业时因为彷徨与不知所措而选择考研。以"就业指导课""找工作""职业生涯规划"等作为访谈"类别"进行分类，访谈者11次提到了相关问题，占到每次访谈者谈话比例的23%。其中，有6次提到学校开设的就业指导课程对学生帮助不大，占到总体谈话比例的54.5%，由此表明学校的就业指导课程的上课形式、频率或者节奏上都应进一步完善。

二、就业指导工作者接受访谈

（1）请您谈一谈贵校（院）学生的就业情况。

接受访谈的两位就业指导工作人员所在的两个学院的毕业生的就业率达到了98%和97%，上述两个学院的师生对就业概念的界定主要还是以参加工作、创业和出国及考研为标准。

此外，学生就业后，学校会通过麦克思就业调查问卷进行后期的跟踪调查，并将学生的就业满意情况回馈给学校。也会有个别的电话跟踪回访，只是这一方式使用范围小、使用频率低，但获得的信息更准确。

（2）贵校在对毕业生的就业指导工作中都做过哪些工作？

各个学院都有"就业指导课程"，部分学院会教学生做"职业生涯规划"。通过"就业指导课程"了解毕业生就业需求和就业方向，以此帮助学生做好职业规划。

学院会根据不同年级的学生特点有针对性地提出不同的就业创业指导思路。计算机学院有"摸底调查的工作（S$_2$-008）"。"如果学生想直接就业，我们就会帮助学生联系实习单位，锻炼了学生的工作能力和实践能力。如果学生是想考研，学校会开设考研政策课，帮助学生选择学校和专业，提升考研升学率。如果是创业，会通过学校的创新创业中心，帮助学生做创业孵化，从创业想法的萌生,到商业的注册,到最终入驻创业孵化园,并成立公司,都有明晰的分工,对学生创业就业安排也比较明了(S_2-011)"。

(3)贵校是如何帮助学生提升个人的创业就业能力的?

每个学院的课程都有不同,学院会根据学生的特点来设置就业指导课程,让学生在日常活动中与社会实践对接。独立学院的人才培养是以培养高水平的应用型大学生为目标,最重要的是培养学生动手动脑的实践能力,并且让学生能够从事自己喜欢的职业。因此,学校的就业指导课是让学生从大二大三就开始接触科研平台、接触社会的研究项目,以项目带动课程改革,然后再融合学生兴趣,在做课题、项目的时候就够有目标地学到东西。同时,企业也是有回馈的,根据回馈,改进学生实习实践的方式方法。然后再结合就业指导课和职业生涯规划课程,达到三维效果。其中一位接受访谈的老师概括道,整体来说,这个过程的辐射面目前能达到70%就已经非常好了,我们正在向前迈进,争取可以达到95%吧(S_1-019)。

另外,学校还组建许多支创新创业团队,学生可以在参加团队活动和各式各样的比赛过程中锻炼自己的交际能力和合作能力(S_2-025)。

以企业和学校结合,建立了广东省的协同育人的平台,许多企业进驻了平台,学生可以自主地选择是否前往我们合作的企业去实习或者实践锻炼。两位负责就业指导工作的人员在访谈中都提及,学生毕业前的社会实践是未来高校就业工作中越来越被重视的一项工作。

(4)在过去的研究中我们发现,社会资本和就业能力对毕业生的就业满意度的评价产生较大的影响,贵校是否会考虑将这些能力的提升放到未来的工作计划中吗? 大概会从哪些方面去做?

50%的工作人员在访谈中明确指出,社会资本对学生的帮助不是特别大,因为学生主要的社会关系网还是老师和同学。作为同学,基本都是刚毕业,刚步入社会,对个人的成长帮助不大。作为教师,高等教育扩招后的规模十分庞大,老师也不会像国外一样或者和中国三四十年代那样有小班教学模式。

接受访谈的工作人员均认为就业能力的作用还是非常大的。主要通过参加比赛、自我学习、参与校企结合的实践项目，来加强对未来职业的了解和认知。

（5）未来工作中贵校（院）会从哪些方便提升学生的就业满意度？

未来的工作中，学校通过两个方面进行改进，第一，在教育教学（S_1-004）上，首先是社会需求方面，学校会通过麦克思的调查结果，了解哪些专业是红牌专业，以此对专业做改进，得到这项工作的调查结果的回馈是非常重要的。其次是教育教学方面，通过课程研究、课程大纲以及课程开发这几项来做的改进。第二，在行政口（S_1-004），主要体现在负责就业指导工作的工作人员加强对就业指导课程的改进和提前帮助学生做职业生涯规划两个方面。

总体而言，实践操作中只有50%的工作人员对此有详尽的构思和规划，而另外50%的工作人员只能根据现在的成果做进一步的延伸或者改变。但都不难看出，工作人员和学校在提升学生就业满意度方面是一直在努力。

第五章　研究讨论

综合上述统计资料的结果分析和讨论,获得一些可与本研究的文献研究结果相互印证的部分,但也有了一些新的研究发现。

第一节　研究假设检验

本节通过验证研究假设的方式进行,结果显示:独立学院毕业生的就业满意度、就业能力和社会资本认知在中等以上;背景关系变量方面的假设有些也不成立,即独立学院毕业生的就业满意度、就业能力和社会资本受不同背景变量的影响会存在差异;相关性假设中的假设全部成立,说明独立学院毕业生的就业能力、社会资本与就业满意度各层面间呈两两相关。

下面将本章研究结果以表5.1研究假设验证摘要表呈现。

表5.1　研究假设验证摘要表

假设	成立	部分成立	不成立
假设一:独立学院毕业生的就业满意度、就业能力和社会资本的认知情形在中等以上	△		
假设二:不同背景的独立学院毕业生在就业满意度方面有显著差异		△	
2-1:不同就业情形的独立学院毕业生在就业满意度方面有显著差异	△		
2-2:不同性别的独立学院毕业生在就业满意度方面有显著差异	△		

续表

假设	成立	部分成立	不成立
2-3：不同年龄层独立学院毕业生在就业满意度方面有显著差异			△
2-4：不同毕业院系的独立学院毕业生在就业满意度方面有显著差异	△		
2-5：修读不同第二专业的独立学院毕业生在就业满意度方面有显著差异	△		
2-6：不同户籍所在地的独立学院毕业生在就业满意度方面有显著差异	△		
2-7：不同政治面貌的独立学院毕业生在就业满意度方面有显著差异			△
2-8：不同毕业年份的独立学院毕业生在就业满意度方面有显著差异	△		
2-9：不同学生干部经历的独立学院毕业生在就业满意度方面有显著差异	△		
2-10：是否获得过奖学金的独立学院毕业生在就业满意度方面有显著差异	△		
2-11：不同兼职时间的独立学院毕业生在就业满意度方面有显著差异	△		
2-12：不同教学实习时间的独立学院毕业生在就业满意度方面有显著差异	△		
2-13：不同就业实习时间的独立学院毕业生在就业满意度方面有显著差异	△		
2-14：工作单位所处不同区域的独立学院毕业生在就业满意度方面有显著差异			△
2-15：工作单位所处不同地点的独立学院毕业生在就业满意度方面有显著差异			△
2-16：不同行业的独立学院毕业生在就业满意度方面有显著差异	△		
2-17：不同单位类型的独立学院毕业生在就业满意度方面有显著差异	△		
2-18：投递简历次数不同的独立学院毕业生在就业满意度方面有显著差异			△
2-19：获得面试机会不同的独立学院毕业生在就业满意度方面有显著差异			△
假设三：不同背景的独立学院毕业生在就业能力方面有显著差异		△	
3-1：不同就业情形的独立学院毕业生在就业能力方面有显著差异	△		
3-2：不同性别的独立学院毕业生在就业能力方面有显著差异	△		
3-3：不同年龄的独立学院毕业生在就业能力方面有显著差异			△
3-4：不同毕业院系的独立学院毕业生在就业能力方面有显著差异	△		
3-5：修读不同第二专业的独立学院毕业生在就业能力方面有显著差异	△		

续表

假设	成立	部分成立	不成立
3-6:不同户籍所在地的独立学院毕业生在就业能力方面有显著差异	△		
3-7:不同政治面貌的独立学院毕业生在就业能力方面有显著差异			△
3-8:不同毕业年份的独立学院毕业生在就业能力方面有显著差异	△		
3-9:不同学生干部经历的独立学院毕业生在就业能力方面有显著差异	△		
3-10:是否获得过奖学金的独立学院毕业生在就业能力方面有显著差异	△		
3-11:不同兼职时间的独立学院毕业生在就业能力方面有显著差异	△		
3-12:不同教学实习时间的独立学院毕业生在就业能力方面有显著差异	△		
3-13:不同就业实习时间的独立学院毕业生在就业能力方面有显著差异	△		
3-14:工作单位所处不同区域的独立学院毕业生在就业能力方面有显著差异			△
3-15:工作单位所处不同地点的独立学院毕业生在就业能力方面有显著差异			△
3-16:不同行业的独立学院毕业生在就业能力方面有显著差异	△		
3-17:不同单位类型的独立学院毕业生在就业能力方面有显著差异	△		
3-18:投递简历次数不同的独立学院毕业生在就业能力方面有显著差异			△
3-19:获得面试机会不同的独立学院毕业生在就业能力方面有显著差异			△
假设四:不同背景的独立学院毕业生在社会资本方面有显著差异		△	
4-1:不同就业情形的独立学院毕业生在社会资本方面有显著差异	△		
4-2:不同性别的独立学院毕业生在社会资本方面有显著差异	△		
4-3:不同年龄的独立学院毕业生在社会资本方面有显著差异	△		
4-4:不同毕业院系的独立学院毕业生在社会资本方面有显著差异	△		
4-5:修读不同第二专业的独立学院毕业生在社会资本方面有显著差异	△		
4-6:不同户籍所在地的独立学院毕业生在社会资本方面有显著差异	△		
4-7:不同政治面貌的独立学院毕业生在社会资本方面有显著差异	△		
4-8:不同毕业年份的独立学院毕业生在社会资本方面有显著差异	△		
4-9:不同学生干部经历的独立学院毕业生在社会资本方面有显著差异	△		
4-10:是否获得过奖学金的独立学院毕业生在社会资本方面有显著差异	△		

续表

假设	成立	部分成立	不成立
4-11:不同兼职时间的独立学院毕业生在社会资本方面有显著差异	△		
4-12:不同教学实习时间的独立学院毕业生在社会资本方面有显著差异	△		
4-13:不同就业实习时间的独立学院毕业生在社会资本方面有显著差异	△		
4-14:工作单位所处不同区域的独立学院毕业生在社会资本方面有显著差异			△
4-15:工作单位所处不同地点的独立学院毕业生在社会资本方面有显著差异	△		
4-16:不同行业的独立学院毕业生在社会资本方面有显著差异	△		
4-17:不同单位类型的独立学院毕业生在社会资本方面有显著差异	△		
4-18:投递简历次数不同的独立学院毕业生在社会资本方面有显著差异	△		
4-19:获得面试机会不同的独立学院毕业生在社会资本方面有显著差异			△
假设五:独立学院毕业生的就业能力与就业满意度有显著相关	△		
假设六:独立学院毕业生的社会资本与就业满意度有显著相关	△		
假设七:独立学院毕业生的就业能力与社会资本有显著相关	△		
假设八:独立学院毕业生的社会资本对就业满意度有正向且显著的影响	△		
假设九:独立学院毕业生的就业能力对就业满意度有正向且显著的影响	△		
假设十:独立学院毕业生的社会资本对就业能力有正向且显著的影响	△		
假设十一:独立学院毕业生的就业能力与社会资本对独立学院毕业生的就业满意度有正向且显著的影响	△		

第二节 结果讨论

一、独立学院毕业生之就业满意度、就业能力和社会资本认知讨论

本节在探讨独立学院毕业生就业满意度以及影响因素之就业能力和社会

资本的现况,分析结果显示:案例院校毕业生的就业满意度、就业能力与社会资本现状整体属于"中高"程度范围,表示独立学院毕业生就业实践符合就业满意度、就业能力和社会资本的内涵,与本研究的假设一相符。兹将"就业满意度""就业能力"与"社会资本"之整体与各层面的情况作如下讨论。

(一)就业满意度层面

独立学院毕业生在"就业满意度"各层面的满意认知上的平均分属"中高"程度,其中"工作岗位特征满意"得分最高,其次是"学校就业指导满意"。独立学院以培养适合当地经济发展需求的应用型人才为目标,那么毕业生择业区主要集中在学校所在地,因此,在工作单位选择上是有预期心理准备的,也可以说明毕业生对工作地有较好的适应性。独立学院毕业生在选择单位的过程中,"我对工作单位的性质类型感到满意"题项(A-2-3)的得分最高(3.91),其次是"我对目前就业单位所在的地区感到满意"题项(A-2-1)(3.90分)与"我对就业单位在当地所处的地理位置感到满意"题项(A-2-2)(3.90分)。这表明独立学院毕业生在对"工作岗位特征满意"认知层面上会将单位性质作为主要因素进行考虑,对工作所在地区的选择也较重视。此分析结果与刘新华[1]、王乃一和何颖[2]及曾凡富[3]等人的研究结果一致。在"工作岗位特征满意"中,"我对当前工作的收入与工作付出比例感到满意"(A-2-5)为最低分(3.69分)。表明独立学院毕业生会高估自己的预期收入,对工作回报的期待比较高,这使他们的待遇期望值与实际就业时待遇的感知值存在相当大的差异。这需要学校注重对大学生就业动机方面的教育与引领,端正学生的择业观与就业期待。这一结果与

---

[1] 刘新华:《应用型本科院校毕业生就业满意度调查与分析——以安阳工学院为例》,《安阳工学院学报》2013 年第 5 期,第 103 页。

[2] 王乃一、何颖:《免费师范生就业满意度调查及其思考——以华东师范大学为例》,《教师教育研究》2014 年第 2 期,第 65–71 页。

[3] 曾凡富:《独立学院毕业生就业三方满意度的调查与分析》,《桂林航天工业学院学报》2015 年第 3 期,第 369 页。

邢朝霞与何艺宁[1]、高银玲与张科[2]、岳昌君、肖林生与徐美玲[3]及王孝莹与王新月[4]等人的研究结果一致。

就业满意度的另一方面之"学校就业指导满意"中,"我对母校的办学条件感到满意"(A-1-9)题项得分最高,平均数得分为4.11分,题项平均分为"高"程度。表明学生学校的办学条件值得肯定,也得到了学生的认可。而"我对学校提供的实习机会,在就业方面发挥的作用感到满意"题项(A-1-6)的得分最低(3.54)。表明学校给学生提供的实习机会方面还有待提升,学校应密切关注社会和人才市场需求,及时提供各种就业信息和实习机会这与曾凡富[5]及肖林生和徐美玲[6]的观点相一致。

(二)就业能力层面

独立学院毕业生在"就业能力"各层面认知上的平均分属"中高"程度,其中"外部劳动力市场"得分最高(3.98),其次是"自我就业认知"(3.88),"我的大学"得分最低(3.42)。这表明毕业生对未来工作的教育程度有足够的了解,并指导用人单位的要求在提升,工作中会遇到一些困难也需要一定的工作技能。这也说明独立学院的学生对外部劳动力市场的需求较为明确,就业能力是由市场决定的而不是由学生个体能力而决定的。这与学者库皮(Couppie)[7]、布朗(Brown)[8]

① 邢朝霞、何艺宁:《大学毕业生就业满意度与其影响因素的相关性分析》,《教育学术月刊》2013年第12期,第44页。

② 高银玲、张科:《独立学院毕业生就业质量及其影响因素研究——以河北省为例》,《青年与社会》2013年第8期。第135-137页。

③ 肖林生、许美玲、肖天旭等:《独立学院毕业生就业状况分析——以珠海市B独立学院为例》,《山东高等教育》2015年第10期,第49-53页。

④ 王孝莹、王新月:《基于期望与感知的毕业生就业满意度分析——以山东省济南市高校为例》,《人口与经济》2016年第6期,第92-101页。

⑤ 曾凡富:《独立学院毕业生就业三方满意度的调查与分析》,《桂林航天工业学院学报》2015年第3期,第369页。

⑥ 肖林生、许美玲:《独立学院毕业生就业状况分析——以珠海市B独立学院为例》,《山东高等教育》2015年第10期,第49-53页。

⑦ Couppie,T.,& Mansuy,M.,"The Situation of Young Labour-market Entrants in Europe,"*Training & Employment* 39,(2000):6.

⑧ Phillip Brown, Anthony Hesketh, &Sars Wiliams.,"Employability in A Knowledge-driven Economy,"*Journal of Education & Work* 16,No.2(2003):107-126.

与曾湘泉和牛玲[1]等人的研究结果一致。同时,用人单位在招人用人时,会注重了解学生的综合能力,包括毕业生母校的社会影响力,而在这个层面上,独立学院的毕业生对"我的大学"持较低的认可态度,"我母校的大学毕业生在求职过程中很受欢迎"题项(B-5-3)不甚理想($M=2.61$),表明独立学院毕业生在就业的过程中,母校的品牌没有为自己的就业起到加分作用,毕业院校还需要做出一些举措来提升社会对独立学院的了解和认可。这与学者刘珵与桂晓菁[2]、陈丽君[3]、程立军与寇轶磊[4]等人的观点较为相符。

(三)社会资本层面

独立学院毕业生在"社会资本"各层面的认知上的平均分属"中高"程度,其中"作用人的社会地位"得分最高($M=3.93$),其次是"社会关系网络规模"($M=3.71$),"社会关系连接强度"得分最低($M=3.68$)。研究结果显示,独立学院毕业生更重视对自己帮助大的人的社会地位。这因为,在社会资源分配中权力的重要地位为人情关系交易包括大学生的求职等提供了存在空间,作用人的地位越高,越容易获得重要信息、网罗更多的社会资源、接触更高层次的社会成员。这对毕业生就业也起到较大作用,这与学者刘立波与赵宇[5]、郑茂雄[6]与肖林生[7]等人的研究相一致。其次,在以"强关系"作用下,人们可以通过关系网络来获得并强化自己想要的社会资源。因此"社会关系网络规模"成为独立学院毕业生求职就业时社会资本的重要组成部分,这与学者林南[8]的研究相一致。

① 曾湘泉、牛玲:《大学生就业能力与就业战略》,《中国大学生就业》2009 年第 4 期,第 30 页。
② 刘珵、桂晓菁:《对独立学院就业工作的思考》,《重庆邮电大学学报:社会科学版》2008 年第 6 期(增刊),第 88 页。
③ 陈丽君:《独立学院大学生就业问题探究》,《桂林电子科技大学学报》2009 年第 2 期,第 188 页。
④ 程立军、寇轶磊:《独立学院毕业生就业问题浅析》,《教育与职业》2013 年第 20 期,第 87 页。
⑤ 刘立波、赵宇:《影响独立学院毕业生就业竞争力因素及对策》,《辽宁工程技术大学学报(社会科学版)》2010 年第 4 期,第 421 页。
⑥ 郑茂雄:《家庭社会资本与大学生就业满意度关系研究》,《高教探索》2012 年第 2 期,第 135 页。
⑦ 肖林生:《社会资本对独立学院毕业生就业质量的影响——基于珠海三所独立学院的调查》,《江汉大学学报(社会科学版)》2016 年第 2 期,第 93-99 页。
⑧ 林南:《社会网络与地位获得》,《马克思主义与现实》2003 年第 2 期,第 46-59 页。

最后,在本研究中,"社会关系连接强度"对独立学院毕业生的就业起到作用,但不是最主要的,这方面学者们的研究甚少。

二、不同背景的独立学院毕业生在就业满意度及其影响因素的认知讨论

不同背景的独立学院毕业生在就业能力、社会资本和就业满意度整体及各层面上的差异显示,部分有显著差异,部分没有显著差异,与本研究的假设二、假设三及假设四部分相符。具体情况作如下讨论。

(一)独立学院毕业生就业满意度的个人背景变量差异讨论

案例院校毕业生在就业满意度上的差异情形分析结果综合整理如表5.2。

表5.2 独立学院毕业生就业满意度差异分析综合摘要表($N=584$)

背景变量	变量组别	名称		
		学校就业指导满意	工作岗位特征满意	整体
就业情况	1.已经和用人单位签约 2.尚未签约,但已经有愿意接受的单位 3.还没有意向单位,仍在找工作中 4.继续读书深造 5.暂不工作,准备继续考研 6.自我创业中	2>5	2>5	2>5
性别	1.男 2.女	1>2	1>2	1>2
年龄	1.17~20岁 2.21~25岁 3.26~30岁 4.31~35岁 5.36岁及以上	*NS*	5>1	*NS*

续表

背景变量	变量组别	名称		
		学校就业指导满意	工作岗位特征满意	整体
毕业院系	1. 教育学院 2. 文学院 3. 信息技术学院 4. 国际商学部 5. 管理学院 6. 不动产学院 7. 法律与行政学院 8. 设计学院 9. 艺术与传播学院 10. 特许经营学院 11. 外国语学院 12. 应用数学学院 13. 物流学院 14. 工程技术学院	1>9	5>12 5>14 2>12 2>14	1>9
第二专业	1. 未修读 2. 教育学院 3. 文学院 4. 信息技术学院 5. 国际商学部 6. 管理学院 7. 不动产学院 8. 法律与行政学院 9. 设计学院 10. 艺术与传播学院 11. 特许经营学院 12. 外国语学院 13. 应用数学学院 14. 物流学院 15. 工程技术学院	2>7 11>7 2>1 11>1	2>8 3>8 5>8	2>10 2>1

续表

背景变量	变量组别	名称		
		学校就业指导满意	工作岗位特征满意	整体
户籍所在地	1. 直辖市 2. 省会城市 3. 地级市 4. 县城、乡镇 5. 村、屯 6. 港澳台地区 7. 国外	6>5	6>5	6>5
政治面貌	1. 中共党员（含中共预备党员） 2. 共青团员 3. 民主党派 4. 群众 5. 无党派人士	*NS*	*NS*	*NS*
毕业年份	1. 2006—2009 年 2. 2010—2012 年 3. 2013 年以后	1>3	1>3	1>3 2>3
学生干部	1. 无 2. 有	2>1	2>1	2>1
获奖学金	1. 没获得过 2. 获得过	2>1	2>1	2>1
兼职时间	1. 没有兼职经历 2. 1~6 个月 3. 7~12 个月 4. 一年以上	3>1	3>1	3>1
教学实习时间	1. 没有参与过教学实习 2. 1~3 个月 3. 4~6 个月 4. 半年以上	4>1	4>2 4>1	4>1

续表

背景变量	变量组别	名称		
		学校就业指导满意	工作岗位特征满意	整体
就业实习时间	1. 没有参与过就业实习 2. 1～3个月 3. 4～6个月 4. 半年以上	4>1	4>1	4>1
工作单位所在区域	1. 毕业学校所在地 2. 广东省内非毕业院校所在地 3. 非广东省的其他地区 4. 港澳台地区 5. 国外	*NS*	*NS*	*NS*
工作单位所在地点	1. 直辖市 2. 省会城市 3. 地级市 4. 县城、乡镇 5. 村、屯 6. 港澳台地区 7. 国外	*NS*	*NS*	*NS*
行业	1. 农业(包括林、牧、渔业等) 2. 制造业 3. 信息产业 4. 金融业 5. 地产业 6. 社会服务与管理业 7. 采矿/建筑/水电气业 8. 教育行业 9. 科研问题业 10. 商业服务业 11. 其他	1>11	*NS*	1>8

续表

背景变量	变量组别	名称		
		学校就业指导满意	工作岗位特征满意	整体
单位类型	1. 党政机关 2. 科研院所 3. 事业单位 4. 国有企业（含国有控股与参股企业） 5. 集体企业 6. 民营企业与个体 7. 外资或合资企业 8. 非政府或非营利组织	3>8 4>8 2>8 3>6	1>8	3>8 3>6
投简历次数	1. 10 次及以下 2. 11～30 次 3. 31～50 次 4. 51～100 次 5. 101 次及以上	*NS*	*NS*	*NS*
面试次数	1. 无 2. 1～2 次 3. 3～5 次 4. 6～10 次 5. 11 次及以上	*NS*	*NS*	*NS*

注：*NS* = non-significant

在独立学院毕业生的就业情况对就业满意度的认知产生影响，主要表现在"尚未签约，但已经有意愿接受的单位"的毕业生显著高于"暂不工作，准备继续考研"的毕业生。研究者认为，因为毕业生对现阶段包括就业在内的各情形存在显著的不满意，进而选择用考研的方式进入更高学府，以期从未来更高层次的学校中获得更有利的信息或指导。正如访谈中谈及的"现在的学生普遍在临近毕业的时候不知道做什么，就去选择考研（F_1）"。因为不懂得就业，对就业不了解，所以部分学生才会以逃避的方式选择考研，以期在环境与心理上发生转变,得到暂时性的满足与认可。

从毕业生性别方面看,男生的满意程度明显高于女生,这说明,在竞争激烈的劳动力市场上,无论是就业机会还是工资待遇,女大学生均是处于不利的一方。劳动力市场上,不仅女性就业机会少于男性,薪酬、晋升机会等方面也处于劣势。"我作为一个男性来说,就业上非常有优势(F_3-041)",这是毕业生的真实想法,说明性别确实会对学生就业满意度评价产生影响。

从年龄方面看,"36 岁及以上"的毕业生在工作岗位特征满意层面的认知上高于"17 到 20 岁"的毕业生。这与本研究背景变量之毕业年份对就业满意度影响的分析结果有相似之处,于"2006—2009 年"毕业的毕业生在就业满意度的认知上整体高于"2013 年之后"毕业的毕业生。研究表明,年轻的学生进入职场的时间较短,他们对自己的工作不太容易做出准确的评价,还缺乏足够的经验;而年纪较大的毕业生,随着年龄的增长,劳动力市场上供选择的工作机会越来越少,有了自己一定的职业定位之后,他们的工作期望也随之降低,就业满意度水平也会随之上升。随着年龄的增加,就业满意度低的毕业生会逐渐退出劳动力市场,正是就业市场的自动筛选机制,提高了年龄较大的毕业生的就业满意度水平。

从专业方面看,独立学院毕业生的就业满意度以及各层面的满意程度受所学专业影响较大,其中,教育学院毕业生对学校就业指导和工作岗位特征的满意评价均高于其他学院。究其原因,可能是教育学院是案例院校的品牌学院,学院在专业设置、课程设置等人才培养过程的各环节中强化就业指导,并帮助毕业生对未来的就业单位、就业地区、薪资期待等形成了合理预期。因此,为提升毕业生就业各层面满意评价,有必要促进高校"招生—培养—就业"衔接联动机制的创造。

从户籍方面看,"港澳台地区"的毕业生与原户籍是"村、屯"的毕业生形成比较鲜明的对比,其他组间的毕业生无差别,研究者认为,这与学生的原生家庭环境有关。

从政治面貌方面看，不同政治面貌的毕业生对就业满意度没有显著影响，这与学者张建奇①的研究不一致。研究者认为，这是因为在就业过程中，受到政治面貌限制的单位类型主要是党政机关与事业单位，而这些单位在招人、录用时，更看重学生的学校或专业，因此，独立学院毕业生被录用的相对偏少。第二方面，党政机关与事业单位有自己的招人、录人机制，例如，公务员考试中，独立学院的毕业生的应考能力相对较弱，所以也会降低独立学院毕业生的录取率。再看学生干部与奖学金方面，均会对独立学院毕业生的就业满意度及各层面产生影响。这也说明这些经历会对学生的就业产生正面的促进作用。尤其是国家机关事业单位在招聘时会考虑学生干部，因为优秀学生干部作为大学生群体中的先进分子，在实干精神和与综合素质等方面都较为优秀，所以在就业的时候会表现出更多的自信，在工作中的表现也比较好，因此对就业会有促进作用。这与学者张建奇②和肖林生③等人的研究相一致。

"兼职时间""教学实习时间"与"就业实习时间"背景变量均对独立学院毕业生的就业满意度产生影响，说明参加社会实践均能够显著提高学生的就业满意度。这与学者邢朝霞与何艺宁④等人的研究相一致。

另外，"工作单位所在区域"与"工作单位所在地点"对就业满意度的影响并不显著，这与研究者岳昌君⑤、陈成文⑥等人的研究不符。研究者认为，案例院校毕业生未来职业发展范围多集中在学校所在地，广东省尤其珠三角地区高

---

① 张建奇：《关于大学生就业意识、能力准备与就业满意度之间关系的研究》，《河南社会科学》2001年第4期，第103-106页。
② 张建奇：《关于大学生就业意识、能力准备与就业满意度之间关系的研究》，《河南社会科学》2001年第4期，第103-106页。
③ 肖林生：《社会资本对独立学院毕业生就业质量的影响——基于珠海三所独立学院的调查》，《江汉大学学报(社会科学版)》2016年第2期，第93-99页。
④ 邢朝霞、何艺宁：《大学毕业生就业满意度与其影响因素的相关性分析》，《教育学术月刊》20213年第12期，第44页。
⑤ 岳昌君：《中国高校毕业生就业满意度的影响因素分析》，《北京大学教育评论》2013年第2期，第84-96页。
⑥ 陈成文、汪希：《就业储备对大学毕业生就业的影响——基于2009届大学毕业生的实证研究》，《高等教育研究》2009年第10期，第90页。

度发达的民营经济为复合型、应用型人才提供了广阔的就业空间。再加上独立学院的人才培养目标也是适应地方经济发展的应用型人才,学生在读书期间,对学校所在地的劳动力市场的人才需求和经济情况有较多的了解,甚至是丰富的实践经历使学生对就业情况早有预期,因此会造成工作单位所在区域与地点对就业满意度的影响不大的这一研究结果。

从就业行业方面看,就业行业对"工作岗位特征满意"没有显著的影响。

从单位类型来看,"事业单位、党政机关"工作的独立学院毕业生在就业满意度整体及各分层面的满意程度均高于在"其他"单位类型工作的毕业生。这也说明,独立学院的毕业生倾向于选择党政机关或者事业单位,其他以应用型为主的单位类型反而不那么受学生的欢迎,因此独立学院的办学定位和教育教学方式需要进一步的完善。

"简历次数"与"面试次数"对独立学院毕业生的就业满意度也没有显著性影响。研究者认为,这是因为社会对独立学院的认可度不高、就业压力大的现实因素所导致,毕业生并不会因为频繁投简历而收获更多的职位选择性。

(二)独立学院毕业生就业能力的个人背景变量差异讨论

案例院校毕业生在就业能力上的差异情形分析结果综合整理如表5.3。

从就业情况上看,"尚未签约,但已经有意愿接受的单位"的毕业生对就业能力的认知显著高于比"暂不工作,准备继续考研"的毕业生。研究者认为,这是因为独立学院没有政府的财政收入、学费较高、学生的教育投资成本较高,以至于学生在求职过程中有高投资应该取得高回报的想法,致使自己不能正确地看待自己,因此对未来也有较高的期望值。另外,毕业生在就业时的就业目标不明确,择业时有依赖心理,遇到挫折后有消极的自卑心理。因此要加强独立学院学生的受挫折教育的培养。

表5.3 独立学院毕业生就业能力差异分析综合摘要表($N=584$)

背景变量	变量组别	名称			
		自我就业认知	外部劳动力市场	我的大学	整体
就业情况	1. 已经和用人单位签约 2. 尚未签约,但已经有愿意接受的单位 3. 还没有意向单位,仍在找工作中 4. 继续读书深造 5. 暂不工作,准备继续考研 6. 自我创业中	2>5	1>5 2>5 3>5	2>5	2>5
性别	1. 男 2. 女	NS	NS	1>2	1>2
年龄	1. 17~20岁 2. 21~25岁 3. 26~30岁 4. 31~35岁 5. 36岁及以上	4>1 5>1	4>1 3>1	NS	NS
毕业院系	1. 教育学院 2. 文学院 3. 信息技术学院 4. 国际商学部 5. 管理学院 6. 不动产学院 7. 法律与行政学院 8. 设计学院 9. 艺术与传播学院 10. 特许经营学院 11. 外国语学院 12. 应用数学学院 13. 物流学院 14. 工程技术学院	6>14 1>14	6>12 6>9	1>9	6>9

续表

背景变量	变量组别	名称			
		自我就业认知	外部劳动力市场	我的大学	整体
第二专业	1. 未修读 2. 教育学院 3. 文学院 4. 信息技术学院 5. 国际商学部 6. 管理学院 7. 不动产学院 8. 法律与行政学院 9. 设计学院 10. 艺术与传播学院 11. 特许经营学院 12. 外国语学院 13. 应用数学学院 14. 物流学院 15. 工程技术学院	2>7	*NS*	11>10	2>7 2>6
户籍所在地	1. 直辖市 2. 省会城市 3. 地级市 4. 县城、乡镇 5. 村、屯 6. 港澳台地区 7. 国外	6>5	6>5 6>7	6>5 6>7	6>5 6>7
政治面貌	1. 中共党员（含中共预备党员） 2. 共青团员 3. 民主党派 4. 群众 5. 无党派人士	1>5	1>2	*NS*	*NS*
毕业年份	1. 2006—2009 年 2. 2010—2012 年 3. 2013 年以后	1>3	1>3	1>3	1>3

背景变量	变量组别	名称			
		自我就业认知	外部劳动力市场	我的大学	整体
学生干部	1. 无 2. 有	2>1	2>1	2>1	2>1
获奖学金	1. 没获得过 2. 获得过	2>1	2>1	2>1	2>1
兼职时间	1. 没有兼职经历 2. 1~6 个月 3. 7~12 个月 4. 一年以上	3>1	3>1	3>1	3>1
教学实习时间	1. 没有参与过教学实习 2. 1~3 个月 3. 4~6 个月 4. 半年以上	4>2 4>1	4>2	4>1	4>3
就业实习时间	1. 没有参与过就业实习 2. 1~3 个月 3. 4~6 个月 4. 半年以上	4>1 4>2 4>3	4>1 4>2 4>3	4>1 4>2 4>3	4>1 4>2 4>3
工作单位所在区域	1. 毕业学校所在地 2. 广东省内非毕业院校所在地 3. 非广东省的其他地区 4. 港澳台地区 5. 国外	*NS*	*NS*	*NS*	*NS*
工作单位所在地点	1. 直辖市 2. 省会城市 3. 地级市 4. 县城、乡镇 5. 村、屯 6. 港澳台地区 7. 国外	*NS*	*NS*	*NS*	*NS*

续表

背景变量	变量组别	名称			
		自我就业认知	外部劳动力市场	我的大学	整体
行业	1. 农业(包括林、牧、渔业等) 2. 制造业 3. 信息产业 4. 金融业 5. 地产业 6. 社会服务与管理业 7. 采矿/建筑/水电气业 8. 教育行业 9. 科研问题业 10. 商业服务业 11. 其他	NS	NS	1>11 3>11	1>11 9>11
单位类型	1. 党政机关 2. 科研院所 3. 事业单位 4. 国有企业(含国有控股与参股企业) 5. 集体企业 6. 民营企业与个体 7. 外资或合资企业 8. 非政府或非营利组织	1>8 1>2 1>5 1>6	1>8	1>8 1>6	1>8 1>6
投简历次数	1. 10 次及以下 2. 11~30 次 3. 31~50 次 4. 51~100 次 5. 101 次及以上	NS	NS	NS	NS
面试次数	1. 无 2. 1~2 次 3. 3~5 次 4. 6~10 次 5. 11 次及以上	NS	NS	NS	NS

注:NS = non-significant

再看性别,独立学院毕业生中男性的就业能力明显高于女性毕业生的就业能力,但在分量表"自我就业认知"和"外部劳动力市场"中却不显著,分量表"我的大学"也呈现同样的结果。研究者考虑,是由于性别、身体等原因,男性学生在校更热衷于社会兼职、校园文化活动等实践性较强的工作。因此,男性学生的在校执行力、环境适应力以及主动性都较强于女性学生。在日后的实际工作中,男生的受挫能力也较女生强,职业发展中也能投入比女生更多的精力,一些用人单位在选择职员的时候会有一定性别倾向,导致男性毕业生有更大的平台提升自我就业能力。这与学者钱芳①、孟云云和王峰②的研究不相符,也许是由于选择的调查对象群体不同。

通过以不同毕业院系作为背景变量对就业能力进行相关研究发现,独立学院毕业生学科间的就业能力差距显著。这与学者刘巧芝的研究不相符:不同学科毕业生就业能力不存在显著差异③。研究者认为,案例院校多是人文社科类专业,人文社科类专业目标培养模糊、岗位设置有限,使人文社科类学生对专业之外的其他能力的要求更高,例如外部劳动力市场、我的大学及自我就业认知。因此,专业对独立学院学生的就业能力产生影响,因此各个学院需要根据专业特征以及专业发展前景作区别对待。

以第二专业作为背景变量,可以看出其在"外部劳动力"市场层面没有显著性影响。探究其原因,第二专业的选择上固然对学生的思维方式或者知识的积累有一定的帮助,但是由于独立学院开设的第二专业所颁发的学位证书是校内证书,在学生的就业过程中不会起到主要作用。正如访谈中说到的"双学位在生活中扩展了我的视野和知识面,但对我的求职或者工作中没有丝毫的影响(F_3-043)"。

在"户籍"变量方面,"港澳台地区"的毕业生在就业能力方面优于"村、屯"

---

① 钱芳:《大学毕业生就业能力的实证调查——基于江西某高校 2011 届大学毕业生的调查》,《江西教育学院学报》2012 年第 2 期,第 56 页。

② 孟云云、王峰:《大学毕业生就业能力与就业质量的关系研究》,《高校辅导员学刊》2013 年第 3 期,第 58 页。

③ 刘巧芝:《大学毕业生就业能力现状及影响因素探析——以浙江省大学毕业生为例》,《中国青年研究》2012 年第 6 期,第 69 页。

的毕业生。究其原因,户籍所在地一般是学生的成长地,是学生主要的成长环境,也进一步影响学生的择业范围与就业层次。这与先前的研究相一致:很多毕业生在找工作的时候会参考生长环境的大背景,参考父母的意见,甚至忽略了本身就业自主性选择的重要性①。这与学者樊家军和张伟②的研究不相一致:学生生源地差异在总的就业能力上没有显著差异。

不同"政治面貌"的毕业生在整体就业能力上没有区别,而同"政治面貌"对"自我就业认知"和"外部劳动力市场"有影响。这与学者樊家军和张伟③的研究不相符,与学者钱芳④的研究相符:政治面貌等因素的不同会导致就业能力的显著差异。研究者认为,独立学院学校的人才培养定位不同于其他研究型高校,学生的个人综合能力发展较多元,学生的思维较活跃,实践能力较强,所从事的行业类型对这方面的要求也较低。正如以不同"工作单位所在区域"和"工作单位所在地点"分别分组进行的研究发现,上述两种会对独立学院毕业生的就业能力产生影响。究其原因,学生在就业中更注重的是自己专业技能的提升,这与访谈结论一致:"就业单位的地域、地点也不会成为我工作中的障碍(F_5-036)"。但是,以不同单位类型分组进行的相关研究却显示,在"党政机关"工作的毕业生对就业能力的要求高于在"非政府或非营利组织"工作的毕业生。这与学者耿银行和刘理明的研究一致。究其原因,是独立学院毕业生对自身的期望值太高,认为诸如企业等⑤非党政机关的薪酬较低,更倾向于选择更稳定的单位就业。再次,学校的发展没能适应社会的需求,学校应该加强校企合作,根

---

① 张茜:《大学生就业能力的影响因素及提升方法研究》,《牡丹江教育学院学报》2015年第11期,第66页。

② 樊家军、张伟:《新疆少数民族大学生就业能力的实证研究》,《高校辅导员学刊》2014年第2期,第77页。

③ 樊家军、张伟:《新疆少数民族大学生就业能力的实证研究》,《高校辅导员学刊》2014年第2期,第77页。

④ 钱芳:《大学毕业生就业能力的实证调查——基于江西某高校2011届大学毕业生的调查》,《江西教育学院学报》2012年第2期,第56页。

⑤ 耿银行,刘理明:《基于用人单位需求的高校毕业生就业能力提升初探》,《福建教育学院学报》2013年第1期,第18页。

据社会需求对专业做出相适应的调整，从这方面看，对学校来说还有巨大的提升空间。

同样，在"行业"背景变量中，从事的不同行业对独立学院毕业生的整体就业能力及"我的大学"的认知也会产生影响。探究其原因，就业能力有行业特性[1]，本研究所选择的案例院校以人文学科为主，在行业选择上会比较狭窄，对行业的选择也有限制。行业是大学生就业能力形成与发展的方向标，行业凭借其对工作岗位特征和工作环境的熟悉程度，对毕业生就业时的每一阶段都有明确的要求，因此，学校要积极发挥行业的参与作用，在大学期间使学生尽早地进行岗位定向，制定职业生涯规划。

那么，分别以"兼职时间""教学实习"与"就业实习"的不同进行分组进行的研究发现，有过兼职及实习经历的独立学院毕业生的就业能力会相对较高。这与学者王振源和孙珊珊[2]的研究相一致。大学生在兼职、实习过程中能够发现自己真正的兴趣所在，培养自己的工作能力，使得个人的计划、组织协调能力及个人的领导能力均能得到锻炼与发展，为以后的求职树立更明确的目标，并可在适当时机再次择业。因此，院校可以根据自己学生的优势帮助学生联络更多的实习实训基地，引导学生提早参与到与职业相关的实践学习中去。

进一步研究，发现学生是否是学生干部及是否获得过奖学金方面，在就业能力上是有区别的。独立学院的社团活动丰富多彩，学生干部以及学习成绩优秀表现突出的学生要协助老师举办一些活动，并在活动中担任主要角色、担任主要职务、承担一定责任，因此也增强了个体的沟通协调能力、实践能力以及创新能力，这对就业能力的提升起到了促进作用。这与学者倪虎波与马婷[3]、刘巧芝[4]

---

① 缪园，黄莹：《基于行业需求的硕士研究生就业能力研究——以地学领域为例》，《学位与研究生教育》2013 年第 9 期，第 18 页。

② 王振源，孙珊珊：《大学生实习与就业结果关系的实证研究》，《黑龙江高教研究》2013 年第 10 期，第 135 页。

③ 倪虎波，马婷：《大学生就业能力提升探究》，《潍坊工程职业学院学报》2011 年第 1 期，第 22 页。

④ 刘巧芝：《大学毕业生就业能力现状及影响因素探析——以浙江省大学毕业生为例》，《中国青年研究》2012 年第 6 期，第 69 页。

及蒋承、周京博和罗尧[1]等人的研究相一致。

另外,"2006—2009 年"期间毕业的毕业生就业能力明显优于"2013 年之后"毕业的毕业生。究其原因,是学校的办学定位发生了改变。案例院校"2006—2009 年"毕业的毕业生是办学初期入学的学生,颁发母校的毕业证,毕业生在人才市场的被接纳度还较高。加上"2006—2009 年"这四年毕业的毕业生进入职场时间较长,对个人发展的认知较清晰,对自己就业能力定位也较准确。

"投递简历次数"与"面试机会次数"方面,对独立学院毕业生的就业能力没有影响。这与访谈的结论不相符,一位从事设计行业的毕业生就提到"投简历的次数会提高我自己的曝光度(F_4-036)"。研究者分析,独立学院的社团种类多样、活动丰富,其中不乏有传授面试技巧的社团活动,提升了毕业生的求职能力。同时,像制造业或者设计行业这类实操要求较高的行业,更重视阅历的积累,投递简历的过程就是向用人单位展示自己的过程,所以,投递简历的过程即自我宣传的过程。

(三)独立学院毕业生社会资本的个人背景变项差异讨论

案例院校毕业生在社会资本上的差异情形分析结果综合整理如表5.4。

在毕业生就业情况方面,"尚未签约,但已经有愿意接受的单位"的毕业生在"社会资本"的整体上以及分层面上的认知均高于"暂不工作,准备继续考研"的毕业生。访谈中说到,"社会资本对学生的帮助不是特别大,作为学生主要的社会关系网还是老师和同学(F_1-020)"。究其原因,毕业生初就业时的社会资本提供方主要是家庭和父母,具体使用还要依情况而定。正如"港澳台地区"的毕业生在社会资本方面明显优于"村、屯"的毕业生一样。究其原因,社会资本排斥资本外的人,社会资本弱势群体处于不利的地位,不利于村、屯的毕业生群体就业。这一观点也与学者孙士杰[2]的研究相符。

① 蒋承、周京博和罗尧:《如何才能"用得上、留得住"——对基层就业大学生工作状态的定量研究》,《北京大学教育评论》2017 年第 3 期,第 160 页。
② 孙士杰:《社会资本对大学生就业影响的概念模型及运作机理研究》,《教育与经济》2008 年第 2 期,第 46 页。

表5.4 独立学院毕业生社会资本差异分析综合摘要表(N=584)

背景变量	变量组别	名称			
		社会资本网络规模	社会关系连接强度	作用人的社会地位	整体
就业情况	1.已经和用人单位签约 2.尚未签约,但已经有愿意接受的单位 3.还没有意向单位,仍在找工作中 4.继续读书深造 5.暂不工作,准备继续考研 6.自我创业中	2>5 1>5	2>4 2>5	2>5 1>5	2>5 2>4
性别	1.男 2.女	1>2	1>2	NS	1>2
年龄	1.17~20岁 2.21~25岁 3.26~30岁 4.31~35岁 5.36岁及以上	4>5	4>5	4>5	4>5
毕业院系	1.教育学院 2.文学院 3.信息技术学院 4.国际商学部 5.管理学院 6.不动产学院 7.法律与行政学院 8.设计学院 9.艺术与传播学院 10.特许经营学院 11.外国语学院 12.应用数学学院 13.物流学院 14.工程技术学院	6>12	6>9 6>12	6>12	6>9

续表

背景变量	变量组别	名称			
		社会资本网络规模	社会关系连接强度	作用人的社会地位	整体
第二专业	1. 未修读 2. 教育学院 3. 文学院 4. 信息技术学院 5. 国际商学部 6. 管理学院 7. 不动产学院 8. 法律与行政学院 9. 设计学院 10. 艺术与传播学院 11. 特许经营学院 12. 外国语学院 13. 应用数学学院 14. 物流学院 15. 工程技术学院	11>10	6>10	11>10	11>10
户籍所在地	1. 直辖市 2. 省会城市 3. 地级市 4. 县城、乡镇 5. 村、屯 6. 港澳台地区 7. 国外	6>7 6>5 6>4	6>7	6>5	6>7 6>5 6>4
政治面貌	1. 中共党员（含中共预备党员） 2. 共青团员 3. 民主党派 4. 群众 5. 无党派人士	NS	1>3 1>5	1>3 1>5	1>3 1>5
毕业年份	1. 2006—2009 年 2. 2010—2012 年 3. 2013 年以后	1>3	1>3	1>3	1>3

续表

背景变量	变量组别	名称			
		社会资本网络规模	社会关系连接强度	作用人的社会地位	整体
学生干部	1. 无 2. 有	2>1	2>1	2>1	2>1
获奖学金	1. 没获得过 2. 获得过	2>1	2>1	2>1	2>1
兼职时间	1. 没有兼职经历 2. 1~6个月 3. 7~12个月 4. 一年以上	3>1	3>1	3>1	3>1
教学实习时间	1. 没有参与过教学实习 2. 1~3个月 3. 4~6个月 4. 半年以上	4>1 4>2	4>1	NS	4>1
就业实习时间	1. 没有参与过就业实习 2. 1~3个月 3. 4~6个月 4. 半年以上	4>1 4>2 4>3	4>1 4>2 4>3	4>1 4>2 4>3	4>1 4>2 4>3
工作单位所在区域	1. 毕业学校所在地 2. 广东省内非毕业院校所在地 3. 非广东省的其他地区 4. 港澳台地区 5. 国外	NS	NS	NS	NS
工作单位所在地点	1. 直辖市 2. 省会城市 3. 地级市 4. 县城、乡镇 5. 村、屯 6. 港澳台地区 7. 国外	2>6 2>7 1>7 1>6	NS	7>6 7>4	2>6 2>7

续表

背景变量	变量组别	名称			
		社会资本网络规模	社会关系连接强度	作用人的社会地位	整体
行业	1. 农业（包括林、牧、渔业等） 2. 制造业 3. 信息产业 4. 金融业 5. 地产业 6. 社会服务于管理业 7. 采矿/建筑/水电气业 8. 教育行业 9. 科研问题业 10. 商业服务业 11. 其他	1>11 1>10 1>8	1>9	1>11 1>10	1>11 1>10 1>8
单位类型	1. 党政机关 2. 科研院所 3. 事业单位 4. 国有企业（含国有控股与参股企业） 5. 集体企业 6. 民营企业与个体 7. 外资或合资企业 8. 非政府或非营利组织	4>8 1>8 4>6 1>6	4>8 4>7	NS	1>8 4>8 1>7 4>7
投简历次数	1. 10 次及以下 2. 11～30 次 3. 31～50 次 4. 51～100 次 5. 101 次及以上	NS	2>1	2>4	2>4
面试次数	1. 无 2. 1～2 次 3. 3～5 次 4. 6～10 次 5. 11 次及以上	NS	NS	NS	NS

注：*NS* = non-significant

在年龄方面,"31～35 岁"的毕业生在社会资本的认知上明显优于"36 岁以上"的毕业生。"2006—2009 年"毕业的毕业生比"2013 年以后"毕业的毕业生在社会认知层面更显著。也许是随着年龄的增长,毕业生会逐步建立起自己的关系网络,正如访谈中所说的:"我所说的社会资本,是我工作以后还可以经营的,是工作中在同事间建立起来的关系(F_5-034)"。

在性别方面,男性学生比女性学生在社会资本的整体认知和"社会资本网络规模""社会关系来凝结强度"两个分层面上均表现出显著性的影响。这与研究者岳昌君[1]、赖德胜等[2]及石红梅和丁煜[3]的研究一致。究其原因,是由于传统观念对性别差异进行的传统行为定义,社会对男性女性的接受与认可方式不同,更鼓励男性去建立广泛的社会关系纽带,扩大自己社会关系的网络规模以及社会关系的连接强度。女孩子这么做可能会受到一定的束缚,从而限制了社会网络关系的建立。

从毕业院系方面看,在社会资本整体层面上,"不动产学院"的毕业生比"艺术与传播学院"的毕业生有更显著的影响,第二专业修读过"特许经营学院"相关专业的毕业生比修读过"艺术与传播学院"相关专业的毕业生影响显著,说明专业对独立学院毕业生社会资本的形成是有作用的[4]。

在政治面貌方面,"中共党员(含中共预备党员)"在社会资本及各层面上的认知均比其他政治面貌情形的毕业生显著。研究者认为,在大学里,只有在各个方面都特别优秀、个人综合素质较高的学生才会历经层层筛选,成为光荣的共产党员,这期间锻炼的是学生各方面的能力,也强化了个人社会关系连接

---

① 岳昌君:《高等教育与就业的性别比较》,《清华大学教育研究》2010 年第 6 期,第 74—81 页。
② 赖德胜、孟大虎、苏丽锋:《替代还是互补:大学生就业中的人力资本和社会资本联合作用机制研究》,《北京大学教育评论》2012 年第 1 期,第 13 页。
③ 石红梅、丁煜:《人力资本、社会资本与高校毕业生就业质量》,《人口与经济》2017 年第 3 期,第 93 页。
④ 石红梅、丁煜:《人力资本、社会资本与高校毕业生就业质量》,《人口与经济》2017 年第 3 期,第 93 页。

强度。这与研究者赖德胜等①及石红梅和丁煜②的研究一致：政治面貌对社会资本的形成会产生作用。研究也发现，在"党政机关"工作的毕业生在社会资本整体层面较其他单位类型有较显著的影响。决定进入国有部门工作的因素是社会资本，这与研究者赖德胜等③的研究相一致。究其原因，独立学院学生的家庭条件较为优越，受其家庭影响到党政机关和国家企事业单位就业的比率会高。

同样，在学生干部与奖学金获得方面，有上述经历的毕业生在社会资本及各层面的认知上比没有上述经历的毕业生显著。独立学院的社团活动丰富，学生干部在实践中会协助老师组织、策划、举办一些活动，成绩优异的学生在活动中也能获得加分，以上都可以促进学生与老师及外界的联络与沟通，增大学生的社会资本范围。再有，兼职时间及就业实习时间长的毕业生比时间短的毕业生在"社会资本"及其各分层面的认知上更显著。正是学校社团中丰富的活动，增加了学生兼职和就业实习的机会，促进了学生社会资本使用率的提高，这种作用过程相辅相成。这与孙士杰④的研究相一致：好的实习实训条件增加了学生的兼职与就业实习的机会。

此外，在教学实习时间方面，在"作用人的社会地位"层面上并不显著，但在整体"社会资本"层面有显著影响。也许是与教学实习岗位较充裕有关，用人单位还是愿意为学生提供锻炼的机会，此方面不受作用人的影响。

在单位区域方面，单位区域的不同对独立学院毕业生的社会资本几个层面的影响均不显著。但工作单位所处地的不同对独立学院毕业生的社会资本影

① 赖德胜、孟大虎、苏丽锋：《替代还是互补：大学生就业中的人力资本和社会资本联合作用机制研究》，《北京大学教育评论》2012年第1期，第13页。
② 石红梅、丁煜：《人力资本、社会资本与高校毕业生就业质量》，《人口与经济》2017年第3期，第93页。
③ 赖德胜、孟大虎、苏丽锋：《替代还是互补：大学生就业中的人力资本和社会资本联合作用机制研究》，《北京大学教育评论》2012年第1期，第13页。
④ 孙士杰：《社会资本对大学生就业影响的概念模型及运作机理研究》，《教育与经济》2008年第2期，第46页。

响显著,在"省会城市"就业的毕业生在社会资本的认知层面上明显高于在"港澳台地区"就业的毕业生。究其原因,首先是社会制度的不同所致,毕业生需要适应当地人文文化等方面。"我现在工作的地方和我本科学校不是同一个地区,而且这两个地方社会形态差异也比较大,所以我在本科期间积累的这些所谓的社会资本对我在这边找工作基本是用不到的(F_5-034)"。

在行业方面,从事"农业(包括林、牧、渔业等)"等的毕业生在社会资本及各层面上的认知高于其他行业。研究者认为,随着国家对就业创业政策的扶持,许多独立学院毕业生也涌入到创业大潮中,在创业过程中发展了自己的社会资本规模。

在投递简历次数上,投递"11~30次"的毕业生在社会资本的整体认知上明显高于"51~100次"的毕业生。在分层面之"社会关系网络规模"上不显著,但是在"作用人的社会地位"层面上比较,投递"11~30次"的毕业生高于"51~100次"的毕业生。而获得面试次数的多少,不影响独立学院毕业生的社会资本及不对各层面产生影响。这与访谈结果不相符,"投简历的次数会提高我自己的曝光度,面试机会也随之增多,但面试机会的多少不是影响我就业满意度评价的重要因素(F_4-036)"。

三、独立学院毕业生的就业能力与就业满意度关系讨论

整体"就业能力"与整体"就业满意度"之相关系数为0.843($p<0.01$),其他层面间相关系数介于0.589至0.843之间,表示独立学院毕业生的就业能力越高,其就业满意度程度也相对愈高,反之则愈低。也说明,独立学院毕业生的就业能力与就业满意度之间有显著正相关。因此,假设五:独立学院毕业生的就业能力与就业满意度有显著差异且正相关,获得支持。

大学是毕业生步入社会就业时的一张名牌,大学背景可以通过影响求职时职场机会的选择而间接地影响毕业生的就业满意度。独立学院作为中国高等教育发展过程中的新型院校类型,社会上对独立学院了解不深、认可度不高,进

一步影响了用人单位对独立学院毕业生能力的认可,因此会间接影响到独立学院毕业生的就业满意度。这与研究者岳昌君[1]的研究相一致:非重点大学的毕业生,难以找到"满意度高的工作"。

再次,独立学院是以培养适合当地地方经济发展的应用型人才为主,而学校在培养的过程中缺乏相应的实践引导和帮助,学生的自我就业认知不准确,导致自身对外部劳动力市场认知的不足,进而影响独立学院毕业生的就业满意度。

四、独立学院毕业生的社会资本与就业满意度关系讨论

整体"社会资本"与整体"就业满意度"之相关系数为 $0.683(p<0.01)$,其他层面间相关系数介于 0.508 至 0.683 之间,表示独立学院毕业生的社会资本越高,其就业满意度也相对愈高,反之则愈低。研究结果也说明独立学院毕业生的社会资本与就业满意度之间有显著正相关。因此,假设六:独立学院毕业生的社会资本与就业满意度有显著差异且正相关,获得支持。

在就业难的大背景下和中国"强关系"社会的影响下,权力在社会资源分配中起到重要的作用,也为人情关系的生存提供了存在空间[2]。因此,独立学院毕业生个人和家庭的社会关系网络规模及强度越大、越强,毕业生的就业满意程度越高。

五、独立学院毕业生的就业能力与社会资本关系讨论

整体"就业能力"与整体"社会资本"之相关系数为 $0.773(p<0.01)$,其他层面间相关系数介于 0.539 至 0.773 之间,显示独立学院毕业生的就业能力越

[1] 岳昌君:《中国高校毕业生就业满意度的影响因素分析》,《北京大学教育评论》2013 年第 2 期,第 84-96 页。

[2] 边燕杰、张文宏:《经济体制、社会网络与职业流动》,《中国社会科学》2001 年第 2 期,第 77-89+206 页。

高,其拥有社会资本也相对愈高,反之则愈低。研究结果说明独立学院毕业生的就业能力与社会资本之间有显著正相关。因此,假设七:独立学院毕业生的就业能力与社会资本有显著差异且正相关,获得支持。

高等教育阶段积累的社会资本对大学生职业发展成就的影响要显著地大于先赋型社会资本[①]。当独立学院毕业生有了自己清晰明确的职业方向后,会综合自身的优良素质与能力,在学校丰富多元化的社团或组织中不断挖掘既有的社会资本,扩大社会资本规模。

六、独立学院毕业生的社会资本对就业满意度的预测力讨论

预测力以"作用人的社会地位"为最大,其后依次为"社会关系连结强度"和"社会关系网络规模"。其投入变量联合解释变异量为 0.465,可解释"就业满意度"的总变异量达 46.5%。解释力良好,本研究各层面对就业满意度具有预测力,符合独立学院毕业生实际现况假设。对社会关系网络规模、社会关系连接强度和作用人的社会地位认知越深,对就业满意度的评价越高。支持研究假设八:独立学院毕业生的社会资本对就业满意度有正向且显著的影响。

这与研究者林南、弗拉普、岳昌君等学者的研究相符:社会资本对于个人职业声望(地位)有正向作用。家庭社会关系缺乏的毕业生,难以找到"满意度高的工作"[②]。独立学院毕业生的社会资本的积累可以降低人力资源市场工作搜寻成本,提高就业费用的支出利用率。因此,独立学院的学生可以建立社会关系网络来获得所需要的资源信息,以此协助独立学院毕业生把握就业机会,有助于增强大学生与职位的匹配性,提高毕业生的就业满意度。

---

① 康小明:《人力资本、社会资本与职业发展成就的实证研究》,北京大学博士学位论文,2006。

② 岳昌君:《中国高校毕业生就业满意度的影响因素分析》,《北京大学教育评论》2013 年第 2 期,第 84—96 页。

七、独立学院毕业生的就业能力对就业满意度的预测力讨论

预测力以外部劳动力市场为最大,其后依次为我的大学和自我就业认知。其投入变量联合解释变异量为0.716,可解释"就业满意度"的总变异量达71.6%。解释力良好,本研究各层面对就业满意度具有预测力,符合独立学院毕业生实际现况假设。外部劳动力市场、我的大学和自我就业认知越高,对就业满意度的评价也越高。支持研究假设九:独立学院毕业生的就业能力对就业满意度有正向且显著的影响。

大学生在大学读书期间培养的学习能力以及对市场的洞察能力、适应能力均为日后的就业打下了良好的基础。这与学者乔志宏[①]等人的研究一致:就业能力能够显著预测大学毕业生的月收入、录取通知数量、所签约工作的满意度和入职半年的工作适应性。

八、独立学院毕业生的社会资本对就业能力的预测力讨论

预测力以作用人的社会地位为最大,其后依次为社会关系连接强度和社会资本网络规模。其投入变量联合解释变异量为0.614,可解释"就业能力"的总变异量达61.4%。解释力良好,本研究各层面对就业能力具有预测力,符合独立学院毕业生实际现况假设。对社会关系连接强度、社会关系网络规模和作用人的社会地位认知越清晰,对就业能力的评价越高。支持研究假设十:独立学院毕业生的社会资本对就业能力有正向且显著的影响。

当独立学院学生学会正确鉴别与认识社会资本,对既有的社会资本进行梳理,扩大现有的社会关系网络连接规模,将静态的社会资本融入现实的就业机会中,加强与社会作用人的联络,发挥自身非公共社会资本的优势,在求职就业

---

① 乔志宏、王爽、谢冰清:《大学生就业能力的结构及其对就业结果的影响》,《心理发展与教育》2011年第3期,第274-281页。

过程中巩固社会关系的连接强度,从而提高自身的就业能力。

九、独立学院毕业生的就业能力与社会资本对整体就业满意度的联合预测力讨论

预测力以"外部劳动力市场"为最大,其后依次为"社会资本的关系网络规模"、"社会关系连接强度""我的大学"和"自我就业认知"。其投入变量联合解释变异量为 0.722,可解释"就业满意度"的总变异量达 72.2%。解释力良好,本研究各层面对就业满意度具有预测力,符合独立学院毕业生实际现况假设。对社会关系网络规模的认知越少,对外部劳动力市场、社会关系连接强度、我的大学和自我就业认知就越深,对就业满意度的评价也就越高。支持研究假设十一:独立学院毕业生的就业能力与社会资本对独立学院毕业生的就业满意度有正向且显著的影响。

第六章　结论、建议与展望

本章依据第四章统计资料所得到的分析结果,在对本研究拟进行的独立学院毕业生对就业满意度及影响因素之就业能力和社会资本的认知差异进行最后结论的汇总与整理的基础上,进一步提出具体可执行的策略及改善建议,以供教育行政主管部门、独立学院的管理者及独立学院的学生所参考,同时也可为高等教育理论与实践提供参考。本章共分为三小节:第一节为研究结论;第二节为研究建议;第三节为研究限制与展望。

第一节　研究结论

根据研究问题与目的,本研究采用描述性统计和差异性分析探讨独立学院毕业生的就业满意度及其影响因素之就业能力与社会资本的现况和差异。之后采用 Pearson 相关差异分析法分析三个潜在变量之间的相关情形,并对三者关系做预测力分析,经分析形成如下结论:

一、独立学院毕业生的就业满意度、就业能力与社会资本的现况良好

现将独立学院毕业生就业满意度及其影响因素现况分析结果阐述如下:

（一）独立学院毕业生就业满意度现况属“中高”范围

研究结果显示:案例院校毕业生的就业满意度现况良好,整体表现（$M =$

3.763）属"中高"程度。两个维度中"工作岗位特征满意"的平均分最高,表示独立学院毕业生在就业前对工作岗位的心理接纳程度与工作后的实际情况相符;就业岗位选择上,无论单位地区的选择、单位地理位置的选择、交通条件的选择以及收入与付出的比例方面都是根据自己的情况做出的决定,比较符合自身状况。

就业满意度内的另一个维度"学校就业指导满意"评价最低,这表明学生对学校针对学生所做过的就业指导还有较大的提升空间。尤以"我对学校提供的实习机会在就业方面发挥的作用"（A-1-6）题项之得分为分量表的14个题项中的最低分,表明学校为学生提供的就业机会还处于失衡状态,独立学院对学生的职前准备工作还不够充分,并没有为学生就业前的实践准备构建合理途径。其中"我对母校的办学条件"（A-1-9）题项之得分在分量表的14个题项中的最高分,显示学校的办学条件值得肯定,为学生专业知识的学习搭建了较合理的平台,在学生培养等层面也取得了不俗的成就。

（二）独立学院毕业生就业能力现况属"中高"范围

研究结果显示:案例院校毕业生的就业能力现况良好,整体表现（$M = 3.78$）属"中高"程度,表明独立学院毕业生的就业所具备的基本能力在工作过程中也得到了较高的认可。三个层面中"外部劳动力市场"得分最高,表明学生对就业市场人才需求具有一定的了解。

就业能力内的其他两个层面得分按得分高低依序为"自我就业认知"和"我的大学"。毕业生对于"我的大学"评价最低,这表明学校品牌与口碑对毕业生的求职、就业起到了一定的作用。尤以"我母校的大学毕业生在求职过程中很受欢迎"（B-5-2）之题项得分最低,表明案例院校毕业生的社会口碑不是特别理想。但是"我知道自己未来工作需要的教育程度"（B-4-1）之题项得分最高,表明独立学院的学生比较注重未来自己的发展,有一定的自我发展目标和想法。

（三）独立学院毕业生社会资本现况属"中高"范围

研究结果显示,案例院校毕业生的社会资本现况良好,整体表现($M=3.76$)属"中高"程度,表示独立学院毕业生的社会资本在工作过程中得到了较高的认可。三个层面上"作用人的社会地位"得分最高,表明独立学院毕业生在就业时,作用人的地位极具影响力,如果作用人受过良好的教育,那么在帮助独立学院毕业生找工作的过程中会有更强的影响力。

社会资本的其他两个层面得分按得分高低依序为"社会关系网络规模"及"社会关系连接强度",这表明毕业生的社会关系连接强度在适当的时候具有一定的提升改善空间。在"社会关系连接强度"层面上,"有助于我找到工作的大多数人都是我父母非常熟悉的"(C-7-2)题项之得分为量表 11 个题项中的最低分,表示独立学院毕业生的"社会关系连接强度"中家庭连接的关系还不是最重要的,学生自己所建立的关系及建立起来的关系强度能够在就业中架构起高效的使用路径。

二、不同背景的独立学院毕业生就业满意度及其影响因素的差异

现将不同背景变量的独立学院毕业生的就业满意度及其影响因素之差异情形分析结果阐述如下。

（一）不同背景的独立学院毕业生感知就业满意度的差异

研究结果显示,案例独立学院毕业生在整体就业满意度上的感知不因毕业生的年龄、政治面貌、工作单位所在的区域、工作单位所在的地点、投简历次数和面试次数的不同而有差异。

本研究中,"尚未签约,但已经有愿意接受的单位"的独立学院毕业生在"就业满意"整体及各层面上的感知高于"暂不工作,准备继续考研"的毕业生。"男性"毕业生在整体就业满意度及各层面上的感知高于"女性"毕业生。"36 岁及以上"毕业生在"工作岗位特征满意"层面上的感知高于"17～20 岁"的毕

业生。"教育学院"的毕业生在整体就业满意度和"学校就业指导满意度"层面上的感知高于"艺术与传播学院"的毕业生,"管理学院"和"文学院"的毕业生在"工作岗位特征满意"层面上的感知高于"应用数学学院"和"工程技术学院"的毕业生。第二专业修读于"教育学院"的毕业生在整体就业满意度上的感知高于第二专业是"艺术与传播学院"的毕业生和及"未修读"第二专业的毕业生,第二专业修读于"教育学院"和"特许经营学院"的毕业生在"学校就业指导满意度"层面上的感知高于第二专业是"不动产学院"的毕业生和"未修读"第二专业的毕业生。户籍所在地是"港澳台地区"的毕业生在整体就业满意度以及各层面上的感知高于户籍所在地是"村、屯"的毕业生。于"2006—2009 年"间毕业的毕业生在整体就业满意度及各层面上的感知高于"2013 年以后"毕业的毕业生。有学生干部经历、有奖学金经历的毕业生在整体就业满意度及各层面上的感知高于没有上述经历的毕业生。兼职时间在"7～12 个月"的毕业生在整体就业满意度及各层面上的感知高于"没有兼职经历"的毕业生。有"半年以上"教学实习经历和就业实习经历的毕业生在整体就业满意度及各层面上的感知高于"没有参与过教学实习""没有参与过就业实习"的毕业生,同时,"半年以上"教学实习经历的毕业生在"工作岗位特征满意"层面上的感知高于有"1～3 个月"教学实习经历的毕业生。从事"农业(包括林、牧、渔业)"的毕业生在整体就业满意度上的感知高于"教育行业"的毕业生。在"事业单位"工作的毕业生在整体就业满意度上的感知高于在"民营企业与个体""非政府或非营利组织"工作的毕业生,但是在"科研院所""事业单位"和"国有企业(含国有控股与参股企业)"工作的毕业生在"学校就业指导满意"层面上的感知高于在"非政府或非营利组织"工作的毕业生,"党政机关"工作的毕业生在"工作岗位特征满意"层面上的感知高于在"非政府或非营利组织"工作的毕业生。

总体上,就就业满意度而言,会因毕业生的就业情况、性别、毕业院系、修读第二专业、户籍所在地、毕业年份、学生干部、获得奖学金、兼职时间、教学实习时间、就业实习时间、单位类型之不同而有所差异。

（二）不同背景的独立学院毕业生就业满意度影响因素之就业能力的差异

研究结果显示，案例独立学院毕业生在整体就业能力上的感知不因毕业生的年龄、政治面貌、工作单位所在的区域、工作单位所在的地点、投简历次数和面试次数的不同而有差异。

本研究中，"尚未签约，但已经有愿意接受的单位"的毕业生在整体就业能力及各分层面上的感知高于"暂不工作，准备继续考研"的毕业生，此外，"已经和用人单位签约""还没有意向单位仍在找工作中"的毕业生在"外部劳动力市场"层面上的感知也高于"暂不工作，准备继续考研"的毕业生。"男性"毕业生在整体就业能力和"我的大学"层面的感知上高于"女性"毕业生。不同年龄的毕业生在整体就业能力上的感知无差异，但是，"31～35岁""36岁及以上"毕业生在"自我就业认知"层面上的感知高于"17～20岁"的毕业生，"26～30岁""31～35岁"的毕业生在"外部劳动力市场"层面上的感知高于"17～20岁"的毕业生。"不动产学院"的毕业生在整体就业能力的感知上高于"艺术与传播学院"的毕业生，"教育学院""不动产学院"的毕业生在"自我就业认知"层面上的感知高于"工程技术学院"的毕业生，"不动产学院"的毕业生在"外部劳动力市场"层面上的感知高于"艺术与传播学院"和"应用数学学院"的毕业生，"教育学院"的毕业生在"我的大学"层面上的感知高于"艺术与传播学院"的毕业生。第二专业修读"教育学院"的毕业生在整体就业能力层面上的感知高于"管理学院"和"不动产学院"的毕业生，第二专业修读"教育学院"的毕业生在"自我就业认知"层面上的感知高于"不动产学院"的毕业生，第二专业修读"特许经营学院"的毕业生在"我的大学"层面上的感知高于"艺术与传播学院"的毕业生。"港澳台地区"户籍所在地的毕业生在整体就业能力及各层面上的感知高于"村、屯"的毕业生，同时，"港澳台地区"户籍所在地的毕业生在整体就业能力及"外部劳动力市场"和"我的大学"层面上的感知高于"国外"的毕业生。于"2006—2009年"毕业的毕业生在整体就业能力及各层面上的感知高于"2013年以后"的毕业生。有学生干部经历、获得过奖学金的学生在整体就业能力及各层面上的感知均高于无上述经历的毕业生。"7～12个月"兼职时间的毕业生在整体就业满意度及各层面上的感知高于"没有兼职经历"的毕业生。有"半年以上"教学实习经历的毕业生在整体就业能力的感知上高于有"4～6个月"教学实习经历的毕业生。"半年以上"就业实习经历的毕业生在整体就业能力及各层面的感知上高于其他就业实习时间经历的毕业生。从事"农业(包括林、牧、渔业)""科研问题业"的毕业生在整体就业能力上的感知高于"其他"行业的毕业生。于"党政机关"工作的毕业生在整体就业能力层面上的感知高于在"民营企业与个体"和"非政府或非营利组织"工作的毕业生。

总体上,就就业能力而言,会因毕业生的就业情况、性别、毕业院系、修读第二专业、户籍所在地、毕业年份、学生干部、获得奖学金、兼职时间、教学实习时间、就业实习时间、行业、单位类型之不同而有所差异。

(三)不同背景的独立学院毕业生就业满意度影响因素之社会资本的差异

研究结果显示,案例独立学院毕业生在整体社会资本上的感知不因毕业生的政治面貌、工作单位所在的区域和面试次数的不同而有差异。

本研究中,"尚未签约,但已经有愿意接受的单位"的毕业生在整体社会资本和"社会关系连接强度"层面上的感知高于"继续读书深造""暂不工作,准备继续考研"的毕业生,"已经和用人单位签约"和"尚未签约,但已经有愿意接受的单位"的毕业生在"社会关系网络规模"和"作用人社会地位"层面上的感知高于"暂不工作,准备继续考研"的毕业生。"男性"毕业生在整体社会资本层面及"社会关系网络规模""社会关系连接强度"层面上的感知高于"女性"毕业生。"31～35岁"毕业生在整体社会资本及各层面上的感知高于"36岁及以上"的毕业生。"不动产学院"的毕业生在整体社会资本上的感知高于"艺术与传播学院"的毕业生。第二专业修读"特许经营学院"的毕业生在整体社会资本及"社会关系网络规模""作用人的社会地位"层面上的感知高于"艺术与传播学院"的毕业生,第二专业修读"管理学院"的毕业生在"社会关系连接强度"层面上的感知高于"艺术与传播学院"的毕业生。"港澳台地区"户籍所在地的毕业生在整体社会资本层面上的感知高于"县城、乡镇""村、屯"和"国外"的毕业生。是"中共党员（含中共预备党员）"的毕业生在整体社会资本感知上高于"民主党派""无党派人士"的毕业生。"2006—2009 年"毕业的毕业生在整体社会资本及各层面上的感知高于"2013 年以后"的毕业生。有学生干部经历和获得奖学金经历的毕业生在整体社会资本及各层面上的感知高于无上述经历的毕业生。有"7～12 个月"兼职经历的毕业生在整体社会资本及各层面上的感知高于"没有兼职经历"的毕业生。教学实习时间在"半年以上"的毕业生在整体社会资本上的感知高于"没有参与过教学实习"的毕业生。就业实习时间在"半年以上"的毕业生在整体社会资本上的感知高于其他实习时长和没有就业实习经历的毕业生。在"省会城市"工作的毕业生在整体社会资本上的感知高于在"港澳台地区"和在"国外"工作的毕业生。从事"农业（包括林、牧、渔业等）"的毕业生在整体社会资本上的感知高于"教育行业""商业服务业"及"其他"行业的毕业生。于"党政机关"和"国有企业（含国有控股与参股企业）"工作的毕业生在整体社会资本上的感知高于在"外资或合资企业"和"非政府或非营利组织"工作的毕业生。投递"11～30 次"简历的毕业生在整体社会资本感知上高于投递"51～100 次"的毕业生。

　　总体上，就社会资本而言，会因毕业生的就业情况、性别、年龄、毕业院系、修读第二专业、户籍所在地、政治面貌、毕业年份、学生干部、获得奖学金、兼职时间、教学实习时间、就业实习时间、就业单位地点、行业、单位类型、投递简历次数之不同而有所差异。

三、独立学院毕业生的就业能力、社会资本与独立学院毕业生就业满意度的关系

　　本研究以 Pearson 相关差异分析法分析了独立学院毕业生的就业能力、社会资本与就业满意度三者之间的相关情形。研究结果显示，独立学院毕业生的就业能力、社会资本和就业满意度之间呈现两两相关；就业能力各层面、社会资

本各层面及就业满意度各层面,两两之间亦达"中度"或"高度"正相关,显示独立学院毕业生的就业满意度越高,其就业能力与社会资本的拥有程度也越高,越有助于独立学院毕业生达到高满意度的就业。

在就业能力与就业满意度二者分层面中,"自我就业认知"分别与"学校就业指导满意"和"工作岗位特征满意"高度相关;"外部劳动力市场"与"工作岗位特征满意"高度相关;"我的大学"与"学校就业指导满意"高度相关;"外部劳动力市场"与"学校就业指导满意"中度相关;"我的大学"与"工作岗位特征满意"中度相关。表明,首先,学生的自我就业认知程度越高,毕业生的就业满意程度愈高;其次,大学的就业指导课程开设成效愈佳,学生找工作的成效越高,也会提高学生的就业满意度;最后,对外部劳动力市场的实践与认知程度越好,就业后的满意程度也更高。

在社会资本与就业满意度的各自分层面中,"社会关系网络规模""社会关系连接强度"及"作用人的社会地位"分别与"学校就业指导满意"及"工作岗位特征满意"中度相关。表明,独立学院毕业生的社会资本越丰富,社会关系连接强度越强,作用人的地位越高,对毕业生实现高满意度的就业促进度也越强。

在社会资本与就业能力的各自分层面中,"自我就业认知"与"社会关系网络规模"高度相关;其余各分层面间均中度相关。说明,独立学院毕业生的自我就业认知能促进个体社会资本规模的扩建;独立学院毕业生的就业能力越强,越有利于个人社会资本的构建。

四、独立学院毕业生社会资本与就业能力对就业满意度的联合预测力

从多元回归分析方程分析得出,在社会资本的各层面中,"社会关系网络规模""社会关系连接强度"及"作用人的社会地位"三个层面对于就业满意度有正向且显著的影响。依解释变异量为基准,其影响程度依次为:"作用人的社会地位""社会关系连接强度"和"社会关系网络规模"。因此,研究假设八的推论

获得支持。

在就业能力各层面中,"自我就业认知""我的大学"和"外部劳动力市场"三个层面对于就业满意度有正向且显著的影响。依解释变异量为基准,其影响程度依次为:"外部劳动力市场""我的大学"和"自我就业认知"。因此,研究假设九的推论获得支持。

在就业能力与社会资本两个层面中,"自我就业认知""我的大学""社会关系连接强度""社会关系网络关系规模"与"外部劳动力市场"五个分层面对于就业满意度有正向且显著的影响。依解释变异量为基准,其影响程度依次为:"外部劳动力市场""社会关系网络规模""社会关系连接强度""我的大学"和"自我就业认知"。因此,研究假设十一的推论获得支持。

第二节 研究建议

根据上述研究结论,独立学院毕业生的就业满意度受就业能力和社会资本的影响,也会受毕业生个人背景因素的影响。因此在本小节,主要以本研究中预测力分析里的解释变异量为基础,通过就业能力的分层面之"外部劳动力市场""我的大学"和"自我就业认知"及社会资本的各层面之"作用人的社会地位""社会关系连接强度"和"社会关系网络规模"的几个方面,从国家、学校和学生个人三个角度依次提出相应的建议与对策。

一、国家层面

国家层面主要从出台相应政策着手,改变实际就业中出现的问题,来应对本研究的研究结论,改善不同背景的独立学院毕业生的就业满意度。同时通过对负责就业的工作人员作职业培训,以帮助学生提升自己的就业能力,进而提升就业满意度。主要论述如下:

首先,国家层面要出台相应政策来规范独立学院的办学定位、办学特色和办学规模。独立学院的建设对我国高等教育普及化和多样性发挥了重要作用,但其办学有自己的特殊性,人才培养也有其独特性,使之与一般的本科院校又有所不同。因此,国家层面对独立学院的办学定位应有更明确的指导,提高社会对独立学院毕业生的认可。

其次,国家层面需要积极完善相关的大学生就业政策与制度,不断扩宽就业渠道,同时,加大对独立学院自主创业的扶持力度,提供更多渠道服务大学生就业,提高就业满意度。

再次,国家层面已经为广大的毕业生构建了较好的就业环境,但是依然有一些不利因素存在。国家要从外部劳动力市场着手,规范劳动力市场。比如,减少或者消除目前劳动力市场实际存在的性别歧视问题等,提升不同背景的独立学院毕业生的就业满意度。

从次,就业能力对独立学院毕业生的就业满意度有影响,在就业能力的提升上,国家需加大实习基地建设的投入,对大学生做有针对性的培训,帮助即将进入职场的学生做切实可行的就业准备,以进一步提高学生的就业能力。

最后,随着高等教育扩招,人才培养模式的多样化,信息化社会发展的迅速化,负责就业的工作人员也应该专业化。因此,应当从国家层面为负责就业指导的工作人员的职业发展提供良好的职业培训,并构建就业指导教师的人才激励机制,这也间接地提升独立学院学生的就业能力,进一步提升其就业满意度。

二、学校层面

学校层面,主要在于提高学生的就业能力。比如,通过提升高校的社会认可度来提升学生的个人就业能力之"我的大学"的认可度;通过了解劳动力市场来改革学校的专业设置,以此提高学生对"外部劳动力市场"的认识;通过对就业指导工作人员的培训,间接提升学生的就业能力之"自我就业认知"的强度。另外,就业指导工作人员注重引导学生把握个人的优势背景,以此提升自己的就业能力、社会资本和就业满意度。下面就此依次展开论述。

（一）增强学校的社会服务能力，提升学校品牌知名度，以提升学生的就业能力

学校的人才培养定位是人才层次、规格和类型要达到的标准，是学校人才培养的总体规划与设计，反映学校的办学特色、办学理念与价值取向。因此，独立学院要依托应用型人才的人才培养定位，构建以高校学科为基准，以个人能力发展为中心的专业人才需求预警机制。其次，加强对就业市场的调研与预测，判断外部劳动力市场的发展状况以及人才需求趋势，在不改变原有学科结构的前提下，优化专业招生比例，让特色专业继续发展壮大。部署国家新兴产业所需要的人才培养工作，提高大学生的持续学习能力，提升大学的社会服务能力。这样以服务社会为主导，以培养学生综合素养为基础，将个人能力与专业辐射范围相结合，提高学校和毕业生在社会上的认可度，以此提升学生的就业能力。

（二）构建以就业为导向的人才培养模式，提高学生对外部劳动力市场的了解

独立学院在人才培养过程中，以就业为导向的人才培养策略符合社会经济发展的客观需求，因此，学校更应该重视就业在人才培养中的作用。例如，注重培养学生具备满足职业与岗位需求的综合素质以提高学生实践操作能力，培养专业知识扎实、实践能力突出、社会适应力强的复合型人才。

通过本研究的调查研究以及相关的文献分析，也发现，从某种程度上说，影响独立学院毕业生就业的关键性因素是实践而非学术性因素。实践教学不仅仅是知识转化的过程，也是能力检验的过程，实践也是一种引导独立学院学生形成创新思维的途径。独立学院在办学过程中明确自己的发展目标，加强实践教学基地的建设，加强各专业与行业的密切结合，积极与当地用人单位合作，拓展实践教学的实践空间、增强实践教学的探究性与综合性、注重开展产业升级

考察和科研项目参与等实践活动,使学生在实践应用中发现问题并且运用所学知识解决问题,增强学生的就业意识和就业能力。同样,多样化的"校企结合"形式也能加强学生了解外部劳动力市场的能力。例如,企业负责人的讲座、节假日的实践调研与研学等。

（三）提供优质的就业管理服务体制,增强就业指导队伍建设。

独立学院在注重提高就业率的同时,应当把学生的就业满意度作为学校建设的首要任务。大学生的就业是一个完整、动态的过程,包括职场综合素质培养、了解就业市场、就业目标确定和就业岗位选择。以往单一的就业指导课程,往往会忽略了学生的职场综合素质的培养,忽略了大学生对外部劳动力市场的了解及正确就业目标的树立。独立学院的就业指导工作脱离了大学生实际,针对性不强、个性化不足。为此,学校就业指导部门可以制定跟踪调查服务项目,关注已离开学校的毕业生的就业动态,形成相关报告,并改革现有的就业指导课程。同时,强化个性化就业指导内容,提升学生的核心竞争力。另外,加强对独立学院学生的创业教育,提升学生的职业综合能力。

另一方面,由于担任就业指导工作的人员主要是各院系的辅导员,专业化程度不高,导致独立学院对大学生就业过程的规律了解不够、对大学生的就业个性化服务不够的局面。再加上高校就业指导工作人员的配置不足,对独立学院学生就业满意度的影响甚微。对此,负责就业的工作人员可以实行"导师制",在任职前配备相应的"就业辅导导师培训"或者"创业导师培训"的专业训练,先让负责就业的工作人员专业化,再让就业指导工作系统体系化。

三、学生层面

学生层面主要通过对"作用人的社会地位""社会关系连接强度""社会关系网络规模"和"外部劳动力市场"四个方面的提升,赋能学生就业。

（一）培养甄别社会资本的意识

首先,学生个人需要树立社会资本意识。社会资本具有工具性,学生个人及家庭学会承认并利用它。其次,社会资本具有其一定的适应性,也有他独特的生产性。通过分析、比较、鉴别,并去发现自己社会关系连结强度、作用人的地位以及社会关系网络规模的价值,从社会资本中获得物质情感的支持。独立学院学生结合学校的办学层次、培养目标以及家庭和个人所拥有的社会资本状况,接触高层次的老师或者专家,扩大作用人的范围。根据自己的专业、学历、能力、兴趣等来确定自己的就业目标并在实践中强化"社会关系连接强度"与"社会关系网络规模"。

(二)注重理论联系实际,注重个人专业素养的发展

影响毕业生就业满意度的因素多种多样,独立学院学生在学习专业知识的过程中应注重理论联系实际、多思考、多动手、多实践。以更好地将所学知识与社会需求结合在一起,在提升个人修养的同时,多积极参加各种社团活动与实践,扩大知识面、提高个人的综合素质。及时了解外部劳动力市场的动态,在充分了解就业市场信息的基础之上,增强自我就业认知深度,完善自己的知识结构,增强服务社会的意识。

第三节 研究限制与展望

回顾整个的研究过程,存在着一些不足,在此,研究者通过反思,以期对以后的研究方向和内容进行展望。

首先,研究方法上。本研究用的研究方法是定量研究方法为主,在采用的问卷调查法作为研究工具时,数据主要以数字的形式呈现,受访者在填答时恐也会因填答者的自我防御机制而发生不据实以告的状况,进而无法掌握填答者的心理感知与实际感受,造成调查问卷不能真实反应毕业生的实况,而影响调查问卷的质量。除了上述原因之外,以质性研究为辅通过访谈法作为工具收集数据,过程中所选择的受访对象人数有限,不能代表全部的毕业生总体状况。

基于此,建议未来的研究者可以将不同的研究方法结合运用,例如实地观察或个案追踪研究。这样可以使数据的收集更为完备,研究结果具有更高的价值。

其次,对核心概念的界定不同导致测量标准不同。本研究各个变量的分层面均是参考相关文献而斟酌采用,所得的结果可能会因为后续研究者搭建的层面不同而有不同的研究结果。基于此,建议后续研究者采用不同层面来进行探讨。另外,研究变量的多寡也会影响问卷题项的数量,间接影响受试者填答意愿,因此,建议未来的研究者在后续研究的时候,详加考虑变量分层面的构成以及题量,以获得更具代表性的资料,使研究结果更具有意义。

再次,访谈对象的选取。本研究是以量化研究为主,在量化研究做到结尾之时又想多找几个个例来验证及弥补量化研究的结论。所以选取访谈对象的时候,都是根据学校培养目标与学生实际情况进行对比,并根据毕业生的工作地点以及就业(或者创业)的不同心路历程选择不同的访谈者。限于研究者的能力,访谈者的覆盖面和数量不足。鉴于此,在未来的研究中,在人力、物力和财力允许的情况下,可以扩大访谈对象的覆盖面,以访谈为研究工具用质性研究方法做更全面、更详尽,来得到更多的发现。

从次,研究院校的选取方面。本研究以广东省的一所独立学院的毕业生为研究对象,是通过其母体院校特点、办学地点、办学方式及学生就业成绩进行综合考虑的。一是母体院校拥有百年学府的底蕴、基础与平台,学校品牌力量雄厚和教育教学理念丰厚,为远在几千里之外的这所案例院校的建设与发展提供了强大的支持与保障。二是办学地点远离母体院校,独立学院的办学目标是培养符合当地经济发展的应用型人才,这样,在这所院校在人才培养特点上有自己的特色。三是投资办学的主体和普通的独立学院不一样,截至研究进行时,这是唯一一所由政府公办机构作为投资方出资与母体院校合作办学的独立学院。四是本研究案例院校的就业与创业工作得到了社会各界的赞誉,也获得了广东省内其他普通高校所没有或少有的各类就业、创业类的嘉奖。未来研究中,为使研究的推广更具参考价值,研究院校的覆盖面可以更广,可以选取更多具有代表性的不同院校,而不仅仅局限于一所院校。

最后,问卷发放方面。本研究以独立学院毕业生为研究对象,研究者的人力、物力、时间精力都有限,只能选取一所院校的毕业生作为研究对象与研究样本,而本研究所选取的独立学院由于这部分毕业生已经毕业离开学校,无法集中发放问卷,只能通过中间人陆续发放,笔者在发放问卷时遇到了不小的困难,尽管在年级、生源地、专业等因素上呈现多元面貌,但还是难免仅局限于一所学校,由于范围小而造成无法将研究推广至全国的独立学院的遗憾。鉴于此,建议在未来的研究中,在人力、经费及时间等资源充裕的情况下,有必要扩大样本的覆盖面,丰富研究群体的多样化,甚至可以延长取样持续的时间,尽可能多的有效的收集更多资料,使研究推广更具有参考价值。

附　录

附录 1

保密承诺书

本研究的主要目的,是通过了解独立学院毕业生就业满意度的状况,调查、研究、分析影响独立学院毕业生就业满意度的因素,来对我国现行的高等教育就业制度和高校就业工作进行探究和反思。

由于本调研是关于就业满意度的相关研究,问卷中会涉及受访者的薪资福利、晋升奖惩、个人心理与同事关系等具隐私性质的信息。基于本次调研,本人做出如下承诺:

一、本人承诺对被访者的身份予以保密,包括不对外公开被访者的身份和信息,在相关学术著作中引用相关访谈内容时隐去被访者的身份信息,不透露被访者所在的具体单位信息等。

二、本人承诺本次研究的访谈以及问卷调查仅用于学术研究而非商业目的。

三、本人承诺,访谈过程中,尊重被访者的宗教信仰、个人思想,依据访谈材料开展学术研究。研究过程中,客观真实地反映被访者叙述的情况,不歪曲事实。

四、一旦出现违背以上条款情形,本人依法承担相应的法律责任。

承诺人:陈晓宇

2017 年 5 月 29 日

附录 2

独立学院毕业生就业满意度及其影响因素研究调查问卷
专家效度检核表

亲爱的教授:

您好!

学生欲进行独立学院毕业生就业满意度及其影响因素研究,探讨独立学院毕业生就业满意度的情形,并研究就业能力和社会资本对就业满意度的相关影响。

现已编制完成《独立学院毕业生就业满意度调查问卷》初稿,拟建立调查问卷的专家效度。素仰您学有专精、经验丰富,特恳请惠赐卓见,以供学生后续研究改进。敬请老师评估题目的适切性,于适用、修正后适用与不适用的□中打"√"。如有修改意见,请书写于修改建议栏,或直接修改题目叙述。

诚挚感谢您的协助,仅此深致感激!

问卷名称	适用	修正后适用	不适用
独立学院毕业生就业满意度调查问卷 修改建议:	□	□	□

祝老师工作顺利! 万事顺安!

◆本研究旨在研究独立学院毕业生就业满意度的情形,根据文献分析出其影响因素。现欲探讨各因素对就业满意度的影响情形,研究架构如下图所示。

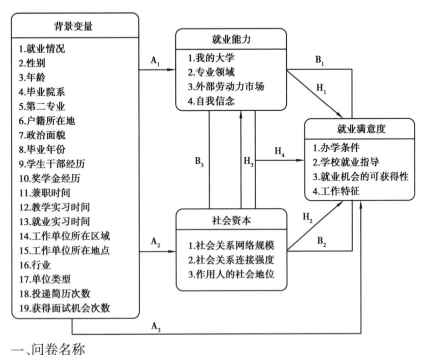

一、问卷名称

问卷名称	适用	修正后适用	不适用
1.办学条件:	☐	☐	☐
修改意见:			
(1)我对我母校的办学条件感到	☐	☐	☐
修改意见:			
(2)我对我大学时所在的院(系、所)提供的专业学习条件感到	☐	☐	☐
修改意见:			
(3)我对我大学时所在的院(系、所)的专业教学质量感到	☐	☐	☐
修改意见:			
(4)我对我大学期间所学习到的专业知识的实用性感到	☐	☐	☐

续表

问卷名称	适用	修正后适用	不适用
修改意见：			
(5)我对我专业的总体就业满意度感到	□	□	□
修改意见：			
(6)我对我在学校社团的经历对我的就业帮助感到	□	□	□
修改意见：			
2.学校就业指导：	□	□	□
修改意见：			
(1)整体上,我对我的母校所提供的就业指导帮助感到	□	□	□
修改意见：			
(2)我对我的母校提供的就业指导课程对求职的帮助感到	□	□	□
修改意见：			
(3)我对我的母校提供的就业指导讲座对求职的帮助感到	□	□	□
修改意见：			
(4)我的母校为学生提供的招聘会等就业途径对我就业的帮助我感到	□	□	□
修改意见：			
(5)我对学校提供的实习机会对我的就业帮助感到	□	□	□
修改意见：			
3.就业机会的可获得性：	□	□	□
修改意见：			
(1)我对我自己在求职过程中使用的费用感到	□	□	□
修改意见：			
(2)我对我就业过程中的求职次数感到	□	□	□
修改意见：			
(3)我对学校给我提供的求职渠道感到	□	□	□

问卷名称	适用	修正后适用	不适用
修改意见：			
4.工作岗位特征：	☐	☐	☐
修改意见：			
(1)我对我目前的就业条件感到	☐	☐	☐
修改意见：			
(2)我对我就业的稳定性感到	☐	☐	☐
修改意见：			
(3)我对我的月收入情况感到	☐	☐	☐
修改意见：			
(4)我对我的收入与我的工作量比例感到	☐	☐	☐
修改意见：			
(5)我对我的就业单位地理位置感到	☐	☐	☐
修改意见：			
(6)我对我工作单位的交通条件感到	☐	☐	☐
修改意见：			
(7)我对我目前的就业单位所在的地区感到	☐	☐	☐
修改意见：			
(8)我对自己就业的单位性质类型感到	☐	☐	☐
修改意见：			
(9)我对自己就业所从事的行业类型感到	☐	☐	☐
修改意见：			
(10)我对我的工作与曾经学到的专业知识匹配程度感到	☐	☐	☐
修改意见：			
(11)我对自己目前工作的雇佣形式感到	☐	☐	☐
修改意见：			

二、就业满意度部分

本研究预了解独立学院毕业生就业满意度的情况,根据文献整理成 4 个维度与其题项数目分别为:"办学条件"6 个题项、"学校就业指导"5 个题项、"就业机会的可获得性"3 个题项、"工作岗位特征"11 个题项,共计 25 个题项。

此大题的填答方式,采用五点李克特量表计分:"非常不满意""不太满意""一般""满意"和"非常满意",程度依次递进,分别计 1、2、3、4、5 分。

三、就业能力调查量表

本部分预了解独立学院毕业生就业能力的情况,根据文献整理成 4 个部分与其题项数目分别为:"我的大学"5 个题项、"专业领域"4 个题项、"外部劳动力市场"6 个题项和"自我信念"16 个题项,共计 31 个题项。

此大题的填答方式,采用五点李克特量表计分:"完全不同意""不太同意""一般""同意"和"完全同意",程度依次递进,分别计 1、2、3、4、5 分。

	问卷名称	适用	修正后适用	不适用
我的大学:				
1.	我在学业方面取得了很高的评价	☐	☐	☐
	修改建议:			
2.	我认为我的学业成绩在就业过程中起到重要的作用	☐	☐	☐
	修改建议:			
3.	我的学校类型在我的求职过程中起到了重要作用	☐	☐	☐
	修改建议:			
4.	我母校的大学毕业生在求职过程中很受欢迎	☐	☐	☐
	修改建议:			
5.	我的母校品牌是我在找工作过程中的一项重要资本	☐	☐	☐
	修改建议:			

续表

问卷名称	适用	修正后适用	不适用
专业领域：			
6. 用人单位会专门去学校招聘我们专业的人才	☐	☐	☐
修改建议：			
7. 我的专业很有名气	☐	☐	☐
修改建议：			
8. 有更多的人来考我们学校的我这个专业	☐	☐	☐
修改建议：			
9. 我的专业享有很高的社会地位	☐	☐	☐
修改建议：			
外部劳动力市场：			
10. 我职业生涯的目标是迎接劳动力市场的更大挑战	☐	☐	☐
修改建议：			
11. 我知道将来我喜欢的工作需要什么工作技能	☐	☐	☐
修改建议：			
12. 我知道自己将来工作需要的教育程度	☐	☐	☐
修改建议：			
13. 我知道自己的工作可能面临的困难是什么	☐	☐	☐
修改建议：			
14. 就业单位对毕业生的各项要求普遍增强	☐	☐	☐
修改建议：			
15. 大学还未毕业之时了解过自己专业未来的出路和发展	☐	☐	☐
修改建议：			
自我信念：			
16. 我自己拟定过将来的职业计划	☐	☐	☐
修改建议：			

续表

	问卷名称	适用	修正后适用	不适用
17.	我知道自己的性格适合做什么工作	☐	☐	☐
	修改建议:			
18.	我确定自己的兴趣很适合将来想做的工作	☐	☐	☐
	修改建议:			
19.	我对我的工作能力很有信心	☐	☐	☐
	修改建议:			
20.	在就业前就能够搜寻更多数据来了解自己的职业方向	☐	☐	☐
	修改建议:			
21.	大学毕业时知道自己适合做哪一方面的工作	☐	☐	☐
	修改建议:			
22.	我毕业时自己知道如何求职	☐	☐	☐
	修改建议:			
23.	对将来自己想做的工作,我知道需要做好哪些准备	☐	☐	☐
	修改建议:			
24.	我曾经的职业规划很符合我的个性、兴趣和能力	☐	☐	☐
	修改建议:			
25.	为了我喜欢的工作,我会克服困难接受必要的教育或训练	☐	☐	☐
	修改建议:			
26.	在我所了解的地理区域范围内有大量的职位空缺	☐	☐	☐
	修改建议:			
27.	我所选择的专业很容易找到更多工作机会	☐	☐	☐
	修改建议:			
28.	我所拥有的技能和能力都是用人单位所需要的	☐	☐	☐
	修改建议:			
29.	我在工作面试和事业的选择上通常有足够的信心	☐	☐	☐
	修改建议:			

	问卷名称	适用	修正后 适用	不适用
30.	凭借我的技能和经验能帮我找到任何我所需要的工作	☐	☐	☐
	修改建议:			
31.	大学的时候就曾考虑过自己未来需要工作谋生	☐	☐	☐
	修改建议:			

四、社会资本调查量表

本部分预了解独立学院毕业生就业能力的情况,根据文献整理成 3 个部分与其题项数目分别为:"社会关系网络规模"4 个题项、"社会关系连接强度"5 个题项、"作用人的社会地位"3 个题项,共计 12 个题项。

此大题的填答方式,采用五点李克特量表计分:"完全不同意""不太同意""一般""同意"和"完全同意",程度依次递进,分别计 1、2、3、4、5 分。

	问卷名称	适用	修正后 适用	不适用
社会关系网络规模				
1.	我认识很多可以帮我找到工作的人	☐	☐	☐
	修改建议:			
2.	我可以依靠许多亲戚、朋友或者熟人帮我获得工作信息	☐	☐	☐
	修改建议:			
3.	我认识的人很少能帮我找到工作(逆向题目)	☐	☐	☐
	修改建议:			
4.	我有很多可以帮我找到工作的社会关系网	☐	☐	☐
	修改建议:			

续表

	问卷名称	适用	修正后适用	不适用
社会关系连接强度				
5.	有助于我找到工作的大多数都是我自己非常熟悉的人，例如家人、朋友或者老师	☐	☐	☐
	修改建议：			
6.	有助于我找到工作的大多数都是我父母非常熟悉的人			
	修改建议：			
7.	有助于我找到工作的大多数是我自己会经常与他们保持联络的人	☐	☐	☐
	修改建议：			
8.	有助于我找到工作的大多数是我父母会经常与他们保持联络的人	☐	☐	☐
	修改建议：			
9.	有助于我找到工作的大多数人我们之间会交谈一些敏感的话题	☐	☐	☐
	修改建议：			
作用人的社会地位				
10.	大多数可能帮助我找到工作的人都受过良好的教育	☐	☐	☐
	修改建议：			
11.	大多数可能帮助我找到工作的人都有一份好的工作	☐	☐	☐
	修改建议：			
12.	大多数可能帮助我找到工作的人都有很好的生活条件	☐	☐	☐
	修改建议：			

五、个人基本信息部分

问卷名称	适用	修正后适用	不适用
1. 您目前的情况是: 　A. 已经和用人单位签约 　B. 尚未签约,但已经有愿意接受的单位 　C. 还没有意向单位,仍在找工作中 　D. 继续读书深造 　E. 暂不工作,准备继续考研 　F. 自我创业中 修改建议:	□	□	□
2. 您的性别是 　A. 男　　B. 女 修改建议:	□	□	□
3. 您的年龄是 　A. 17~20 岁　　B. 21~25 岁　　C. 26~30 岁 　D. 30~35 岁　　E. 35 岁以上 修改建议:	□	□	□
4. 您本科阶段所学的专业是(请写全称)_____ 　大学在读期间如果有修读双学位课程/辅修专业,也请写明专业(请写全称及标注开设双学位/辅修课程的学院): 　_____(开设课程的学院:_____) 修改建议:	□	□	□
5. 您读大学前的户籍所在地(　　) 　A. 直辖市　　B. 省会城市　　C. 地级市 　D. 县城、乡镇　　E. 村、屯　　F. 港澳台地区　　G. 国外 修改建议:	□	□	□
6. 您的政治面貌(　　) 　A. 中共党员(含中共预备党员)　　B. 共青团员 　C. 民主党派　　D. 群众　　E. 无党派人士 修改建议:	□	□	□
7. 您是于哪年入读独立学院?_____ 修改建议:	□	□	□

续表

问卷名称	适用	修正后适用	不适用
8.您于哪年开始就业?_____ 修改建议:	□	□	□
9.您在校期间担任学生干部的情况(　　　)(可多选) 　A.无　　　　　　　　　B.担任过班级学生干部 　C.担任过校级、院(系)级学生干部 　D.其他社团或组织 修改建议:	□	□	□
10.您在校期间有无获得奖学金的经历(　　　)(可多选) 　A.无　　　　　　　　　B.获得过院级奖学金 　C.获得过校级奖学金　　D.获得过国家级奖学金 　E.获得过社会工作奖学金 修改建议:	□	□	□
11.您在校期间有无参加过兼职?(　　) 　A.无　B.1~6个月　C.7~12个月　D.一年以上 修改建议:	□	□	□
12.您在校期间有无参加过专业实习(教学实习)?(　　) 　A.无　B.1~3个月　C.4~6个月　D.半年以上 修改建议:	□	□	□
13.您在校期间有无去企事业单位做过实习工作(就业实习)?(　　) 　A.无　B.1~3个月　C.4~6个月　D.半年以上 修改建议:	□	□	□
14.您目前的工作单位所在的区域属于(　　) 　A.毕业学校所在地　　　B.广东省内非毕业院校所在地 　C.非广东省的其他地区　D.港澳台地区 　E.国外 修改建议:	□	□	□

续表

问卷名称	适用	修正后适用	不适用
15.您目前的工作单位所在地点是( ) 　　A.直辖市　　　B.省会城市　　　C.地级市 　　D.县城、乡镇　E.村、屯　　　　F.港澳台地区 　　G.国外 修改建议：	□	□	□
16.您目前的工作单位所属的行业是( ) 　　A.农业(包括林、牧、渔业等)　B.制造业 　　C.信息产业　　　　　　　　　D.金融地产业 　　E.社会服务与管理业　　　　　F.采矿/建筑/水电气业 　　G.教育行业　　　　　　　　　H.科研问题业 　　I.商业服务业　　　　　　　　J.其他 修改建议：	□	□	□
17.您所在的工作单位类型属于( ) 　　A.党政机关　　B.科研院所 　　C.事业单位　　D.国有企业(含国有控股与参股企业) 　　E.集体企业　　F.民营企业与个体 　　G.外资或合资企业　　H.非政府或非营利组织 修改建议：	□	□	□
18.您在求职过程中投递简历(或报名)的总次数( ) 　　A.10 次及以下　B.11~30 次　　C.31~50 次 　　D.51~100 次　　E.100 次以上 修改建议：	□	□	□
19.您在求职过程中参加用人单位面试的次数是( ) 　　A.无　　　　　B.1~2 次　　　C.3~5 次 　　D.6~10 次　　　E.11 次及以上 修改建议：	□	□	□

其他修改意见：

再次感谢您的支持！

附录 3

《独立学院毕业生就业满意度调查预试问卷》

（本问卷请毕业生本人填写）

亲爱的校友：

　　您好！

　　您在母校度过了人生最美丽的一段时光,为了更好地研究独立学院毕业生工作就业的情况,为独立学院今后的课程设置、专业的开设及校内学生的实践活动提供依据,特做本调查,发放该调查问卷。对本问卷问题的回答无对错之分,仅作学术研究之用,您填写的所有信息我们都会为您保密。您的回答将是本研究的重要依据,希望您根据自己的实际情况认真回答每个问题,务请逐题回答。衷心感谢您真诚的合作和支持!

2017 年 11 月

第一部分:就业满意度量表

　　◎填答说明:以下各题目请根据您的实际情况在选项对应数字上打"√"。1—5 分别表示非常不满意、不太满意、一般、满意和非常满意,程度依次递进。

题项	1分:非常不满意—5分:非常满意				
1.办学条件:1 分:非常不满意—5 分:非常满意					
(1)我对我母校的办学条件感到	1	2	3	4	5
(2)我对我大学时所在的院(系、所)提供的专业学习条件感到	1	2	3	4	5
(3)我对我大学时所在的院(系、所)的专业教学质量感到	1	2	3	4	5
(4)我对我大学期间所学习到的专业知识的实用性感到	1	2	3	4	5
(5)我对我专业的总体就业满意度感到	1	2	3	4	5

续表

题项	1分:非常不满意—5分:非常满意				
(6)我对我在学校社团的经历对我的就业帮助感到	1	2	3	4	5
2.学校就业指导:1分:非常不满意—5分:非常满意					
(7)整体上,我对我的母校所提供的就业指导帮助感到	1	2	3	4	5
(8)我对我的母校提供的就业指导课程对求职的帮助感到	1	2	3	4	5
(9)我对我的母校提供的就业指导讲座对求职的帮助感到	1	2	3	4	5
(10)我对母校为学生提供的招聘会等就业途径对我就业的帮助感到	1	2	3	4	5
(11)我对学校提供的实习机会对我的就业帮助感到	1	2	3	4	5
3.就业机会的可获得性:1分:非常不满意—5分:非常满意					
(12)我对自己在求职过程中花费的费用感到	1	2	3	4	5
(13)我对我就业过程中的求职次数感到	1	2	3	4	5
(14)我对学校给我提供的求职渠道感到	1	2	3	4	5
4.工作岗位特征:1分:非常不满意—5分:非常满意					
(15)我对我目前的就业条件感到	1	2	3	4	5
(16)我对我就业的稳定性感到	1	2	3	4	5
(17)我对我的月收入情况感到	1	2	3	4	5
(18)我对我的收入与我的工作量比例感到	1	2	3	4	5
(19)我对就业单位在当地所处的地理位置感到	1	2	3	4	5
(20)我对我工作单位的交通条件感到	1	2	3	4	5
(21)我对我目前的就业单位所在的地区感到	1	2	3	4	5
(22)我对自己就业的单位性质类型感到	1	2	3	4	5
(23)我对自己就业所从事的行业类型感到	1	2	3	4	5
(24)我对我的工作与曾经学到的专业知识匹配程度感到	1	2	3	4	5
(25)我对自己目前工作的雇佣形式感到	1	2	3	4	5

第二部分:就业能力测量

◎填答说明:以下各题目请根据您的实际情况在选项对应数字上打"√"。

1—5 分别表示完全不同意、不太同意、一般、同意和完全同意,程度依次递进。

题项	1分:完全不同意—5分:完全同意				
5. 我的大学:1 分:非常不满意—5 分:非常满意					
(1)我在学业方面取得了很高的评价	1	2	3	4	5
(2)我认为我的学业成绩在就业过程中起到重要的作用	1	2	3	4	5
(3)我的学校类型在我的求职过程中起到了重要作用	1	2	3	4	5
(4)我母校的大学毕业生在求职过程中很受欢迎	1	2	3	4	5
(5)我的母校品牌是我在找工作过程中的一项重要资本	1	2	3	4	5
6. 专业领域:1 分:非常不满意—5 分:非常满意					
(6)用人单位会专门去学校招聘我们专业的人才	1	2	3	4	5
(7)我的专业社会认可度高	1	2	3	4	5
(8)我的专业享有很高的社会地位	1	2	3	4	5
7. 外部劳动力市场:1 分:非常不满意—5 分:非常满意					
(9)我职业生涯的目标是迎接劳动力市场的更大挑战	1	2	3	4	5
(10)我知道将来我喜欢的工作需要什么工作技能	1	2	3	4	5
(11)我知道自己将来工作需要的教育程度	1	2	3	4	5
(12)我知道自己的工作可能面临的困难是什么	1	2	3	4	5
(13)就业单位对毕业生的各项要求普遍增强	1	2	3	4	5
(14)大学还未毕业之时了解过自己专业未来的出路和发展	1	2	3	4	5
8. 自我就业认知:1 分:非常不满意—5 分:非常满意					
(15)我自己拟定过将来的职业计划	1	2	3	4	5
(16)我知道自己的性格适合做什么工作	1	2	3	4	5
(17)我确定自己的兴趣很适合将来想做的工作	1	2	3	4	5
(18)我对我的工作能力很有信心	1	2	3	4	5
(19)在就业前就能够搜寻更多数据来了解自己的职业方向	1	2	3	4	5

续表

题项	1分:完全不同意— 5分:完全同意				
(20)大学毕业时知道自己适合做哪一方面的工作	1	2	3	4	5
(21)我毕业时自己知道如何求职	1	2	3	4	5
(22)对将来自己想做的工作,我知道需要做好哪些准备	1	2	3	4	5
(23)我曾经的职业规划很符合我的个性、兴趣和能力	1	2	3	4	5
(24)我在工作面试和事业的选择上通常有足够的信心	1	2	3	4	5
(25)凭借我的技能和经验能帮我找到任何我所需要的工作	1	2	3	4	5
(26)大学的时候就曾考虑过自己未来需要工作谋生	1	2	3	4	5

第三部分:社会资本部分测量

◎填答说明:以下各题目请根据您的实际情况在选项对应数字上打"√"。

1—5分别表示完全不同意、不太同意、一般、同意和完全同意,程度依次递进。

(下面有关您对社会关系网络的认知程度及拥有状况的描述,为合适的选项上"√"。)

题项	1分:完全不同意— 5分:完全同意				
9.社会关系网络规模:1分:完全不同意 —5分:完全同意					
(1)我认识很多可以帮我找到工作的人	1	2	3	4	5
(2)我可以依靠许多亲戚、朋友或者熟人帮我获得工作信息	1	2	3	4	5
(3)我认识的人很少能帮我找到工作(逆向题目)	1	2	3	4	5
(4)我有很多可以帮我找到工作的社会关系网	1	2	3	4	5
10.社会关系连接强度:1分:完全不同意 —5分:完全同意					
(5)有助于我找到工作的大多数都是我自己非常熟悉的人,例如家人、朋友或者老师	1	2	3	4	5
(6)有助于我找到工作的大多数都是我父母非常熟悉的人	1	2	3	4	5

续表

题项	1分:完全不同意—5分:完全同意				
(7)有助于我找到工作的大多数是我自己会经常与他们保持联络的人	1	2	3	4	5
(8)有助于我找到工作的大多数是我父母会经常与他们保持联络的人	1	2	3	4	5
(9)有助于我找到工作的大多数人之间我们会交谈一些关键的话题	1	2	3	4	5
11.作用人的社会地位:1分:完全不同意—5分:完全同意					
(10)大多数可能帮助我找到工作的人都受过良好的教育	1	2	3	4	5
(11)大多数可能帮助我找到工作的人都有一份好的工作	1	2	3	4	5
(12)大多数可能帮助我找到工作的人都有很好的生活条件	1	2	3	4	5

第四部分:个人基本信息

12.您目前的情况是(　　)。

　　A.已经和用人单位签约

　　B.尚未签约,但已经有愿意接受的单位

　　C.还没有意向单位,仍在找工作中

　　D.继续读书深造

　　E.暂不工作,准备继续考研

　　F.自我创业中

13.您的性别是(　　)。

　　A.男　　　　　　　B.女

14.您的年龄是(　　)。

　　A.17~20岁　　B.21~25岁　　　C.26~30岁

　　D.30~35岁　　E.35岁以上

15.您本科阶段所学的专业是(请写全称):＿＿＿＿＿＿＿＿

大学在读期间如果有修读双学位课程/辅修专业,也请写明专业(请写全称及标注开设双学位/辅修课程的学院):_____(开设课程的学院:_____)

16.您读大学前的户籍所在地(　　　)。

    A. 直辖市　　　　B. 省会城市　　　　C. 地级市

    D. 县城、乡镇　　E. 村、屯　　　　　F. 港澳台地区　　G. 国外

17.您的政治面貌(　　　)。

    A. 中共党员(含中共预备党员)　　　　B. 共青团员

    C. 民主党派　　　D. 群众　　　　　　E. 无党派人士

18.您是于哪年入读独立学院?_____

19.您于哪年开始就业?_____

20.您在校期间担任学生干部的情况(　　　　)(可多选)。

    A. 无　　　　　　　　　　　B. 担任过班级学生干部

    C. 担任过校级、院(系)级学生干部　D. 其他社团或组织

21.您在校期间有无获得奖学金的经历(　　　　)(可多选)。

    A. 无　　　　　　　　　　　B. 获得过院级奖学金

    C. 获得过校级奖学金　　　　D. 获得过国家级奖学金

    E. 获得过社会工作奖学金

22.您在校期间有无参加过兼职?(　　　)

    A. 无　　　　B. 1~6个月　　C. 7~12个月　　D. 一年以上

23.您在校期间有无参加过专业实习(教学实习)?(　　　)

    A. 无　　　　B. 1~3个月　　C. 4~6个月　　D. 半年以上

24.您在校期间有无去企事业单位做过实习工作(就业实习)?(　　　)

    A. 无　　　　B. 1~3个月　　C. 4~6个月　　D. 半年以上

25.您目前的工作单位所在的区域属于(　　　　)。

    A. 毕业学校所在地　　　　　B. 广东省内非毕业院校所在地

    C. 非广东省的其他地区　　　D. 港澳台地区

E. 国外

26. 您目前的工作单位所在地点是( )。

　　A. 直辖市　　　　B. 省会城市　　　C. 地级市

　　D. 县城、乡镇　　E. 村、屯　　　　F. 港澳台地区　　　G. 国外

27. 您目前的工作单位所属的行业是( )。

　　A. 农业(包括林、牧、渔业等)　　B. 制造业

　　C. 信息产业　　　　　　　　　　D. 金融地产业

　　E. 社会服务与管理业　　　　　　F. 采矿/建筑/水电气业

　　G. 教育行业　　　　　　　　　　H. 科研问题业

　　I. 商业服务业　　　　　　　　　J. 其他

28. 您所在的工作单位类型属于( )。

　　A. 党政机关

　　B. 科研院所

　　C. 事业单位

　　D. 国有企业(含国有控股与参股企业)

　　E. 集体企业

　　F. 民营企业与个体

　　G. 外资或合资企业

　　H. 非政府或非营利组织

29. 您在求职过程中投递简历(或报名)的总次数( )。

　　A. 10 次及以下　　B. 11～30 次　　　C. 31～50 次

　　D. 51～100 次　　　E. 100 次以上

30. 您在求职过程中参加用人单位面试的次数是( )。

　　A. 无　　　　　　B. 1～2 次　　　　C. 3～5 次

　　D. 6～10 次　　　E. 11 次及以上

问卷到此结束,再次感谢您的支持!

附录 4

《独立学院毕业生就业满意度及其影响因素研究之调查问卷
——以广东省 Z 院校为例》

（本问卷请毕业生本人填写）

亲爱的校友：

　　您好！

　　您在贵校度过了人生最美好的一段时光，为了更好地研究母校毕业生的就业情况，为母校今后课程的设置、专业的开设及校内学生的实践活动提供依据，特做本调查，发放该调查问卷。对本问卷问题的回答无对错之分，仅作学术研究之用，您填写的所有信息我们都会为您保密。您的回答将是本研究的重要依据，希望您根据自己的实际情况认真回答每个问题，务请逐题回答。衷心感谢您真诚的合作和支持！

2018 年 1 月

第一部分：就业满意度量表

　　◎填答说明：以下各题目请根据您的实际情况在选项对应数字上打"√"。
1—5 分别表示完全不同意、不太同意、一般、同意和完全同意，程度依次递进。

题项	1分:完全不同意— 5分:完全同意				
1. 学校就业指导满意度程度：1 分：非常不满意—5 分：非常满意					
（1）整体上，我对学校所提供的就业指导感到满意	1	2	3	4	5
（2）我对学校提供的就业指导课程在就业方面发挥的作用感到满意	1	2	3	4	5

续表

题项	1分:完全不同意— 5分:完全同意				
(3)我对学校提供的招聘会等就业途径在就业方面发挥的作用感到满意	1	2	3	4	5
(4)我对学校提供的求职渠道感到满意	1	2	3	4	5
(5)我对学校提供的就业指导讲座在就业方面发挥的作用感到满意	1	2	3	4	5
(6)我对学校提供的实习机会在就业方面发挥的作用感到满意	1	2	3	4	5
(7)我对本专业教学质量感到满意	1	2	3	4	5
(8)我对工作与在学校习得的专业知识匹配程度感到满意	1	2	3	4	5
(9)我对母校的办学条件感到满意	1	2	3	4	5
2. 工作岗位特征满意程度:1分:非常不满意—5分:非常满意					
(1)我对目前就业单位所在的地区感到满意	1	2	3	4	5
(2)我对就业单位在当地所处的地理位置感到满意	1	2	3	4	5
(3)我对工作单位的性质类型感到满意	1	2	3	4	5
(4)我对工作单位的交通条件感到满意	1	2	3	4	5
(5)我对当前工作的收入与工作付出的比例感到满意	1	2	3	4	5

第二部分:就业能力测量

◎填答说明:以下各题目请根据您的实际情况在选项对应数字上打"√"。

1—5分别表示完全不同意、不太同意、一般、同意和完全同意,程度依次递进。

题项	1分:完全不同意— 5分:完全同意				
3. 自我就业认知:1分:非常不满意—5分:非常满意					
(1)我在工作面试和事业的选择上有足够的信心	1	2	3	4	5
(2)我对我的工作能力很有信心	1	2	3	4	5
(3)我知道自己的性格适合做什么工作	1	2	3	4	5

题项	1分:完全不同意—5分:完全同意				
(4)我拟定过将来的职业规划	1	2	3	4	5
(5)我能够在就业前搜寻更多数据来了解自己的职业方向	1	2	3	4	5
(6)对将来想做的工作,我知道需要做好哪些准备	1	2	3	4	5
(7)我在大学时期就考虑过自己未来需要工作谋生	1	2	3	4	5
4.外部劳动力市场:1分:非常不满意—5分:非常满意					
(1)我知道自己未来工作需要的教育程度	1	2	3	4	5
(2)我知道自己的工作可能面临的困难	1	2	3	4	5
(3)我认为就业单位对毕业生的各项要求普遍提高	1	2	3	4	5
(4)我知道自己未来工作需要的工作技能	1	2	3	4	5
5.我的大学:1分:非常不满意—5分:非常满意					
(1)我的母校知名度是我求职过程中的一项重要资本	1	2	3	4	5
(2)我的学校类型在我的求职过程中起到重要作用	1	2	3	4	5
(3)我母校的大学毕业生在求职过程中很受欢迎	1	2	3	4	5
(4)我的学业成绩在就业过程中起到重要的作用	1	2	3	4	5

第三部分:社会资本部分测量

◎填答说明:以下各题目请根据您的实际情况在选项对应数字上打"√"。1—5分别表示完全不同意、不太同意、一般、同意和完全同意,程度依次递进。

(下面有关您对社会关系网络的认知程度及拥有状况的描述,为合适的选项上"√"。)

题项	1分:完全不同意—5分:完全同意				
6.社会关系网络规模:1分:非常不满意—5分:非常满意					
(1)我认识很多可以帮我找到工作的人	1	2	3	4	5

续表

题项	1分:完全不同意— 5分:完全同意				
(2)我可以通过许多亲戚、朋友或者熟人获得工作信息	1	2	3	4	5
(3)我有很多可以帮我找到工作的社会关系网	1	2	3	4	5
7. 社会关系连接强度:1分:非常不满意—5分:非常满意					
(1)有助于我找到工作的大多数人都是我非常熟悉的,例如家人、朋友或者老师	1	2	3	4	5
(2)有助于我找到工作的大多数人都是我父母非常熟悉的	1	2	3	4	5
(3)有助于我找到工作的大多数人是我经常与他们保持联络的	1	2	3	4	5
(4)有助于我找到工作的大多数人都是我父母经常与他们保持联络的	1	2	3	4	5
(5)有助于我找到工作的大多数人与我会交谈一些关键话题	1	2	3	4	5
8. 作用人的社会地位:1分:非常不满意—5分:非常满意					
(1)大多数可能帮助我找到工作的人都受过良好的教育	1	2	3	4	5
(2)大多数可能帮助我找到工作的人都有一份好的工作	1	2	3	4	5
(3)大多数可能帮助我找到工作的人都有很好的生活条件	1	2	3	4	5

第四部分:个人基本信息

9. 您目前的情况是(　　)。

　A. 已经和用人单位签约

　B. 尚未签约,但已经有愿意接受的单位

　C. 还没有意向单位,仍在找工作中

　D. 继续读书深造

　E. 暂不工作,准备继续考研

　F. 自我创业中

10. 您的性别是(　　)。

　A. 男　　　　　　　　B. 女

11. 您的年龄是(　　)。

    A. 17～20岁　　　　　B. 21～25岁　　　　　C. 26～30岁

    D. 31～35岁　　　　　E. 35岁以上

12. 您本科阶段所在的院系是(　　)。

    A. 教育学院　　　　　B. 文学院　　　　　C. 信息技术学院

    D. 国际商学部　　　　E. 管理学院　　　　F. 不动产学院

    G. 法律与行政学院　　H. 设计学院　　　　I. 艺术与传播学院

    J. 特许经营学院　　　K. 外国语学院　　　L. 应用数学学院

    M. 物流学院　　　　　N. 工程技术学院　　O. 政治与公民教育学院

    P. 运动休闲学院　　　Q. 继续教育学院

13. 如果您本科阶段有修读第二专业,请选择开设第二学位(含双学位和辅
    修)的学院(　　)。

    A. 没有修读第二专业　B. 教育学院　　　　C. 文学院

    D. 信息技术学院　　　E. 国际商学部　　　F. 管理学院

    G. 不动产学院　　　　H. 法律与行政学院　I. 设计学院

    J. 艺术与传播学院　　K. 特许经营学院　　L. 外国语学院

    M. 应用数学学院　　　N. 物流学院　　　　O. 工程技术学院

    P. 政治与公民教育学院　Q. 运动休闲学院　　R. 继续教育学院

14. 您读大学前的户籍所在地(　　)。

    A. 直辖市　　　　　　B. 省会城市　　　　C. 地级市

    D. 县城、乡镇　　　　E. 村、屯　　　　　F. 港澳台地区

    G. 国外

15. 您的政治面貌(　　)。

    A. 中共党员(含中共预备党员)　　　　　　B. 共青团员

    C. 民主党派　　　　　D. 群众　　　　　　E. 无党派人士

16. 您于哪一年毕业? 请根据毕业年份选择选项区间(　　)。

A.2006—2009 年　　　　　B.2010—2012 年　　　C.2013 年及之后

17.您在校期间担任学生干部的情况（　　　）（可多选）。

A.无　　　　　　　　　　B.担任过班级学生干部

C.担任过校级、院（系）级学生干部

D.其他社团或组织

18.您在校期间有无获得奖学金的经历（　　　）（可多选）。

A.无　　　　　　　　　　B.获得过院级奖学金

C.获得过校级奖学金　　　D.获得过国家级奖学金

E.获得过社会工作奖学金

19.您在校期间有无参加过兼职？（　　　）

A.无　　　　　　　　　　B.1～6 个月

C.7～12 个月　　　　　　D.一年以上

20.您在校期间有无参加过专业实习（教学实习）？（　　　）

A.无　　　　　　　　　　B.1～3 个月

C.4～6 个月　　　　　　　D.半年以上

21.您在校期间有无去企事业单位做过实习工作（就业实习）？（　　　）

A.无　　　　　　　　　　B.1～3 个月

C.4～6 个月　　　　　　　D.半年以上

22.您目前的工作单位所在的区域属于（　　　）。

A.毕业学校所在地　　　　B.广东省内非毕业院校所在地

C.非广东省的其他地区　　D.港澳台地区

E.国外

23.您目前的工作单位所在地点是（　　　）。

A.直辖市　　　　　　　　B.省会城市　　　　　　C.地级市

D.县城、乡镇　　　　　　E.村、屯

24.您目前的工作单位所属的行业是（　　　）。

A. 农业(包括林、牧、渔业等)

B. 制造业　　　　　　C. 信息产业

D. 金融地产业　　　　E. 社会服务与管理业

F. 采矿/建筑/水电气业　G. 教育行业

H. 科研问题业　　　　I. 商业服务业　　　　J. 其他

25. 您所在的工作单位类型属于(　　　)。

　　A. 党政机关　　　　　　B. 科研院所

　　C. 事业单位　　　　　　D. 国有企业(含国有控股与参股企业)

　　E. 集体企业　　　　　　F. 民营企业与个体

　　G. 外资或合资企业　　　H. 非政府或非营利组织

26. 您在求职过程中投递简历(或报名)的总次数(　　　)。

　　A. 10 次及以下　　　B. 11 ~ 30 次　　　C. 31 ~ 50 次

　　D. 51 ~ 100 次　　　E. 100 次以上

27. 您在求职过程中参加用人单位面试的次数是(　　　)。

　　A. 无　　　　　　　B. 1 ~ 2 次　　　　C. 3 ~ 5 次

　　D. 6 ~ 10 次　　　　E. 11 次及以上

问卷到此结束,再次感谢您的支持!

附录 5

独立学院毕业生就业满意度及其影响因素研究访谈问题大纲

(毕业生用)

尊敬的:

　　您好!

　　非常感谢您抽出宝贵的时间接受我的访谈。为了解和掌握独立学院毕业生就业满意度的基本状况,进一步做好教育教学、人才培养发展及就业工作,我们正在进行一项有关独立学院毕业生就业满意度及其影响因素的学术研究,希望了解您对于该问题的真实想法。感谢您的配合与支持!

1. 您对于您目前的就业状况是否满意?满意或不满意的原因是什么?哪些因素在您的就业过程中起到了关键性的作用?

2. 您认为在您在大学期间哪些能力为您的就业起到了帮助?投简历的次数是否会对最终的成功就业起到作用呢?

(面对修读过双学位课程的学生)您所修读的双学位课程,对您的就业有影响吗?对就业能力的提升有无影响?

3. 您认为在您就业(包含找工作的过程)过程,您的个人社会资本起到什么样的作用?社会资本对您自己行业的选择有哪些方面的影响?对单位类型的选择有多大影响?

4. 为进一步提升独立学院毕业生的就业满意度,对学校、对学生个人您有哪些建议和意见呢?

最后,再次感谢您接受我的访谈,祝您在以后工作中取得更大成就!

附录6

独立学院毕业生就业满意度及其影响因素研究访谈问题大纲

(专家用)

尊敬的　　老师:

您好!

非常感谢您抽出宝贵的时间接受我的访谈。为了解和掌握独立学院毕业生就业满意度的基本状况,进一步做好教育教学、人才培养发展及就业工作,我们正在进行一项有关独立学院毕业生就业满意度及其影响因素的学术研究,希望了解您对于该问题的真实想法。感谢您的配合与支持!

1. 您所了解的贵校毕业生整体就业情况如何?

2. 贵校在对毕业生的就业指导工作中都做过哪些工作?

3. 贵校是如何帮助学生提升个人的创业就业能力的?

4. 在过去的研究中我们发现,社会资本和就业能力对毕业生的就业满意度起到影响作用,贵校是否会考虑将这些能力的提升放到未来的工作计划中吗?大概会从哪些方面去做?

5. 在未来的工作中,贵校会做哪些工作来帮助学生高效的使用社会资本?

最后,再次感谢您接受我的访谈,祝您在以后工作中取得更大的成就!